性欲の研究
東京のエロ地理編

井上章一・三橋順子［編］

平凡社

性欲の研究
東京のエロ地理編

目次

巻頭言——◯エッチな街の盛衰史　井上章一——7

特集1 東京のエロ地理

対談——◯エロ地理三題噺——皇居前広場、電車の痴漢、団地妻
原　武史×井上章一——12

対談——◯「性なる」場所の戦中戦後　加藤政洋×三橋順子——37

◯田村泰次郎の新宿——戦前と戦後、ふたつの新宿をめぐって
古川　誠——63

◯東京・新宿の「青線」について——戦後における「盛り場」の再編と関連して
三橋順子——93

◯いわゆる淫乱旅館について　石田　仁——122

◯原と坂——明治の東京、美少年のための安全地図　古川　誠——142

特集2 朝鮮半島の「性」

◯朝鮮社会への公娼制導入過程——朝鮮社会における性売買取締り
朴《パク》貞愛《ジョンエ》、澁谷知美 訳——158

◯「男寺党」について——朝鮮半島における性的マイノリティの伝統文化として
三橋順子——174

◯梶山季之の「京城《ソウル》昭和十一年」——京城の歓楽街を歩く　光石亜由美——184

カバー写真解説〇「原色の街」の原色の女　三橋順子――193

〇風営法とダンス　永井良和――197

〇日中おまた事情――性器から読み解く理想像 女性器編　梅川純代――217

〇オロフ・エリクソン・ウィルマンに、井上筑後守政重がときめいた日のこと
井上章一――241

〇蘭方医と性用語――「勃起」と「包茎」をめぐって　磯田道史――246

〇群馬県達摩屋の営業と出歩く酌婦　眞杉侑里――254

〇病から遊戯へ――吾妻新の新しいサディズム論　河原梓水――262

文献紹介――〇自瀆、道徳改良、性病商売
――『オナニア』(一七一六)の諸源泉とその歴史的文脈に関する考察(下)
ミハエル・ストールベルク、斎藤 光 訳――270

むすび――〇三橋順子――295

執筆者一覧

性欲の研究
東京のエロ地理編

巻頭言

エッチな街の盛衰史

新宿二丁目という地名を耳にして、にんまりされる人は少なくないだろう。あるいは、眉をひそめるむきだって、なかにはいるかもしれない。今、あのあたりは、ゲイの人々をうけいれる、一種のプレイグラウンドになっている。その気配は、界隈《かいわい》をすこしあるいただけでも、すぐに感じとれるだろう。

　週刊誌などでは、「二丁目で評判の……」といった文句も、よく見かける。「新宿」をはぶいて、「二丁目」と言っただけでピンとくる人がいる。東京では、それだけの街になりおおせたようである。

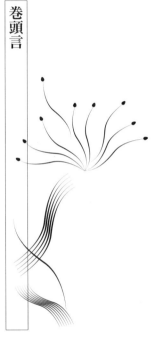

ゲイタウンとして、新宿二丁目があまねく知れわたる。しかし、それはすぐれて今日的な状況である。じっさい、二〇世紀中頃の小説などを読んでいても、それらしい様子はうかがえない。一九五〇年代だと、あのあたりは、娼婦＝女に男がむらがる街としてえがかれた。セクシュアルなエリアであった点は、今とかわらない。しかし、浮かびあがっていたのは、もっぱら異性愛のほうであった。

ヘテロな性できわだつ街が、ゲイの浮上するところへと、変貌する。そういう歴史は、しかし公的な歴史書に、なかなか書きとめられてこなかった。『新宿区史』の類は、目をつむってきたのである。

だが、性的な事情で評判になるエリアは、まちがいなく存在する。「ソープの街」、「つれこみの街」、「ゲイタウン」等々と。そして、その濃度は時代によってうつりかわる。同じ役割が、ほかのエリアにバトンをわたされることだって、ないわけではない。

そして、その背後には、さまざまな社会情勢がひそんでいる。エロスにかかわる歴史地理学も、意義深い研究課題にじゅうぶんなる。しかし、さきにもふれたが、講壇史学はこの課題を、かならず見すごすだろう。われわれがいどまねば、誰がやる。そんな意気込みもこめつつ、この号を世におくりたい。

井上章一

二〇一五年二月

特集1

東京のエロ地理

対談

エロ地理三題噺

皇居前広場、電車の痴漢、団地妻

原 武史 × 井上章一

井上　「エロ」と「地理」の二つの分野にまたがって縦横に語っていただけるのは原さんを措いてないとお招きしました（笑）。

原　……ありがとうございます（笑）。

井上　話題を三つ考えたんですが、「皇居前広場」「電車の痴漢」「団地妻」、どこから行きましょう。

原　では、まずは皇居前広場から。

井上　分かりました。

芝生vs.砂利

井上　僕は『愛の空間』（角川選書）で、原さんの『皇居前広場』（完本、文春学藝ライブラリー）に先駆けて（笑）皇居前広場の使われ方を考察しています。明治以降一貫して厳《おごそ》かな場所だった皇居前広場は一転して戦後、男女が愛し合う、性行為にまで至ることもあり得る愛の空間になった。どうしてそんなことになったか。終戦直後の皇居前広場では、占領軍の兵士が日本の娘さんをチョコレート一枚くらいで買い、たわむれていたんですね。その様子が、GHQ本部、今の第一生命ビルからよく見えたようです。もちろん、あのあたりを歩く日本人にも丸見えだった。そういう占領軍兵士のふるまいが日本人の背中を押したんじゃあないか。日本人もその同じ光景を見て、「厳かな場所だと思い込んでいたけれど、あそこでやってもいいんだ」と気づいたんだ。そのように僕は書きました。でも原さんの見方はちがうんですよね。大正の中頃までは、誰も皇居前広場を厳かだなんて思っていなかった。そんな認識が生まれたのは関東大震災からだ、というご指摘に、僕は衝撃を受けました。

原　ええ。それはそうなんですが、関東大震災前はまったく厳かじゃなかったというと、ちょっと言い過ぎだと思います。たとえば一九一二（明治四五）年の七月二一日に、明治天皇が重体に陥ったことが新聞に大きく載りますよね。天皇は七月二九日の深夜に亡くなるんだけれども、その間は連日、皇居前広場に赴《おもむ》いて天皇の回復を祈る人がいました。あとは大正天皇が三回、一月の陸軍始《りくぐんはじめ》観兵式をやっています。とにもかくにも「皇居前」ではあったわけで、少しは厳かだったんですよ。しかし「無用の長物」と叩かれてもいた。

井上　もともと江戸城を囲む濠《ほり》の内側ですよね。いつから今のような広場になったんでしょう。

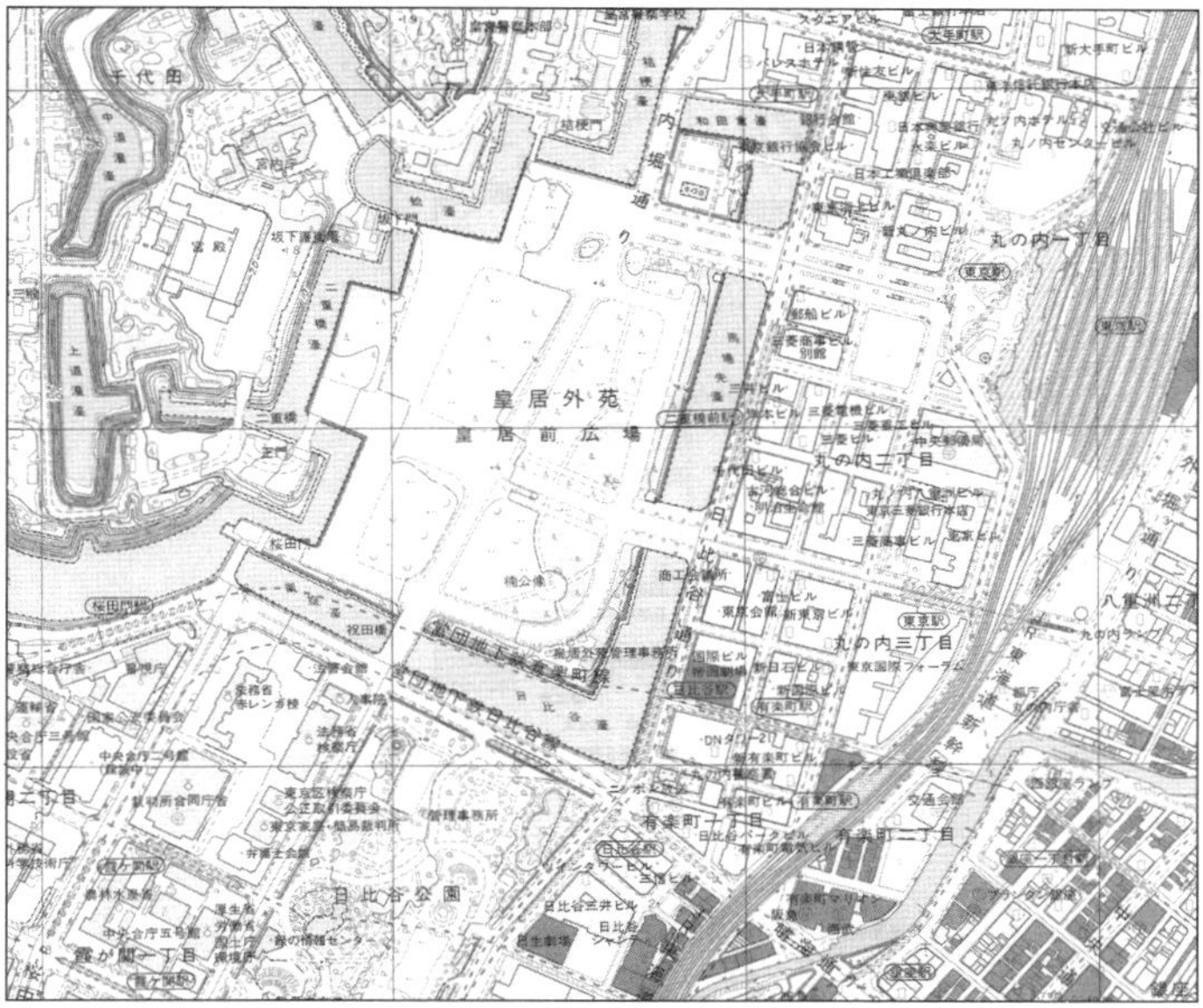

図１：皇居前広場周辺（国土地理院発行１万分の１地形図「日本橋」1999年、より。地図上の１マスは500メートル）。

図２：皇居前広場のカップルの群れ（1951年８月、毎日新聞社提供）。

井上章一（いのうえ・しょういち）

原　かつては江戸城の「西の丸下」と言われる地区で、明治になってから幕府の役人や大名の邸を少しずつ、なし崩し的にほかの場所に移転していって、一九世紀の終わりに空き地になったんです。当時の呼び名は「宮城《きゅうじょう》前広場」です。

井上　世界中見回しても、都会の真ん中にあんなに広い空き地はないですよ。地価の高いところなのに、ぜいたくなことです。北京の天安門広場とどっちが広いんですか。

原　天安門広場は四四万平米、皇居前広場は芝生部分を含めて四六万五〇〇〇平米あります。

井上　ランニングをしている人がいるくらいで、ほとんど有効に生かしていませんよね。

原　平成になってからは、現天皇の即位一〇年や二〇年を祝う「国民祭典」や、愛子内親王の誕生を祝う「国民の集い」に使われたくらいですかね。

　関東大震災前も今と少し似ていて、厳かというよりはどちらかというと、「なにもない空間」だったんです。それが幸いして震災後、三〇万人の罹災民《りさいみん》が流れ込んだ。そんなにたくさんの人間があそこに入ったのは、初めてだったんじゃないかな。

井上　着の身着のままで皇居前広場に逃げ込んだ罹災民の薄汚れた姿を目の当たりにして、当時の人々も気がついたんですよね。本来あそこは神聖な場所で、あんな連中は受け入れるべきじゃあない、と。

原　皇居前広場の厳かさが増幅する

のは、もう少しあと、昭和に入ってからだと思います。一九二八（昭和三）年の昭和大礼、つまり天皇の即位式以降、天皇中心の式典がここで頻繁《ひんぱん》に行われるようになり、多くの儀式で天皇は広場に姿をあらわしていますからね。

井上　なるほど。二〇世紀の頭から戦前までの新聞記事を探しても、皇居前広場で愛し合ってる男女の記事をほとんど見ないのは、僕は畏《おそ》れ多い場所だからだと思っていたんですが、じつのところはどうなんだろう。ごく近所の日比谷公園だと、セックスにまで及んでいる男女の記事は、しばしば見かけますね。特に公園に隣接する議長官舎裏とか日比谷図書館裏とか、いくつかスポットがあったらしい。

原　それは草や木が生えていて死角が多いからじゃないですか。芝生も

原　武史（はら・たけし）

図３：白馬に騎乗して皇居前広場にあらわれた昭和天皇（1937年1月8日陸軍始観兵式、毎日新聞社提供）。

あるし。皇居前はそういうのがなくてあけっぴろげだから、やはり羞恥心が邪魔をするでしょう。

井上　ただ、皇居前広場に照明ができたのは戦後になってからでしょう。だから夜だったら、やる気になればやれたと思うんですが。

原　ああ、夜ね。

井上　ただ、砂利の上に寝そべるのはつらいからね。

原　そうですね。皇居前広場はたしかに、仕様的に問題があるかもしれない。しかし昭和になると、やっていたという記事がちらほらと出てきますね。

井上　ひょっとしたら、芝生を敷き詰めたおかげでやれる場所になったということでしょうか。

原　そういう仮説は成り立つかもしれません。ちなみに、広場のクロマツや芝生が整備されたのは、一九三九（昭和一四）年から始まった宮城外苑整備事業においてでした。

「いないから入ってもいい」？

井上　戦後の京都に「国体護持問題」（笑）というのがあったのはご存じですか？　占領軍が京都御所を駐屯地として要求したんですよ。でも、京都側は必死で抵抗して、兵士たちの宿舎を今の京都府立植物園に持っていったんです。つまり京都御所は、そこそこ厳かだと考えられていた。にもかかわらず、そのいくぶんかは厳かな京都御所でやったことがあるというじいさんが、けっこういるんです。僕より三〇歳くらい上の人たちです。京都御所に占領軍はいなかったから、愛し合う行為を後押ししてくれるものはなにもなかったのにね。僕はじいさんたちの話を聞いて、皇居前広場に関しても、占領軍の後押しや天皇がらみの厳かさを大きく考えるべきではなかったのかもしれないと、最近は思いはじめているんです。

原　ただ、皇居と京都御所ではちょっとちがうんじゃないですか。皇居は天皇と皇后が住んでいる場所ですよね。京都御所は、大正、昭和の即位礼や京都行幸啓の折の一時的な滞在場所でしょう。それは誰でも分かっている。つまり「いないから入ってもいい」という感覚があるんじゃないでしょうか。

　関東大震災の罹災民が皇居前広場に逃げ込んだときだって、皇居内の宮殿は摂政になった皇太子裕仁、のちの昭和天皇の執務場所ではあったが、住まいではなかったんですよ。震災前の一九二一（大正一〇）年一一月二五日に、大正天皇は病気が悪化して、事実上引退したんです。皇

日本共産黨中央機關紙
アカハタ
AKAHATA
1946年5月6日
現下の食糧問題の解決は、天皇制を…まざるを得ないのである。これは…、これを一分でもまげるやうなこと…問題の解決は水泡にきすであらう
トクダ・キユーイチ
二百萬大衆メーデーに集る
宮城前廣場は赤一色
きいたか人民の聲
東京　おしよせた五十萬の勤勞大衆

図4：皇居前広場で開かれた第17回メーデー（1946年5月1日）を1面トップで報じる日本共産党中央機関紙『アカハタ』（1946年5月6日）と、労働者に訴える徳田球一共産党書記長。

太子裕仁は赤坂離宮に住んでいて、震災の当日、大正天皇と貞明皇后は日光の田母沢《たもざわ》御用邸にいたんです。

井上　罹災民にも、今は主が「いないから入っていい」という感じはあったんでしょうかね。京都御所の場合、性愛のカップルは「いないから入ってもいい」と考えて侵入した。だけど「占領軍まで入ってもいい」と、京都側が考えなかったのはなぜか。これから検討します。

　ところで戦後の皇居前広場は一時期、共産党にとっての、祭りの場でもあったんですよね。

原　そうですね、GHQ公認の。一九四六（昭和二一）年の戦後初めてのメーデーの集会は、人数を見越して、日比谷公園から皇居前広場に変更されています。そして当日は、予想を上回る五〇万人が皇居前広場に集まった。以後、メーデーにかぎらず左翼勢力の集会は、主にここで開かれる慣例ができたんです。

井上　共産党には、戦前の「国体」と言われていた仕組みにつばを吐きかけてやりたい気分があったんでしょうね。

原　そうそう。天皇の住まいのすぐ横で、「天皇制打倒」を叫びたかったんでしょう。

井上　しかしGHQは苦々しく思ったでしょうね。配下の兵士たちが日本娘とやっている分には、苦々しいどころか、窓から見物して楽しめた。でも、二〇年近く投獄されていた徳田球一が、せっかく出所させてやったらいきなり、目の前で「天皇制打倒」などと叫ぶのを、困ったことだと眺めていたことでしょう。

原　この頃のGHQは、労働運動によって民主化が進むことを期待していたし、左翼勢力も占領軍を「解放軍」と認識していたから、一九四六（昭和二一年）五月一九日の「食糧メーデー」に対してマッカーサーが「暴民デモ許さず」の声明を出すまでは、お互い違和感はなかったかもしれません。

井上　今おっしゃったのは、血のメーデー事件より前の話ですよね。えと事件が起こったのは……。

原　独立回復から三日後の、一九五二（昭和二七）年五月一日です。

井上　メーデーのデモ隊と警察が衝突して、死者まで出たんでしたよね。米軍のジープをひっくり返したり。以降、皇居前広場は一切、政治の催しに使えなくなった。

原　血のメーデーの当日も、本当は禁止されていたんですよ。

井上　いつから使えなくなったんですか？

原　メーデーに関しては、一九五〇（昭和二五）年が最後でした。血のメーデー当日も神宮外苑でやっていたのが、急に誰かが「人民広場」に行こうと言いだした。左翼勢力は、皇居前広場をこう呼んでいたんです。

政治集会は×、でもセックスは○

井上　ちょっと話はそれますが、「人民広場」といえば、政治学者の丸山眞男さんのエピソードを、前に原さんから教えてもらいました。

原　丸山さんのお弟子さんの石田雄さんからいただいた手紙に書いてあった話ですね。丸山さんが芦ノ湖にほど近い箱根離宮跡の公園で、青姦《あおかん》している男女を見かけたとき、「ここも人民広場になったね」と言ったという（笑）。一九五〇年代半ばのことだそうです。石田さんもよくそんなことを覚えていたな。

井上　原さんとなら、丸山さんのそういう部分を分かち合えると思われたんじゃないですか（笑）。とにかく血のメーデー事件以降、皇居前広場で政治的な集会は行われなくなった。

原　米軍は交番を襲撃したり火炎瓶を投げたりと、急進化する共産党への警戒感を強めていましたからね。

この事件がきっかけになって七月には「破壊活動防止法」ができていますし。

井上　政治的に高ぶった人民が「広場に集まる」。そんな伝統を持った欧米人ならではの警戒心が、占領軍にもあったような気もします。

原　そうですね。日本には、広場で集会を開くという伝統がなかった。皇居前広場がなんらかの用途に使われだしたのは大正末期からで、しかも敗戦までは、ほとんど天皇制の儀礼じゃないですか。それが敗戦とともにいきなり、雑多な使われ方をするようになった。

　この時期の皇居前広場を利用していたのは愛を育《はぐく》む男女と左翼勢力だけでなかったんです。米軍や英連邦軍のパレードが頻繁に行われていたし、イースターの早朝礼拝や、草野球にも使われている。

井上　あんなところで野球をやっていたんですか？

原　ええ。近所の会社員が昼休みに。

井上　占領軍は野球には非常に好意的でしたからね。野球を広めることが民主主義につながるとさえ考えていた節《ふし》がある。

原　しかしまあ、占領軍としてはどういう使われ方をするか、見当がつかなかったでしょうね。

井上　こいつらに使わせると危ない。こんなところでセックスまでやりかねない連中だから、なにをやるか分からない。

原　そうそう。たぶん潜在的な恐怖感があったと思います。

井上　広場で愛し合うのは、彼らの伝統の中にないと思うんです（笑）。だけど、皇居前のそれを、占領軍は受け入れました。性愛にむかうエネルギーをせきとめて、それが政治的に高まってしまうことを恐れたのでしょうか。なぜセックスはよくて政治集会はだめだったのか。ここに着目した占領政策論ってあんまりないでしょう。

原　まったくないです（笑）。

　しかしその使い道だけが、占領期から受け継がれたと言えるんじゃないでしょうか。皇居前広場の芝生で激しい運動が制限されると聞きつけたカップルが、「はげしいって、どの程度ならかまわないのかしら」とヒソヒソ話していたという記事が、日付は分からないのですが一九五二年の『東京新聞』に載っていたそうです。鶴見俊輔さんが『日本の百年10 新しい開国』（筑摩書房）で引用しています。

ホテルに追いやられる性

井上　当局が本気で取り締まりだし

たのは、一九六四（昭和三九）年の東京オリンピックの前ですよね。外国人にみっともない姿を見せるわけにはいかないと、照明の数や警察の見回りを増やして、摘発も始めた。こうしてオリンピックを境に、青姦者のユートピアから、セックスも追い出されたんです。

原　それはやや、皇居前広場を特権化しているような気がするなあ。というのは、皇居前広場が唯一の愛の空間だったとは思えないんですよ。たとえば三島由紀夫の『豊饒《ほうじょう》の海』四部作すべてに登場する本多繁邦という人物がいますよね。彼は年老いるにつれ、のぞきが趣味になってゆくのですが、八〇歳になって「二十何年絶っていたこの場所へ又来たのである」。「この場所」というのは神宮外苑だったと、『天人五衰』に書かれています。しかも当時、外苑でのぞき行為をしていたのは本多一人ではなかった。私はむしろ、盛んだったのは神宮外苑じゃないかという感じを持っています。代々木公園が開園してからは、代々木公園もメッカになっていきますけれど。

図５：東京オリンピック開幕目前の代々木総合体育館と選手村（現代々木公園）（1964年7月、毎日新聞社提供）。

井上　代々木公園は、オリンピックプールのすぐ近くですよね。外国人の眼を恐れた当局は、取り締まらなかったんですか？

原　代々木公園の開園はオリンピック後の一九六七（昭和四二）年なんですよ。戦前は練兵場、戦後は「ワシントンハイツ」という米軍の宿舎になり、オリンピックの選手村として使われたあと、一般に開放されたんです。

井上　それじゃあ、問題なかったんだ。

　のぞきといえば、高見秋夫という人が、一九八三（昭和五八）年に『のぞき』という本を書いているんですよ。

原　『のぞき』という題名の本があるんですか？

井上　あるんですよ（笑）。彼は嘆いていてね。せつない時代だ、青姦をやる連中が減っている、一〇年前はもうそこら中で見られたのに、と。そして「公園でのセックスを認めてはいけない」という健全なというかPTA的な良識ある人たちに、苦言を呈します。あなたがたの良識こそが、公園で抱き合っていたカップルを「ラブホテル……に追いこみ、薄汚いセックス産業に協力している」と（笑）。

原　ちょっと矛先がちがっているような気がするなあ。

井上　一九七〇年代に、性愛のカップルは広場から追放された。そしてホテルに囲い込まれていった。この高見の実感に則《のっと》るなら、その囲い込みの先駆けは、ほかならぬ、皇居前広場から性愛のカップルを追放した警察だったのではないか。ということは、警察も結果としてセックス産業の隆盛に力を貸し、妙なところでPTA的な市民運動と肩を組んでいたのではないか。最近はそんな気がしているんですよ。

原　でも、オリンピックの前と後で、そんなに大きく変わったんでしょうか。さきほど挙げた『天人五衰』で、八〇歳の本多繁邦が神宮外苑にのぞきに行くのは、一九七四（昭和四九）年とされていましたし、私が大学生だった一九八〇年代の前半でも、夜の代々木公園は、カップルがうじゃうじゃいることでよく知られていました。

井上　オリンピックの前に皇居前広場で始まった囲い込み運動が、後の趨勢《すうせい》に先駆けているんだと思います。代々木公園にまで事が及ぶのは、やや遅れたんですね。とにかく、ダブルベッドを売り込んでいる業者とか、要するに性生活関連産業が寄ってたかって、愛の空間を屋内に囲い込んでいった。そしてその効果は一〇年とか二〇年を経て全都を覆い、結果として今の風俗産業の隆盛を支えている。こういう筋立てではどうでしょう。

原　うん、そういう見方はできるかもしれないですね。

屋内でいえば、立川とか所沢とか、米軍が接収した基地の街では、青姦のできる広場や公園がなかったのか、焼け残った学校が積極的に活用されていたようですよ。

井上　夜の学校だ（笑）。

原　それが立川に隣接する国立の住民の危機感を刺激して、運動の結果国立を文教地区に指定させたんです。今につづく国立市の住民運動の発祥

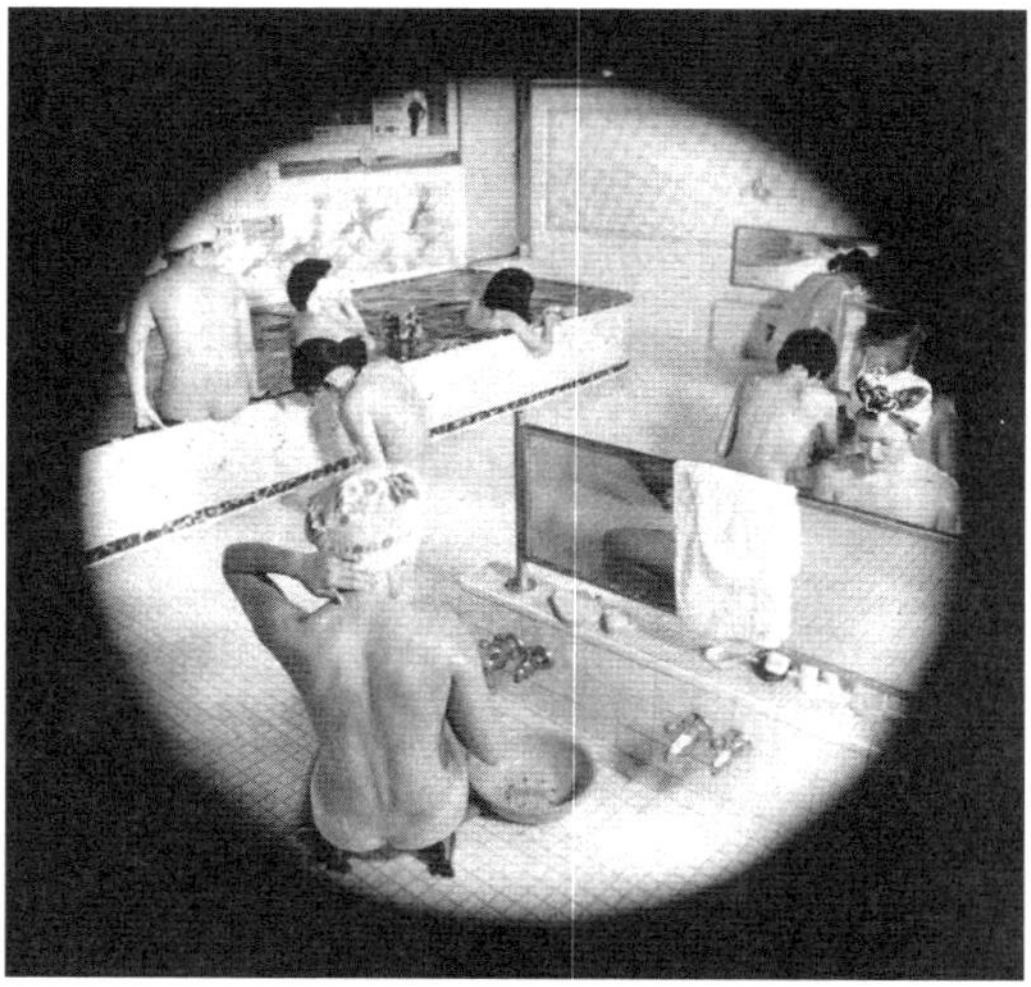
図6：山本晋也監督『ドキュメントポルノ　痴漢女湯のぞき』撮影風景（『平凡パンチ』1975年12月15日号より）。

はどうも、立川の「夜の学校」に求めることができるみたいです。

「何たる痴漢ぞ」

井上　『ドキュメントポルノ　痴漢女湯のぞき』（一九七五年）という映画があるでしょう。監督の山本晋也さんはかつて、「痴監」を自称していたんですよ。のぞき映画を撮るいやらしい監督、痴漢のような監督という意味で。でも、違和感がありませんか？　僕らは「のぞき」のことを「痴漢」とは言わないでしょう。

原　そうですね。

井上　だけど一九七〇年代には、「痴漢」という言葉は「触り魔」と「のぞき」の両方を包含していた。でも、今は「触る」ほうだけ。いったいいつから、「痴漢」はそんな言葉になったのか。

大阪大学の岩井茂樹さんに「『痴漢』の文化史――『痴漢』から『チカン』へ」（『日本研究』四九号）という論文があります。これによると、森鷗外が翻訳したアンデルセンの『即興詩人』には、「一個の婦人にのみ心を傾くるは痴漢の事なり」とあるそうです。この時点つまり二〇世紀の初めには、恋心にとらわれた男を「痴漢」と見なす人さえいたんです。それから、「何たる痴漢ぞ」という題名の、昭和の初めの文章が、岩井論文には引用されています。ここで言う「痴漢」はあろうことか、階級闘争に入れ揚げる人物のことなんです。そもそも、「痴漢」という言葉は、「愚か者」「痴《し》れ者」「ばか者」「うつけ者」を意味していた。それが、いつの間にかいろいろな要素が抜け落ちて、電車の中で女性の尻を触るおっさんに収斂《しゅうれん》していった。

原　私はそれが、一九五〇年代の後半だと思うんです。『鉄道ひとつばなし』（講談社現代新書）に書きましたが、当時の『週刊新潮』の記事に「女性にけしからぬふるまいに及ぶ痴漢」とあります。混んだ電車、通勤や通学で満員電車に乗る女性、和服にくらべて露出度の高い洋装など、電車で痴漢が発生するために最低限必要ないくつかの条件が、この頃満たされたんじゃないでしょうか。さっきの記事のタイトルは「狙われる通勤女性」ですし。

井上 「電車の中で女性の身体に触る男」という意味での「痴漢」が文献にあらわれるのは、おっしゃるとおり一九五〇年代後半なんでしょう。しかし「痴漢」と呼ばれていないだけで、電車の中で触るおっさんは、大正時代にすでに記録されているんですよ。そういう用例も、岩井論文はたくさん引いています。

原 でも、目立った存在ではなかったんじゃないですか。だいたい、普通の客車は今のようなロングシートではなく、向かい合って座るボックス型だったでしょう。そこでいきなり触るのは、無理があるじゃないですか。

井上 通勤や通学の混んだ時間帯だったらあり得たような気がします。

図7：市ケ谷から婦人専用車に乗り込む女学生たち（『婦人画報』明治45〈1912〉年3月号より）。

原 たしかに、現在の中央線には一時期、「婦人専用車」があったんですよね。一九一二（明治四五）年にできて、すぐ廃止されたけれども。沿線の四ツ谷や市ケ谷には女子校が多いから、乗っている女学生が多かったんでしょう、「男女学生の乗客多く通学時間にはこれ等の男女学生混乗して風紀上往々面白からざる傾きあり」、だから専用車を設けると、当時の新聞記事にはあります。ほんの数十秒だけれども真っ暗になる、四ツ谷と信濃町の間のトンネルが特に危なかったらしいですよ。

井上 そうか、数十秒触れば十分だったんだな、きっと（笑）。鉄道側が「風紀上の面白からぬ傾き」に対応したのは、問題がそれなりに頻発したからではないでしょうか。

原 うーん、どうなんだろう。ちなみに、三島由紀夫の『春の雪』の登場人物の一人は、「婦人専用車」に批判的です。明治という「清らかな偉大な英雄と神の時代」が終わり、大正の「軟弱な、情ない時代」が始まった。その一つの象徴が「男女学生間の風儀が乱れるので」できた婦人専用車である、と嘆いています。

井上　『豊饒の海』四部作は必読文献ですね。それでその人物は、触られる程度のことに怯える女の子が嘆かわしいのか、それとも女の子に触りたいおっさんが嘆かわしいのか、どっちなんですか。

原　女性の権利にあまりにも配慮し過ぎだ、という論調ですね。

痴漢はいつからアカンのか

原　混んでいるといえば、敗戦後すぐの買い出し列車も、網棚に寝転がって乗る人がいるくらいの混雑ぶりでしたよね。

井上　女の人が窓からお尻を突き出しておしっこをしたという話もありますものね。

原　だけど、どうもその時期はまだ、車内で見知らぬ人どうしが会話をする習慣が残っていて、女性に対してなにか変なことをやると、当の女性がその手をねじり上げて「これは誰の手！」と叫ぶ、そういうカルチャーがあったようなんです。こんな中で痴漢が多発するとは思えない。触られた女性が声を出さないから、触るわけでしょう。そのような状況は、やはり一九五〇年代を待たねばならなかったのではないでしょうか。

井上　いや、そうではないんです。この点では私のほうに一日の長がある（笑）。

原　やっぱり、だめですか（笑）。

井上　文献資料を示しましょう。作家の梶山季之《としゆき》が『買わないで！』という一九七四（昭和四九）年の本で告白しています。自分はいわゆる触り魔行為はほとんどしたことがない、唯一やったのは終戦直後の芸備《げいび》線だ、と。芸備線は広島―岡山間ですか。

原　はい、広島から広島県の三次《みよし》を通り、岡山県の新見《にいみ》というところまで行っています。

井上　芸備線のすし詰めの車両で、もんぺをはいている娘さんの前に自分の手が来てしまった。なんとか外《はず》そうとしている間に、もんぺの裂け目に指が入った。しょうがないなあと思っているうちに、なぜか指がおのずと動いた。そうしたら娘さん顔を真っ赤にして……なんて、まるで自分が功徳《くどく》を施したみたいに、梶山は書いているんです。この娘さんは洋服を着ていないし、声も上げていません。

原　なるほど……。

井上　もう一つ、森繁久彌主演の「社長シリーズ」という映画がありましたよね。一九五六（昭和三一）年に第一作が公開されて、一九七〇（昭和四五）年までつづいた。森繁演じるところの「社長さん」は、しょっちゅう女子社員のお尻を触っているじゃないですか。女子社員は嫌がってはいるけれども、まあ、ご愛嬌で通っている。

図８：「社長太平記【期間限定プライス版】」DVD発売中（￥2,500＋税、発売・販売元：東宝）。

原　二〇〇〇年くらいでも、大学のホームページに載せるプロフィールに堂々と、女子学生の肩に手を掛けた写真を掲載している教員がいましたよ。今だったら完全にセクハラでアウトだけれど、当時はまだ、そういうスキンシップが学生との親しさのあらわれと見なされる余地が、あったのかもしれません。

井上　十数年前でそうですか……。都会のオフィスはもともと、おっさんが組み立てた、おっさんのための場所でした。そこへ働き手として入ってきだした女の人にとって勤めを持つことは、通勤電車の中で尻や胸を触られることや、会社に行けば行ったで「社長さん」にお尻を触られることまで、織り込みずみだったのかもしれない。だから大なり小なり、今の基準ならセクハラと判断されるような目に遭う覚悟があったのではないかと思うんです。ただ、あまりにも恥ずかしい覚悟なので、書かれたものは数が少ないのではないでしょうか。

原　すると井上説だと、少なくとも中央線に女性専用車ができた頃にはすでに「痴漢」がいて、べらぼうに混んでいた敗戦後の買い出し列車にもむろんいて、以来断絶することなく連続して今日に至る、ということになるんですか。

井上　そうです。今で言う「痴漢」はうようよいた、もうそこら中にいた。だけど「痴漢」という言葉は、かならずしもそのような行為を指していなかった。

　そしてそもそも、尻や胸に触れる行為を社会が、というかおっさんはさほど問題にしていなかった可能性

図9：首都圏の駅に貼られた「痴漢撲滅」のポスター（上）と、大阪府警のポスター「チカンはあかんで。」（下）。

もある。梶山は、『買わないで！』で、列車内の行儀を、こうも論じています。「スカート切りだとか、塩酸をぶっかけるとか……は、大いによろしくない。しかし、お尻や乳房に触ったり……する位は、女性も大目にみて貰いたい」と。一九七〇年代になってさえ、こうした言い分はまかり通っていたのです。終戦直後のスシ詰め列車なんか、おして知るべしじゃあないでしょうか。

原　なるほどね。では、こういう見取り図はどうでしょう。「痴漢行為」は一〇〇年くらい前からあった。しかし「痴漢」の存在が広く社会的に認識されて、さらに週刊誌ネタになったりするのは一九五〇年代の後半以降である。

井上　きっちり問いただされるべきふるまいと考えられるようになったのが、その頃なんでしょうね。それが今では、「痴漢は犯罪です」というところまでエスカレートしましたからね。いや、こういう言い方はよくないな、ようやく「触るおっさんが一方的に悪い」という認識が世の中で共有されはじめた。「社長さん」の頃の警察なら、「触ったおっさんが悪いけどな、そんな格好をしているキミもどうかと思うよ」くらい言ったような気がします。今はそんなこと、たとえ心の中で思うおっさんがいたとしても、口にはできないですよ。

原　そういえば、東京の駅やなんかに貼ってあるポスターは「痴漢は犯罪です」だけれど、大阪府警のは「チカンはあかんで。」ですよね。

井上　韻を踏むのなら「痴漢はいかん」のほうがよかったんですけれどね。

原　前に鹿島茂さんと井上さんとの鼎談でも話しましたが（『ぼくたち、Hを勉強しています』朝日新聞社）、一九七二～七三年の中央線の混雑時の乗車率が二五〇％くらいあった時代に、痴漢に遭った女性がテレビのインタビューに答えて、「田中内閣が悪いからこんな目に遭うのよ」と憤慨しているんですよ。国鉄が通勤時間帯の混雑緩和策を講じないから痴漢が出るんだ、それは内閣が悪いからだと、痴漢に対してではなく、政治に文句を言っている。

井上　今の女性なら間違いなく、「触ったやつが悪い」と言いますよね。もし梶山季之や森繁久彌が聞いたら、「変な世の中になったな」と思うだろうなあ。あ、こういう言い方も誤解を招きますね。もちろん、よい世の中になったと僕も思っているんですよ。

　鹿島茂さんとの対談「西のエッチ東のエッチ」（『性欲の研究――エロティック・アジア』平凡社、所収）でも言ったんですが、通勤ラッシュのひどい国はほかにもあるけれど、どこでも痴漢が発生するかというと、そんなことはない。つまり痴漢行為の背景には、異性に触れることを、ふだんは慎むせいで過剰に慈《いつく》しむ文化があると思うんです。ラテン系の人たちは、男女を問わず抱き合ってあいさつをするじゃないですか。われわれにはああいうことはできない。だから、接触自体に、とんでもない値打ちができてしまう。「おさわり」なんていう丁寧語ができたりするのも、そのせいだと思うんですよ。

原　先日ゼミで、一九六九年の新宿フォークゲリラのDVDを見たんです。数千人が集まって、西口広場で反戦的なフォークソングを歌い、結局機動隊に排除された事件ですが、あらためて見ると、人と人との距離が異様に近いんですよ。息がかかるような距離で、たまたまそこを通りがかったり、出会ったばかりの男女が激論している。私も驚いたし、学生もびっくりしていました。なんで赤の他人同士がこんなにくっつき合って、それを変とも思わずに話ができるんだ、と。当時はそんな時代だったんでしょうかねえ。

井上　甲子園球場のライトスタンドは、今でもそんな状態ですよ。

原　それは阪神を応援するという共

通の目的があって集まっているからでしょう。

井上　それはまあそうなんですが、僕は生涯忘れられない想い出がある。阪神逆転勝ちのヒットが出たその瞬間、僕の右隣にいたお嬢ちゃんが、僕にしがみついてきたんですよ。彼女の右隣にもおっさんがいたにもかかわらず、彼女は僕を選んだ。これは生涯の……。

原　たまたまでしょう。

そろそろつぎの話題に移りましょうか。

団地と共産党

井上　はいはい。「団地妻」ですよね。

団地に住まう奥さんに、ある時期エロチックな「団地妻」というイメージが投影されたことが、僕には不可解なんですよ。原さんが『団地の空間政治学』（ＮＨＫブックス）で書かれたように、初期の日本の団地は、なにほどかは左翼的な人たちに担われていたでしょう。

図10：中層住宅が並ぶ香里団地（1958年、毎日新聞社提供）。

原　そうですね。じつは私は一九六二（昭和三七）年に生まれた直後から三年間、東京都北多摩郡保谷町（現西東京市）のひばりヶ丘団地に住んでいたんですけれど、のちに共産党の委員長になる不破哲三も同じ団地に住んでいたせいか、自治会は共産党色が強くなってゆきます。私が一番最初に覚えた家族以外の人名は、時の共産党議長・野坂参三なんですよ。

井上　日本住宅公団ができたのは一九五五（昭和三〇）年ですよね。

原　ええ。その後ほどなく入居が始まったのが、大阪の香里《こうり》団地とか東京のひばりヶ丘団地とか、初期の代表的な団地です。初期の団地と共産党というか共産主義には直接のつながりもあって、公団は当時のソ連にたくさん人を視察に送り込んでいます。だからソ連の工法やデザインが反映されているんですよ。

井上　公団の考え方に影響を与えた建築学者の西山夘三《うぞう》さんも、ソ連寄りの人でしたしね。そういえば香里団地の基本設計は京都大学の西山研究室が担当したんでしたね。

原　ええ。京大の関係者が多い団地でした。六〇年安保闘争の直後に、当時京大人文科学研究所に勤めていた多田道太郎さんや樋口謹一さんたちが、「香里ヶ丘文化会議」というのを組織して、団地に保育所をつくる運動の音頭も取った。この運動は『私は赤ちゃん』（岩波新書）を出したばかりだった小児科医・松田道雄の支援を受けていますが、松田も京大出身です。

井上　多田さんも樋口さんも、人文研の研究報告書『ルソー論集』（岩波書店）に寄稿していますよね。団地を支える活動と人文研の共同研究が響き合っているというご指摘に、僕は感動しました。

　住民にこういう人たちがしかるべき割合でいたとすると、団地では『アカハタ』や『社会新報』の購読者が多かったんでしょうか。社会党・共産党に推された美濃部亮吉の革新都政を実現したのは、団地の力だったとか……。

原　その見方はある程度当たっていると思います。団地の自治会活動が盛んだった時代に、共産党が伸びていますからね。

団地とネグリジェ

井上　それを聞くとますます「団地妻」という言葉に違和感を覚えるなあ。だって、共産党、少なくとも当時の共産党は、エロに対して禁欲的にふるまっていましたし。

原　エロチックな「団地妻」イメージは一九七〇年代になってからのもので、その前に「団地族」という言葉があったんですよ。一九五八（昭和三三）年に『週刊朝日』が初めて使って、以後流行語になった。団地の間取りは、今ではあたりまえの「ダイニングキッチン」と、独立した夫婦の寝室と子ども部屋が確保された「2DK」が中心で、当時としては革新的だった。そこで夫婦と子ども一人か二人という核家族が暮らしていた。「団地族」というのは、あんな住まいであんな暮らしがしてみたいけれど、高嶺《たかね》の花だ。そういう意味合いの言葉です。

井上　じゃあ、初期の「団地妻」には、「鎌倉夫人」とか「軽井沢夫人」と同じニュアンスがあったということでしょうか。

原　だからそのときはまだ、「団地妻」という言葉は使われていないんですってば。「団地夫人」と呼ばれることはあったけれど。

井上　「妻」より「夫人」のほうがエロとしての格が上なのかな。「現地妻」とか、「オフィス妻」とか、「妻」にはセカンドワイフっぽい響きがありますよね。まあ、夫人も同じか。「エマニエル夫人」も、原題はただの「エマニエル」なのに、わざわざ「夫人」を添えましたしね。

図11：鴨居羊子がデザインしたネグリジェ。「No.5ネマキ」（右）と「ギリシァ・ネマキ」（左）。どちらも「透明なナイロン・トリコット地」で、13色つくられていた。「ハンドバッグにも入ります」「かるく、かさばらず、旅行、洗たくにも好都合」と扱いやすさが謳われている（1950年代のカタログより。チュニック株式会社提供）。

原　それはどうなんだか。

じつはネグリジェの普及に一役買ったのは団地の奥さんなんですよ。下着デザイナーの鴨居羊子が、『香里団地自治会新聞』（一九六二年六月一〇日）に書いています。それまでの女性の寝間着の定番は浴衣かパジャマで、でも誰か一人がネグリジェを利用していると、同じ階段室を利用している奥さん全員が、ネグリジェに変わるんですって。今の若い人は知らないかもしれないけれど、古い団地は、四階建てか五階建ての建物にいくつかの階段室があって、一〇軒くらいが同じ階段を利用して出入りする、というのが多かったでしょう。

井上　五階建てまではエレベーターを付けなくてもいいという法律が、今でもありますからね。

原　その一〇軒くらいがみんな、同じような間取り、同じような家族構成、同じような生活パターンなものだから、趣味や子どもの学校を介してつながりが強かったし、隣近所の生活レベルへの関心も高かったみたいです。だから団地を起点に、生活家電が爆発的に普及していったわけだし。

井上　一九五〇年代だと、ネグリジェや下着のセールスマンはだいたい夜の街に行ったものだけれど、ひょっとしたらそのつぎにねらったのが団地だったのかもしれませんね。2DKというコンクリートの巣箱に囲われている奥さんたちが、うっぷん晴らしに派手なネグリジェに走ったんでしょうか。

マンション夫人になりたい

原　そういう性的なニュアンスを感じ取る目は、一九七〇年代の初め頃からみたいですよ。一九七一（昭和四六）年二月二〇日に、当時私が住んでいた東久留米市の滝山団地で、お色気女性アクションドラマ『プレイガール』のロケが行われたんですが、「団地婦人の乱れた私生活をどぎついタッチでとった」として、自治会が制作者の東映と東京12チャンネル（現テレビ東京）に抗議しています。日活ロマンポルノ「団地妻シリーズ」の第一作『団地妻　昼下りの情事』が公開されたのもこの年でした。

井上　ひょっとするとおっさんの目には、「団地妻」が釣り堀の魚みたいに見えていたのかもしれない。

原　そうだと思います。この頃の団地はもう、一九五〇年代のあこがれの対象だった団地ではなくなっていたんです。もっと都心から近いところに民間のマンションがどんどん建って、団地のイメージは明らかに下がっていますからね。

井上　そうか、「団地妻」から「マンション夫人」になりたいんですね。

原　そうそう。『団地妻　昼下りの情事』の「団地妻」は、団地に住んでいることにすごく不満を持っていますよね。最後に団地を出て、マンションに住んでいるプレイボーイのところに逃げ込むじゃないですか。マンションに住んでいるのが、ある種ステータスになっている。

井上　今の夫の収入では、「マンション夫人」に出世するのはとても無理。夫にはもっと残業をして稼いでもらわなければならない。なんだったら副業をやってもらってかまわない。ただそうすると、夜、家に帰ってきたら夫はもうへとへと。つまり私が「マンション夫人」に出世するためには、性生活を犠牲にするしかない。鴨居羊子のネグリジェやスキャンティだけでは、このフラストレーションは埋まらない、私の火照《ほて》った身体を何とかして……こういう図式はどうでしょう。少なくともおっさんは、「団地妻」がこんなふうにもだえていると妄想したことでしょう。

原　異様にリアルですね（笑）。
　それに加えて東京の場合、通勤事情が過酷でしたからね。通勤時間帯の電車の混み様は尋常じゃないし、そのうえ団地は都心から遠いんですよ。その頃の東京は大気汚染が深刻化していて、夏なんか光化学スモッグで目が痛くなる日が多かった。だから空気のきれいな郊外で人間らしく暮らしたいと考える人も、いたことはいた。

井上　それに、あれだけの規模のものを便利なところにつくるのは無理ですよね。マンションとは大違いだ。

原　千葉県松戸市の常盤平団地や船橋市の高根台団地は、常盤平や高根公団という、団地の名前がついた駅から、新京成電鉄という、大手私鉄とは比較にならないほど設備の劣っていた電車に乗って、途中で国鉄に乗り換えないと都心にたどり着けなかった。一九七一（昭和四六）年に入居が始まった多摩ニュータウンだって、最初は京王相模原線や小田急多摩線が開通していなくて、バスで京王線の聖蹟桜ヶ丘駅に出るしかなかったんです。

井上　だからこそ、鴨居羊子のネグリジェが売れたんじゃないでしょうか。この地味な浴衣のせいで、夫はその気にならないんだわ、と。奥さんたちは、夫に元気がない根本原因を問いただださず、地味な寝間着に責任を転嫁した。それで透《す》けたネグリジェの下に派手なパンツまではいたんじゃないでしょうか。でも夫はたぶん、それを見てますますうんざりしたような気がするけれど。

原　その点に注目したのが、ルポライターの竹中労なんです。竹中は、高根台団地ができてわりとすぐに入居したんですが、疲れて帰ってきてセックスもできないで寝ちゃうサラリーマンの姿を目の当たりにして義憤を覚えたのか、自治会長になるや新京成と交渉して、電車やバスの便をよくするように要求しています。

井上　慧眼ですね。

本当にいた？「団地妻」

原　じつは世の中の性的な想像を裏書きするような話もあることはあるんですよ。

さっきも言ったように私はひばりヶ丘団地で生まれて、その後一九六九（昭和四四）年から七五（昭和五〇）年までは滝山団地に住んでいたんです。

井上　『滝山コミューン一九七四』（講談社文庫）で紹介された団地ですね。

原　それまでの公団の団地とちがって分譲の割合が高くて、しかも団地の真ん中にある商店街には三越系の二幸が誘致された。ほかの西武線沿線の団地にはもちろん、西武系の西友ストアですから、滝山はちょっと格が上なんだという、自他ともに許す雰囲気があった。もちろん商店街には、風俗店も雀荘も映画館もパチンコ店もありませんでした。そんな団地ですから表向きはものすごく潔癖で、『プレイガール』のロケに使われたときには、自治会が猛反発したわけです。

しかし、裏ではいろいろあったらしいんです。商店街の一角に「K」という謎のレストランがあった。わざわざガラスを暗くして中が見えないようにしていて、子どもにとっては謎の店でした。数年前に滝山団地に取材に行って、今も住んでいる人たちに話を聞いてみると、どうも「K」は売春の斡旋《あっせん》所の一つになっていたらしいんです。

井上　そういう噂《うわさ》が飛ぶんですか。「何号棟何号室の奥さんが『K』に入っていった」とか。

原　どうなんでしょうね。「K」のほかにもそういう店があったという話も聞いています。私は子どもだったから、知る由もなかった。

井上　泉大八や宇能鴻一郎が、そういう話を書いてますよね。

原　あれは自分の家に男を連れ込む話ですよね。さすがにそれはできないから、話が成立すると、わざわざ車で旅館に行っていたらしい。その話を聞いたときに思い出したのは、新青梅街道沿いにある場違いな旅館なんです。小学一年の遠足で小平霊園に歩いて行ったときに、そのあたりを通ったんですよ。なんであんなところにあんなものがあるのか、子ども心に気になっていたんです。だから話を聞いて、ああ、もうあそこしかないと、ピンと来た。

井上　そういう雰囲気って、なぜか子どもの記憶にも残るんですよね。

しかし僕は、「団地妻」幻想はあくまでファンタジーだと思っていましたが、きょうのやりとりで、けっこう現実味もあったことが見えてきました。

原　『東久留米市史』には書いてないし、団地の記録にも載らないし、資料的な確認はできないんですけれどね。

図12：高島平団地での1974年7月の参議院選挙投票風景。当時珍しかった高層集合住宅を背景に、子ども連れの姿が目立つ（毎日新聞社提供）。

井上　なにか出てきたらおもしろいですね。

高層化がつくった幻想

原　一九七〇年代に「団地妻」幻想が形成された大きな理由は、団地の高層化だと思うんです。

一九七二（昭和四七）年にできた高島平団地は象徴的で、いちばんはずれの板橋区とはいえ東京二三区内にあって、しかもわざわざこの団地ために、都営地下鉄の始発駅をつくったんですよ。乗り換えなしで都心に出られるし、まさに夜の営みにも絶好の環境じゃないですか。

井上　とすると、高島平団地に関しては「団地妻」幻想はそんなに広がらなかったんでしょうか。

原　いや、べつの要素が加わったんです。それが高層化なんです。高島平団地は一〇階を超える、当時としては比較的珍しい高層建築でしたから、必然的にエレベーターがある。そうすると、同じ階段室を利用しているどうしのつきあいがだんだん希薄化していって、気密性が高まっていくんです。

井上　もう、誰かがネグリジェを買ったからといって、いっせいにみんながネグリジェに走ったりはしない。

原　しかも予想を超える勢いで乳幼児が増えるんですよ。高島平団地に入居したのは比較的若い層だったから。

井上　現政権が聞いたら、「よき時代だった」と羨《うらや》むでしょうね。しかし乳幼児や妊婦が目立つ光景は、「巣箱の中でアレしかしとらんのか」みたいな憶測を生みますね。なるほど、エレベーターが育む「団地妻幻想」か。

原　高島平団地の完成とほぼ同時期に創刊された『団地新聞高島平』には創刊号からしばらく、「セックス

プレイロッド　―①―　乳房占い

乳房は女性の象徴。ホルモンと密接に関係しているので、乳房によって女性のすべてがわかるとか。当たるも八卦、当たらぬも八卦よその女性を研究して問題を起こしても、当局は一切関知しない。念のため。上から順に

①すばらしい乳　乳房が張りきっていて、肌がこまかく、形の大小には関係なくふくらみのある乳房。乳首がプクリともりあがるようにして、上向き。性感はすばらしく、愛情面も豊か。

②愛される乳　全体が広く大きく、弾力性があってうるおいのある皮膚。乳首は上向き肉体も精神も健全で、敏感なセックス感度をもつ人で、万人から愛される。

③物質運の強い人　乳首が発達していて、乳の上にもりあがっていて、プリプリしている相。物質運にめぐまれ、明るい男女生活をおくれる。

④敏感な乳　乳首の皮があつく、形がもりあがっていて、紅い乳の女性は性感覚に敏感で男性に愛され、またそれを十分に受けとめる人。肉体の発育も良好。

⑤鈍感な乳　乳房が小さく、しかもたれていて、弾力がない。女性としての肉体的欠陥がありそう。

⑥つまらない乳　形ばかり大きく弾力のない乳房、大きい乳首は下向き。セックス面での耐久力がなく、性的魅力にもとぼしい。

⑦男運のない乳　未婚の女性で、左右の乳房の大きさがふぞろい。男性に縁が薄く、薄幸な一生を送る相。セックスも面白味なし。

⑧さびしい乳　乳房が小さく、その間かくがせまい。さびしい夫婦生活を送りがちで、暗い性格の持主のため、男性の愛も少ない。

図13：『団地新聞高島平』創刊号（1972年5月20日）に掲載された「プレイロッド①乳房占い」。

占い」みたいな連載が載っていたんです。

井上　「セックス占い」？

原　どういう乳房の形をしている女性はセックスの感度が良いとか、そういう記事です。

井上　いや、「社長さん」どころじゃないね（笑）。

原　ぶったまげますよ。それをたぶん妻たちも読んでいた。

井上　しかしそんなに満ち足りているのに、高島平団地では自殺が多いと聞いていますが。

原　団地の住人が自殺するのではなく、よそから自殺しに来るんですよ。まだ高い建物が少なかったせいもあるんでしょうか。一九八〇年頃、新聞で大きく取り上げられて、そういうイメージが定着してしまったので、団地も困って、たしか、自殺防止のために屋上に入れないようにしていたはずです。

「団地妻」から「金妻」へ

井上　これまで話してきた高度成長期の団地の多くでは今、高齢化が進んでいますよね。

原　そうですね。ひばりヶ丘団地も香里団地も、一九八〇年代にはすでに、人口がどんどん減っていますから。もともと単一世代が入っているから、衰退がものすごく早いんですよ。もはや映画の題材になるようなエロスは残っていない。

図14：ゆるやかな坂に沿って戸建て住宅が建ち並ぶ東急田園都市線つくし野駅付近。

井上　エロスの残りかす、ですかね。

一九八〇年代には、一戸建てのちょっとこじゃれたおうちの奥さんが不倫に走るテレビドラマ『金曜日の妻たちへ』（TBS）が話題になりましたけれど、「金妻」の具体的なロケーションはどこか分かっているんですか。

原　田園都市線のたまプラーザとか、つくし野近くの住宅地でしょう。

井上　僕は東京の土地勘がないのでよく分からないのですが、それは東京におけるエロ幻想史の中でどう位置づけられる場所なんでしょう。

原　そういう人のために東京西部の郊外住宅の形成史を解説すると、まずは平地が開発されたんです。電車でいうと中央線や京王線、つぎに西武線。だんだんそっちが埋まっていくと、新興住宅地は多摩川を越えたところの多摩丘陵に移っていく。多摩ニュータウンもそうだし、東急田園都市線沿線の多摩田園都市もそうです。特に後者は戸建てが中心で、自家用車で坂を下って駅前の百貨店やスーパーに買い物に行く、という生活です。今や完全に丘陵地帯のほうがイメージがよくなっているのは、丘陵地帯をうまく開発した東急の戦略が良かったせいで、べつに最初からイメージの良い土地だったわけじゃないんですよ。

井上　「団地妻」がほかの男に走るのは、性的に満たされない孤独からですよね。しかし「金妻」が不倫に走るのはどうしてなんでしょう。ドラマではホームパーティを開いたりして、孤独は解消されているように見えますが。

原　私の仮説は、田園都市線が混んでいるからというものです。丘陵地帯をどんどん切り崩して住宅地にした結果、田園都市線は首都圏でいちばん混雑の激しい私鉄になってしまったんですよ。沿線のサラリーマンには、奥さんにせがまれて無理して三五年ローンを組んで、なんとか家を買った人が多い。ローンが家計を圧迫しているそういう人たちが、追い打ちをかけるように混み合った電車に長時間乗って通勤しなければならない。だからへとへとで、ストレスがたまっていて、もう夜なんか……。

井上　なんだ、じゃあ、高度成長期の遠方団地とまるきり同じじゃないですか。

原　そうなんですよ。さらに言うと、混雑が激しくなるとともに、田園都市線では、痴漢のニュースが増えたんですよ。痴漢の数が多いかどうかは分からないんですけれども、痴漢をめぐるトラブルは、たしかに多い。

井上　そうか。へとへとのおっさんたちがすさんだ気持ちのまま電車に乗って、目の前にかっこいいお尻があったらついつい……ということもあるのかもしれませんね。

原　……なんだか、いろいろ話して、ふりだしに戻ったような感じですが。

井上　そうですね。日本のエロ幻想の源流をたどっていくと、どう転んでもおっさんたちの不幸にたどり着くような気がします。なにかこう、もの悲しい結論ですが……きょうはどうもありがとうございました。

（二〇一四年八月五日、如水会館）

対談

「性なる」場所の戦中戦後

加藤政洋 × 三橋順子

なぜ性的な場を?

三橋　加藤さんにはじめてお目にかかったのは、二〇〇〇年の九月の性欲研究会でしたよね。ゲストで見えて、「大阪における新地開発と花街景観」という報告をなさいました。地理学の方だから地図と現地の景観写真を使うのは当然として、そのうえ文献資料もちゃんと使った発表で感銘を受けました。今でもレジュメをとってあるんですよ、ほら。

加藤　こんなにていねいに保存していていただけるなんて、驚きです。

三橋　「遊廓」「私娼窟」「花街」「赤線」「青線」といった性的な場は、二〇〇〇年頃だとまだ、学術研究の対象と見なされていませんでした。私自身も研究対象を性文化史に変えて日が浅かったので……。

加藤　僕も真正面からは研究していませんでした。

三橋　こんな視点があるのかと、本当に目からうろこが落ちる思いでした。そういうことがあったので、今回「エロと地理」を特集するのを機会に、ぜひともじっくりお話しさせていただきたいと思ったんです。

その後、加藤さんは『花街』(朝日選書)、『敗戦と赤線』(光文社新書)など「性なる場」をテーマにした著書をつぎつぎに出されましたが、どうしてはじけたんでしょう(笑)。

加藤　はじけたんですかね(笑)。

じつは関心を持ったきっかけは古くて、一九九三年、富山大学の学生だったときに、大阪に調査に来たんです。都市の中心よりは周縁的なところに関心があったので、同和地区、労働者の集まる釜ヶ崎、鶴橋のコリアタウン、花街・遊廓のあった飛田新地や今里《いまざと》新地などを、同じ専攻の

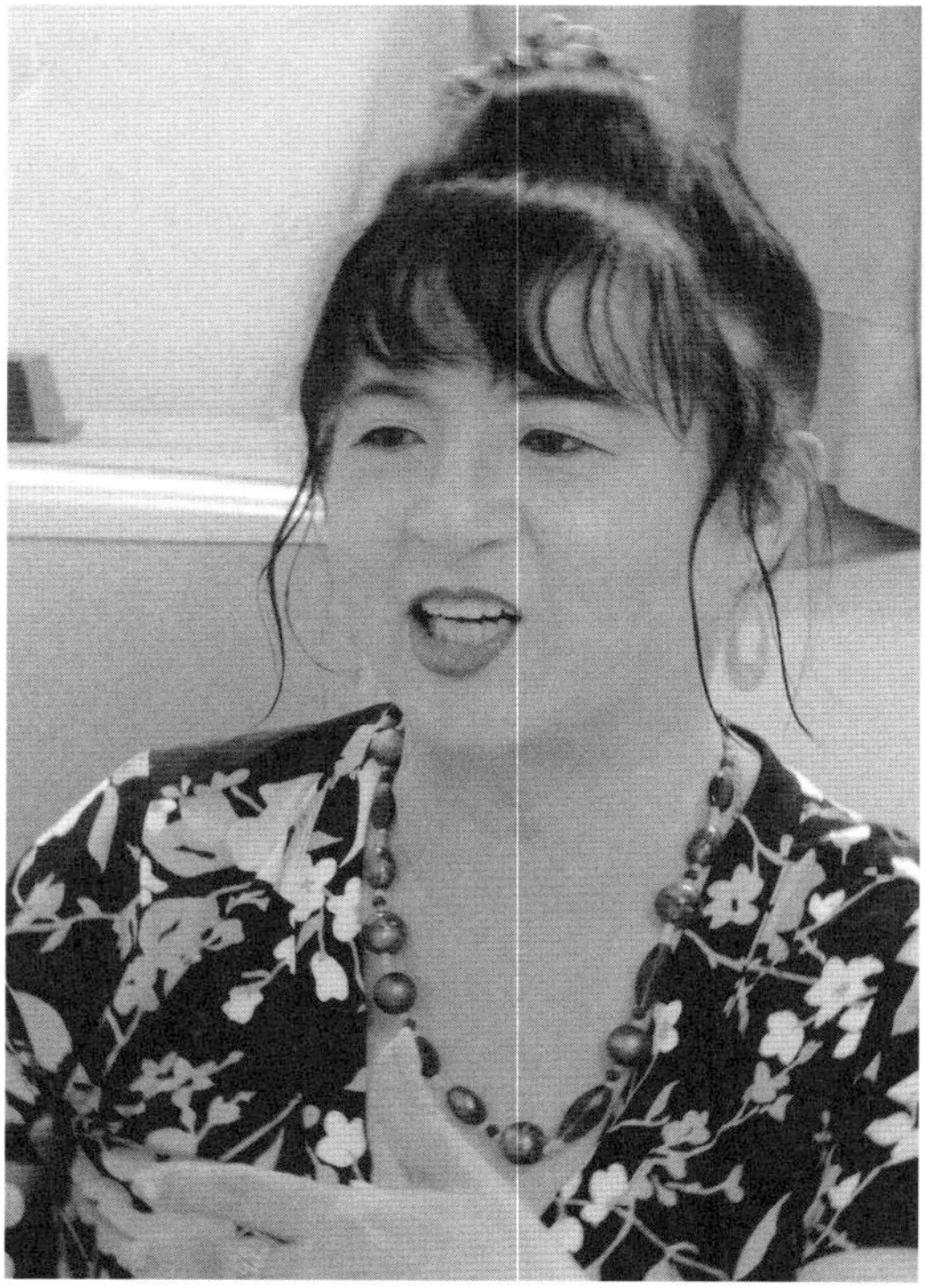

三橋順子（みつはし・じゅんこ）

仲間と手分けして調査しました。

昼ごはんは釜ヶ崎の安い食堂で食べて、泊まったのは闇市の雰囲気が残る天王寺の外れの、かつては「連れ込み」だったかもしれない旅館ですから、坂を下りれば、すぐ飛田です。天王寺のホテル街のそばには、たしか「年金ストリート」と呼ばれていたと思うんですけれど、けっこう高齢の売春婦がずらりと並んでいる一角があった。

三橋　お商売している女性たちもお客さんの男性も、両方年金をもらう年代だから「年金ストリート」。

加藤　そうそう。数百円で売春が行われていたんでしょうね。そういう風景を生まれてはじめての大阪で目の当たりにしてしまったんですよ。

三橋　それは刺激的な体験ですね。

加藤　長野県の標高一〇〇〇メートルのところから下りてきた田舎者ですから、もう頭がぐらぐらしましたよ。

あたりまえですが、大阪の人は誰でも、飛田新地は知っている。でもなぜ、飛田がここにあって、いまだに営業が続いているのかは、誰も教えてくれません。そこで調べてみると、大阪をはじめ関西圏には「新地」と呼ばれる場所が、当時は一〇カ所くらいあって、探しあてて訪ねていくと、営業をしているんですね。

三橋　法律（売春防止法）上、そういうところはあってはいけないはずなのにね。

遊廓は計画都市

加藤　いったいどういうことなんだという疑問から始まって、もう少し時代をさかのぼって町の成り立ちを掘り返してみたら、なにか見えてくるのかもしれない。それで調べはじめたらおもしろくて、止まらなくなってしまったんです。

関西圏だけじゃないんですよ。富山県の小さな港町や内陸の市場町にも、さすがにもう営業はしていないけれど、かつて遊廓あるいは花街だった場所が、わかっただけでも二〇カ所くらいあった。

それからこれは最近、学生に聞いて知ったんですが、僕の出身地である長野県の茅野市にも花街があって、「寒天芸者」というのがいたんですって。茅野市は寒天の産地なので、冬場、寒天の産業が最盛期を迎える頃に季節労働者が入って来ると芸者もやって来て、小さな町に、にわか花街ができたようです。

三橋　寒天芸者というのは、はじめて聞きました。

加藤　五〜六年も調査を続けて何カ所も見ているうちに、歩いていてふっと路地を入った瞬間、ここは間違いなくそうだったろうなというのが、だんだんわかるようになってきた。そのあたりの昔についてなにも知らなくても、古い建物の様式とか、町の形状とか、雰囲気とかで判断できますね。

三橋　そうですね。それと、遊廓だった町は道路が広いんですよ。建物

加藤政洋（かとう・まさひろ）

図１：赤線時代の洲崎の広い道（岡崎柾男『洲崎遊廓物語』青蛙房、1988年、より）。女たちが居並ぶ店は「大賀」。

が残っていなくても、「あれ、なんでここで急に道が広くなるんだろう」と気づくことがあります。

加藤　言われてみるとおっしゃるとおりで、入り込むとぱっと視界が開けますね。遊廓の古い絵葉書を見ても、メインストリートを写したものは殺風景でつまらないですからね。だだっ広い道と妓楼《ぎろう》がちょっと見えるくらいで。

三橋　東京の洲崎《すさき》なんか、メインストリートがやたらと広いうえに、横に交わる通りもかなり広い［図1］。

加藤　十字に区切られているのも、遊廓の基本みたいですよ。最近僕が調査に入っている沖縄では、戦後米軍向けの売春街をつくるとき、野原を切り開いてまず十字に道を通しています。たとえば、旧浦添村の泉町なんかが、その典型です。

三橋　なるほど。遊廓としてにぎわっていた頃は、そういう広い道を人や人力車がたくさん行き来していたんでしょうが、今は普通の住宅街になっているところが多いので、無意味に広く感じます。横浜の旧真金《まがね》町《ちょう》遊廓も、東京・立川の旧羽衣新天地も、八王子の旧田町遊廓もそう。田町遊廓は八王子の市街から北へ歩いて一五分くらい行った浅川沿いの、街外れに近いところなんですけれど、それまで歩いてきた細い道を折れると、突然車が四台並べるくらいどーんと広くなるんです。今は倉庫街みたいになっていて……。

加藤　転用されているんですね。

三橋　そうです。道が広いから大型車を止めて荷下ろしするのに便利なんです。「ああ、なるほど、理に適《かな》っている」と思いました。

加藤　道が広いのは、防火のためでもあるんでしょうね。江戸時代の遊廓は火災が出て郊外に移転して、そこできちんとした計画道路を通して一からつくることが多いでしょう。吉原《よしわら》も一六五七年の明暦の大火で焼けて、日本橋から浅草の北のほうに移りましたよね。

三橋　基本的な機能は「火除《ひよ》け」ですが、新吉原の場合は広い通りに季節ごとの花を植えて観賞するアミューズメント空間として使っていますね。桜の季節には桜の樹を運んできて植えて、終わったら全部撤去して、つぎは牡丹、そのつぎは菖蒲という具合に［図2］。

加藤　お金をかけていますね。

図２：新吉原のメインストリートである仲之町に植えられた桜（明治期の絵葉書）。

三橋　それはもう究極のぜいたくで、新吉原のやり方が、各地の遊廓のモデルになっていると思います。

加藤　たしかに、地方の小さな遊廓でも、メインストリートに並木をつくっているところが多いですね。松やら桜やら柳やら。吉原みたいな真似はできないからせめて並木でも、ということでしょうか。

三橋　公設というか官許の遊廓は、すごくモダンな計画都市なんです。現代人がイメージする色街は、永井荷風の作品に出てくるような、曲がりくねった細い路地がやたらと入り組んだ迷路《ラビリンス》だと思います。それは私娼窟の一つのパターンではあるのですが、公設遊廓はちがいます。

加藤　そうですね。かつて陸軍の部隊がいた高田（現上越市）の遊廓は、明治の終わりに、市街地から近からず遠からずの田んぼかなにかを区画割してつくっています。かなり閉鎖性の高いつくりになっているでしょう［図3］。

図３：「高田市街図」（『高田市統計書　昭和６年』高田市、1931年、より）。中央の高田城跡をはじめ、陸軍の施設が点在する。上部の市街地のはずれに近い方形の部分が「栄町遊廓」。

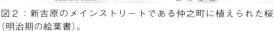

三橋　本当だ。周囲から隔絶されて、まさにお城の「廓《くるわ》」って感じですね。

遊廓と花街

加藤　ところで、「花街と遊廓ってどうちがうんですか」って、先日尋ねられたんですが、これはなかなか分けられるものではなくてね。

三橋　そうですね。花街や遊廓で提供される飲食接客サービスと芸能とセックスワークって、もともと三位一体じゃないですか。

　江戸時代の中頃以降の新吉原で、今で言う芸者（芸妓）と娼妓が分かれていきましたが、地方では必ずしもそうはなりません。「うちは絶対売春じゃありません、芸だけを売っていたんです」と主張する旧遊廓の関係者もいますが、そういう考え方は明治以降の刷り込みで、実態的に分かれていなかったからこそ明治政府は、芸娼妓分離という大方針のもとに、セックスワークを切り離したのです。芸娼妓分離というのは営業を許可制、登録制にするときに、芸者には芸妓鑑札、娼婦には娼妓鑑札という形に分けた［図4］。芸妓鑑札の人が中心に集まっているところが花街、娼妓鑑札の人が集まっているところが遊廓ということになります、制度上は。

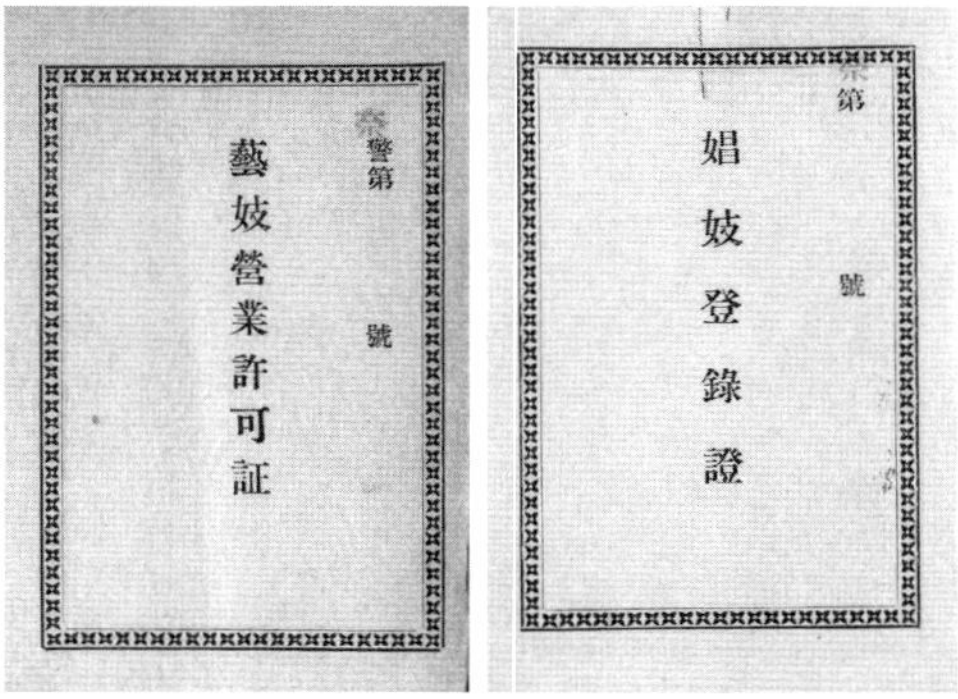

図4：奈良県で発行された娼妓鑑札（右）と芸妓鑑札（左）。

加藤　でも、花街と遊廓が空間的に完全に分かれていたのは、近代以降の東京くらいのものですよね。

三橋　なんといっても首都、政府のお膝元ですから、政府の建前が貫徹されています。あくまで、それなりにですけれど。

加藤　東京で江戸時代以来の公の遊廓があったのは、吉原のほかは四宿《ししゅく》ですかね。

三橋　東海道の品川、中山道の板橋、日光・奥州街道の千住、甲州街道の内藤新宿、五街道の江戸からいちばん近い宿場ですね。あと、宿場由来の遊廓があったのは、甲州街道沿いの調布、府中、八王子。

加藤　あと明治に入ってからできた遊廓が、海沿いの埋め立て地に移転してできた洲崎もありますね。

　それとは別に、表向き買売春と切

り離された、芸妓や芸者をメインにしている花街が、思いつくままに挙げると、新橋、柳橋、深川、神楽坂、荒木町、大塚から池袋にかけて、渋谷の円山町《まるやまちょう》。銀座も最初から花街として成立した歓楽街です。

三橋　あとは赤坂、神田、浅草、向《むこう》島《じま》、十二社《じゅうにそう》、四谷大木戸、それに白山とか。

加藤　小さいのも入れると六〇近くの花街があったようですね。大正から昭和初期に活躍した旅行ライターの松川二郎は昭和七（一九三二）年に、「大東京五十六花街」というエッセイを書いていますから。

三橋　今挙げた花街は、建前上買売春システムではないけれども、お酒を飲んだ隣の部屋にお布団が引いてあったりすることもあった（笑）。ただし所によって濃淡があって、ほとんど期待できない花街もあったし、裏があるのが暗黙の了解になっている花街もあった。新橋、柳橋、赤坂あたりだと、そういうものを期待する人はあまり行かないでしょうね。

加藤　いわゆる一流どころですね。

　こういうのは東京ローカルなあり方に過ぎないにもかかわらず、あたかも一般的であるかのように書いている文献もあります。しかし、永井良和さんが『風俗営業取締り』（講談社選書メチエ）で書いておられるように、風俗的な文化現象は、地方地方のその時代その時代で移り変わるものです。

三橋　それなのに明治政府は、全国一律の法律で管理しようとしたわけです。性の管理にはいろいろな問題が絡んできます。税の徴収とか性病の管理とか。それから、犯罪捜査に協力させる目的もあったと思います。前に京都の五条楽園の顧客台帳を見せていただきましたよね。

加藤　「遊客人名簿」ですね。住所氏名や、どこの店でどんな遊びをしてどれだけお金を払ったかなどが書いてある。このくらいなら普通ですが、「人相」「服装」という欄があって、背の高さから、眼鏡を掛けている掛けていないとか、はげとか白髪とか、客の外見的な特徴を細かく書くようになっているんです。警察への犯罪捜査協力のためとしか思えません。

三橋　昭和のものですよね。

加藤　ええ、戦後の赤線時代のものですが、たぶん戦前からほとんど変わっていないはずです。

　そういえば東京では、「かがい」といっても通じませんよね。「はなまち」でしょう。京都では「かがい」としか読まないんですよ。それに京都には、娼妓を置いてなかった

図5：「辻」で旧正月20日に行われた「ジュリ馬」。女性たちが踊りながら練り歩く、辻最大の行事。

花街なんてなかった。上方の花街の特徴は、芸妓・芸者と娼妓が同居していることなんです。こんなふうに、東京で言うところの花街・遊廓の定義を、京都に持ってくると、まったく通用しない。かといって京都のあり方が一般的なわけでもありません。

三橋　ええ。地方の小さな花街だと、一人の女性が芸妓と娼妓とを実質的に兼ねている二枚鑑札もありましたし。都市空間的にも人的資源的にも、分けるほどの量がなかったわけです。

加藤　沖縄では歓楽街のことを「社交街」と言いますよね。「社交」という言葉であらわし得るあらゆる要素を含み込んでいたのが、戦前の沖縄の、いわば遊廓です。芸も見せるし、料理も出すし、時に性も売るし、宴会場にもなる。戦前の那覇では、今にぎやかな国際通りではなく、海側の港の近くが中心市街で、その外れにあったのが「辻（チージ）」です［図5］。

三橋　法律的には遊廓で、そこにいる人たちは娼妓鑑札を持っていたはずですけれど、辻は形態も文化も、内地の遊廓とはかなり異なっていますね。私、おもしろいことに気づきました。一九二九（昭和四）年に刊行された上村行彰《かみむらゆきあき》の『日本遊里史』に「日本全国遊廓一覧」という、遊廓の住所と軒数と、そこで働いている娼妓の人数の一覧表が付載されているのですが、「辻」は五一六軒、一〇三二人で、一軒あたりきっかり二人なんです。

普通の家みたいなところに「お母さん」と「姉」「妹」、「娘」二人が暮らしている。「お母さん」と「娘」は実の親子ではないのですが、擬制的にそういう形。そこに男性が訪ねていくと、手料理が出て、お酒を飲んで「娘」のどちらかとセックスする。で、手料理が店の売りになっていたりするんです。「あそこは料理が本格的でうまい」とか。

加藤　内地の遊廓とはえらいちがい

ですね。

三橋　そうですね。新吉原の花魁《おいらん》はもちろん料理なんかしないし、店では客の料理はつくらない。全部高くてまずい仕出しですからね。

それから、辻には男性が一人もいない。「母娘」以外は見習いの女の子と娼妓上がりの手伝いのおばさんだけ。内地でも遊廓に男性が介入してくるのは、おそらく近世に入ってからです。秀吉や家康が都市の遊女屋を一カ所に集めて性の統制に乗り出したとき、その代理人として男性が入ってきた。それ以前の遊里は女性だけです。沖縄には男性による女性の性の搾取《さくしゅ》が始まる前の、女性だけの共同体としての遊里の形が、戦前まで残っていたのだと思うんです。戦争で全部焼けてしまうまでは。戦後の辻のエリアは米軍が管理していたのですよね。

加藤　ええ。立ち入り制限があって一〇年近く入れなかった。今はソープランド街になっています。

三橋　一度遊廓としての歴史が途切れているのに、性なる場の記憶が引き継がれているのが、不思議ですね。

都市化のフロンティア

加藤　花街って都市化・市街地化と同時に、いやむしろ先行してできていますよね、自然発生的に。工場ができたり家が建ちはじめた瞬間に、妖しい女の人があらわれる。

三橋　最初は個人営業で、それを囲い込むように花街的な施設ができていきますね。

加藤　街の活気の副産物とでも言えばいいんでしょうか。僕は近世近代を通じて、どんなに規模が小さくても人の集まる都市的な場所には、花街的なものが、たとえ痕跡は残っていなくても、普遍的に登場していたはずだと思うんです。

石川栄耀《ひであき》という人をご存じですか。もともと内務省の技術官僚で、戦後は東京都の復興計画にもかかわった。「歌舞伎町」の命名者でもあります。彼は一九三二（昭和七）年に書いた「人文地理的角度から」という印象的な論文で、日本の都市は基本的に城下町を核として、工業化に合わせて住宅と商業地域がごちゃ混ぜに形成されていく、と言っています。僕は中でも、市街地が広がるフロンティアにはなぜか花街・私娼窟ができる、という指摘に注目したいんです。

三橋　市街地化のための工事が始まると現場で働く男たちがやってくるし、その後、工場ができると男性労働者が集まってくる。そうするとも う必然というくらいに、性を売る女性が集まりはじめる。こういう順番ですね。

加藤　そうそう。そして工場の周辺には食堂ができて、夕方になると二階で女性がお化粧を始める。脂粉《しふん》のにおいが漂い、男たちは、ああ、あそこには女の子がいるのかと、入っていく。そこに、芸妓崩れみたいな人があらわれて三味線を弾いたりと、遊びが始まる。経営者側が申請して営業の許可が下りれば立派な花街で、場合によっては売春地帯化して戦後の赤線につながるというのは、けっこうあるパターンなんですよね。

三橋　最初はルーズな形だった売春が、恒久性のある遊廓的施設になっていくということですね。

加藤　東京だと東部の工業地帯にほど近い亀戸や玉の井が、赤線化した典型です。大阪では湾岸の工業地帯そば、今のランドマークに即して言うとユニバーサルスタジオに行く途中の四貫島《しかんじま》あたりに大きな私娼窟ができています。

三橋　都市化のフロンティアと遊廓の成立については、北海道開拓がわかりやすいです。遊廓の設置年代を見ていくと、道南の函館から始まって札幌、そして小樽。海を東に行って根室、オホーツク側に回って網走。その後、内陸の開発が始まって旭川。開拓の順序がよくわかります。

加藤　なるほど。開拓のために人が入って町ができる。その町が鉄道網で結ばれていく。その流れと遊廓の誕生が一致しているわけですね。

三橋　今は日本の行政が及んでないけれども、国後《くなしり》、択捉《えとろふ》にまで遊廓は及んでいました。さっきの沖縄の話のときに出てきた一覧表を見ると、択捉島の紗那《しゃな》村という小さな港町に「娼妓一」という遊廓（?）がありました。寂《さび》れているとも言えますけれども、その一人の娼妓にとっては、独占営業じゃないですか（笑）。朝鮮半島や中国大陸、さらには南方への進出も同じで、なんらかの形で日本人の拠点ができるとほぼ時を同じくして、日本人の女性があらわれて商売を始めました。

軍と赤線

加藤　遊廓と軍の関係も、忘れてはいけませんね。軍と性は切っても切り離すことができません。

三橋　軍の駐屯地の遊廓は規模が大きいですよね。単身男性がたくさんいて需要があるから。

加藤　ええ。遊廓を新設するのはいろいろ条件が厳しくてたいへんだったのですが、軍のいるところだけは特例的に認められています。おもしろいのは、海軍のいた横須賀や佐世保や呉では、遊廓が山の上の一等地にあるんですが、それほど使っていないんですよ。上官は料亭に芸者を呼んで遊ぶくらいで、遊廓に通うのは下っ端の士官だけ。階級制がものの見事に寄港都市でも貫徹されていたんです。

三橋　もともと縁が深かったんですね。

加藤　だから真っ先に戦時態勢に巻き込まれた。工場に動員されて、軍人が外地に出て行くときに持たせるコンドームをつくったのも、たぶん娼妓や芸者です。建物の接収も早かった。

三橋　洲崎遊廓は、近くにある石川島造船所や東京湾岸の工場に動員されてきた勤労動員の学生や徴用工、いわゆる産業戦士の宿舎として建物を提供させられています。今までお女郎さんが働いていた部屋に産業戦士たちが住むんです。

加藤　洲崎の接収は一九四三（昭和一八）年の一〇月ですね。

三橋　営業できなくなった業者はちゃんと軍が面倒を見て、軍にとって必要なところに移転して営業を再開できるよう、斡旋してますよね。

加藤　ええ。洲崎の業者は、吉原をはじめ穴守にも移って営業を続けています。

三橋　立川の羽衣町にも行っています。羽衣町はほとんど航空隊で働く人たちをバックアップするための慰安施設みたいなものです。癒着してますよね。業者は軍に協力させられる代わりに、当時の状況ではあり得ないような便宜を提供してもらっています。一九四五（昭和二〇）年三月一〇日の東京大空襲で壊滅した新吉原遊廓が、六月一三日にはもうバラックでの営業を再開している。物資がないこの時期にどこから再建のための物資が提供されたのかといえば、やっぱり軍でしょう。加藤さんも『敗戦と赤線』にお書きになっているように、八月一〇日には海軍が材木やくぎを無償で払い下げて、店を新築しはじめる。だから終戦になってアメリカを中心とする連合国軍が進駐してきたときに、進駐軍用の慰安施設にすぐに転用できたんですよ。

加藤　『敗戦と赤線』で紹介した岐阜市の金津遊廓は洲崎ととても似ていて、同じ昭和一八年末に建物を川崎航空機の産業戦士の寮として接収されます。そのくせ軍は営業をやめさせるわけではなく、郊外に移転させて続けさせた。そして戦後、焼け残った移転先に、今度は進駐軍の「娯楽場」の役割を押しつけた。

三橋　買売春が黙認された戦後の赤線のタネはすでに、戦中に蒔かれていたのですよね。加藤さんが『敗戦と赤線』で指摘されましたが、私も前から同じように考えていました。戦前の売春システムは終戦とともに全部ちゃらになって、戦後は新たな仕組みがつくられた、という説もありますが、そんなことはない。戦前と戦後はしっかりつながっている。戦後の赤線システムの原点は戦中期にあります。戦前の遊廓だけではなく、本来は違法だった私娼窟の亀戸や玉の井が、なぜ戦後は堂々と警察のＯＫ（黙認）をもらって赤線として営業できたのか。

加藤　おそらく、戦争中、軍にオーソライズされたからですよね。

三橋　そうです。軍との関係で既得権益を認められて、潜《もぐ》りじゃなくなったんだと思います。

加藤　もう一つ思うことがあるんですが、軍は、売春システムを絶対に手放さなかったでしょう。海外へ出ていくときも、業者と慰安婦を連れていっていますよね。

三橋　いわゆる「慰安婦問題」ともかかわってきますが、軍は海外でいきなり、慰安婦システムをつくったんじゃなくて、国内のシステムを持っていったんです。「慰安婦問題」を論じられる方はたくさんいますが、国内のシステムとの関連に注目している方は、あまり多くないです。

加藤　ええ。もちろん現地で、無理やり慰安婦にさせられた人がいたのは間違いないと思います。でも、相当数が日本から行っているはずなんです。僕が目を通した資料から受ける印象だと、数としては現地の人の比ではない。

三橋　借金があるから海外で一稼ぎしてこようという人、お国のためと志願して出掛けていった人、今までひいきにしてくれた軍に自覚的に協力した人もいたと思います。

加藤　それが全然問題として浮上してこないんですよね。本当はそこの辺の資料がきちんと検証されればいいと思うのですけれど。

三橋　もっとちゃんと発掘しないといけない部分ですよね〔追記参照〕。

欲望は電車に乗って

加藤　この地図を見てください。連れ込み宿の四畳半のふすまが、東京の赤線の地図になってるんです。一九五〇（昭和二五）年の『モダン日本』という雑誌に載っていた「東都十七ケ所歓楽地案内地図」というものです［図6］。

三橋　おもしろいですね。東京の赤線は東側に偏っているのがよくわかります。西側にあるのは新宿くらいで、ほかは宿場町由来の品川、調布、

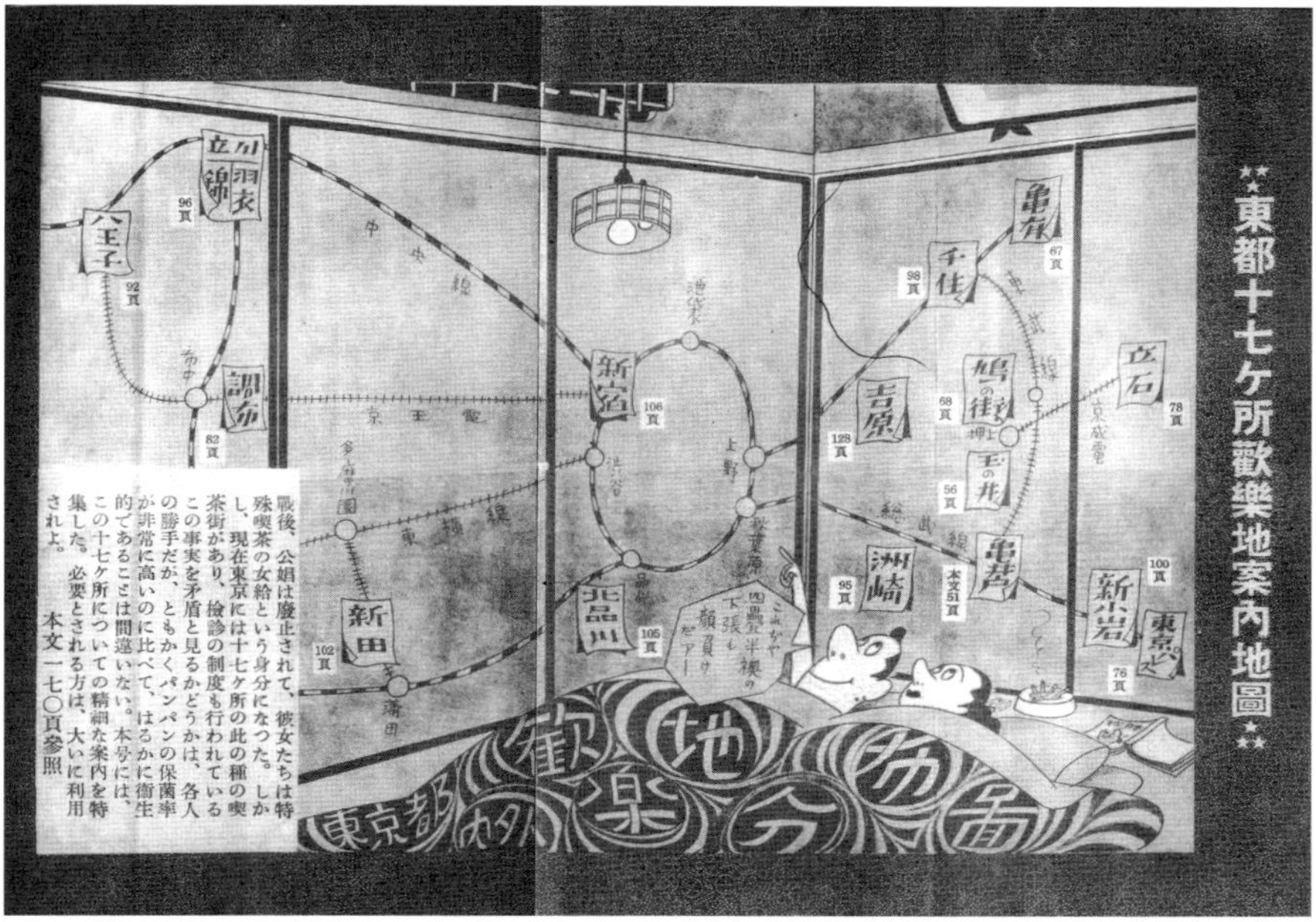

図6：赤線の立地を連れ込み宿のふすまにあらわした「東都十七ケ所歓楽地案内地図」（『艶笑版モダン日本——全国色街案内』1950年10月、より）。「本号には、この十七ケ所についての精細な案内を特集した」と説明されている。

八王子、米軍のいた立川をのぞけば、目黒蒲田電鉄、今の東急多摩川線の武蔵新田《むさしにった》だけ。あとは吉原を筆頭に全部東側。なんで武蔵新田みたいな、城南の場末にあるんだろうと考えたら、電車でつながっている京浜工業地帯の蒲田から工場労働者が来るからなんですね。さっきも話したように工場のあるところ単身の男性労働者ありだから、需要に基づいて赤線が成立することが、ここからもわかります。同じ鉄道立地の、常磐線の亀有や京成押上線の立石も、東京東部の工場地帯で働く人たちがお客だった。

亀戸天神の北側にある赤線跡には行かれたことありますか？

加藤　あります。

三橋　どういう手段で行かれました？

加藤　総武線を亀戸駅で降りて歩きました。

三橋　一五分近くかかりますよね。私も最初、どうしてこんな不便なところに赤線があるんだろうと不思議に思いました。その後、都電の路線図を眺めていて、赤線のすぐ裏手に、柳島という都電の停留所があることに気がつきました。

鳩の街もそう。今は東武伊勢崎線の東向島駅から一〇分じゃ着かないくらいの距離ですけれど、これも都電だと簡単に行けました。神田須田町が基点で上野と浅草を経由する、利用者の多い幹線（三〇系統）の向島須崎町《すさきちょう》で降りれば目の前なんですよ。どうして古くからある玉の井よりも戦争末期にできた鳩の街のほうが栄えたかというと、都電の停留所からすぐで便利だったからだと思うんです。玉の井は終点からちょっと歩かなければならないから。

加藤　みんな、手前で引っかかっちゃいますからね。

三橋　赤線の立地や盛衰は、当時都内を縦横に走っていた都電を頭に入れないと理解できませんね。

私は新宿歌舞伎町でホステスをしていた一九九七年頃に、当時六〇代半ばの年配のお客さんから新宿赤線の話を聞いているうちに、赤線に関心を持つようになったんです。その方が「新宿から都電に乗って洲崎の赤線まで行けたんだよ」と教えてくれました。

加藤　洲崎は今の駅でいうと、地下鉄東西線の東陽町ですよね。

三橋　ええ。都電だと赤線の前の新宿三丁目停留所から乗ってゴトゴト行って、月島で乗り換える。東京を東西に横切るわけだから二時間くらいかかるけれど、一回乗り換えただけで洲崎の大門前まで行けるんだそうです。今の交通体系とは感覚がまるでちがうでしょう。

その方いわく、「二丁目のお姉ちゃんとやって泊まって、朝出てきて、都電の中で居眠りしながら洲崎に着いて、大門の前のそば屋で昼飯を食べてアーケードくぐって中に行くと、商売熱心な早出の女の子が相手してくれるんだ」って。ちょうどその、男性機能が回復するくらいのインターバルで着くんだそうですよ。

加藤　インターバルか……。

三橋　都電になる前の東京市電が開通したとき、新吉原にもけっこう影響を与えています。人の流れがそれまでと逆になっちゃったんです。江戸時代以来、浅草方面から大川を舟で上って今戸で下りて、日本堤を通って大門を入るのが普通だったじゃないですか。入ったところが江戸町。大門からいちばん奥の京町の隅っこは場末だったんですよ。ところが、浅草から来る市電の千束町の停留所ができると、京町の隅のほうから入るのが便利になってしまいました。つまり、もともとのどん詰まりが玄関になっちゃった。そのせいでしょうね、戦後の赤線吉原の写真は、京町の写真が多いんですよ。

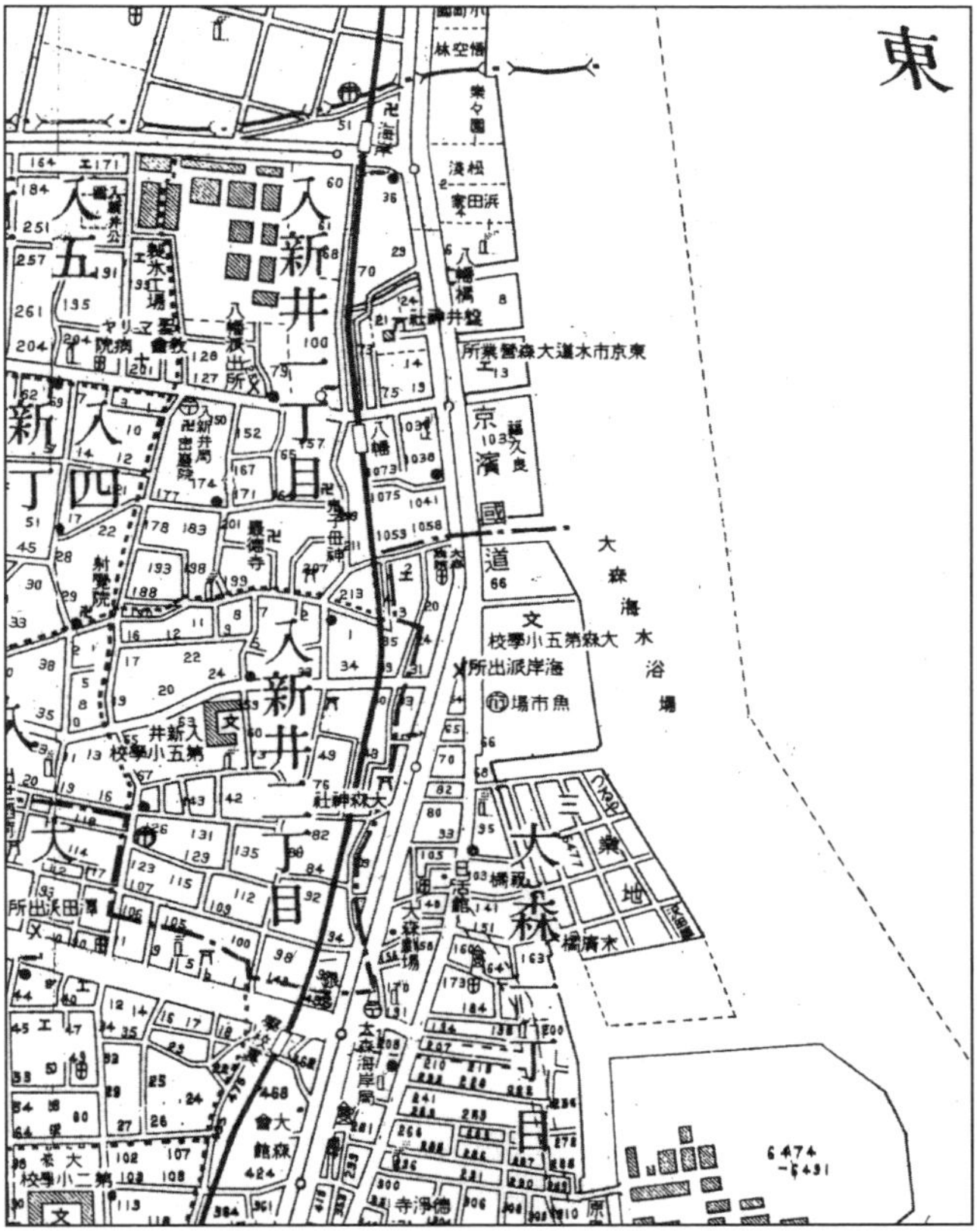

図7：1941年の地図にあらわされた大森海岸の花街。北側には料亭が建ち並ぶ。海水浴場の南に、きれいに区画された「三業地」が位置している。

市電ができたあとは、よほど意志堅固というか、お目当ての娼妓がいないかぎり、江戸町まで入っていく人は少ないわけです。だから江戸町一丁目にあった大文字楼という老舗《しにせ》の妓楼の後を継ぐ人がいなくて、空き地になってしまったんです。今は「吉原公園」という名前になっている、ソープランド街の外れの公園の場所です。

加藤　たしかに妙な立地の公園ですね。

三橋　戦後の吉原は、赤線指定地域とソープランドの営業許可地域が微妙にずれて、大門に近い伏見通りはソープ指定地になってないんです。それで赤線時代の建物が何軒か残っていました。どうしてだろうと思っていたんですが、今の人の流れからするといちばん奥だからなんですね。

土地開発の起爆剤

加藤　都電ではありませんが鉄道の線路が敷かれたとき、開発会社主導で花街がつくられることがありますよね。周辺の土地開発の起爆剤として。たとえば芝浦あたりから羽田空港近くまでの、品川海岸、大井、大森海岸【図7】、大森新地、森ヶ崎、穴守など東京南西部の湾岸の花街は、明治の末にできた京浜電気鉄道、今の京浜急行の駅の近くです。それから湾岸ではありませんが、西小山。

三橋　西小山は一九二八（昭和三）年に目黒蒲田電鉄、今の東急目黒線の駅ができるのに合わせて、地元の人が誘致してできた花街です。町の発展のためにって。今の人には考えにくいでしょうが、地域振興のために花街をつくるという発想はわりと普通にあったみたいですね。

加藤　関西では、大正期に開業した近鉄奈良線沿線に、近鉄の前身の大阪電気軌道が設置した花街が点在していました。大阪の今里新地から始まり、瓢簞《ひょうたん》山の近くにもそれっぽいところがあって、「生駒の聖天《しょうてん》さん」で親しまれている宝山寺の参道にも、その先の菖蒲池《あやめいけ》、それから終着の奈良にもありました。今里は芸妓の多かった北半分が戦災で焼けて、南半分が残った。

三橋　怪しいほうが残ったんですね。

加藤　そうです。だから今でも営業しているんだと思います。

　京都では、再編の結果今も残っている上七軒《かみしちけん》、先斗町《ぽんとちょう》、宮川町、祇園の甲部と東（旧乙部）を「五花街」と言うんですけれど、戦後「日本の伝統」を受け継いだ花街として再出発するにあたっては、娼妓の少なかったところのほうがやりやすかったみたいですね。祇園甲部がそうです。宮川町は芸妓と娼妓が半々くらいだったんですが、芸妓のほうをふくらませていって、現在の街づくりに結実した。

三橋　売春への悪いイメージを背負っていないところが残ったということですね。そういえば祇園東から始まって五条楽園、中書島《ちゅうしょじま》、橋本、枚方と、京阪本線沿線には、赤線指定地がある町が多いですね。

加藤　それは鉄道以前からある京都からの東海道の延長、大阪まで行く筋と重なっているからだと思いますよ。

赤線と青線

三橋　ところで加藤さんは『敗戦と赤線』で、三鷹の駅近くにあった武蔵八丁を「新設の赤線」「青線から昇格した赤線」と位置づけておられますよね。

加藤　ええ。さっき見た一九五〇（昭和二五）年の「東都十七ケ所歓楽地案内地図」を見ると、東京の赤線は一七カ所です。これには武蔵八丁は載っていません。でも翌年の『愛情生活』という雑誌には「女のマーケットが18もある」とあって、ここで武蔵八丁がはじめて紹介されているんです。つまり、この間に新設された赤線なんです。

三橋　赤線のシステムができたのは一九四六（昭和二一）年でしょう。それ以降に新設された赤線は武蔵八丁だけということになりますね。

加藤　言われてみればたしかにそうですね。僕は武蔵八丁は赤線という認識で、当時も赤線と見なされていたと思うんですが。

図８：新宿界隈（国土地理院発行１万分の１地形図「新宿」1999年、より。地図上の１マスは500メートル）。花園神社と新宿区役所の間がゴールデン街地区。

三橋　じつはこの本に載せる青線についての論文を書くときに、武蔵八丁を赤線と青線のどっちに入れたらよいのか、迷いました。資料によって扱いがちがうんですよ。たとえば一九七三（昭和四八）年に東京都民生局が「売春防止法全面施行15周年記念」として出した『東京都の婦人保護』では、武蔵八丁は青なんです。

赤線という呼び名は、その地域を管轄する警察が地図上で赤で囲っていたからだとも言われていますよね。で、表向き売春がないことになっている青線は、別に青で囲ったところじゃなくて、赤で囲ってもらえなかったところ。

加藤　「赤線まがい」。

三橋　そう、「赤線まがい」。私、加藤さんのその表現が気に入っていて。当時の青線関係者の語りに、「衛生設備を充実すれば、いずれ赤で囲ってもらえる」というのがあるんですよ。青の業者はみんな、赤で囲ってほしかったんです。

新宿の戦後

加藤　午前中、新宿のゴールデン街あたりを歩いてきたんですが、あのあたりは青線だったんですよね［図8］。

三橋　はい。今の区役所通りの東側はほとんど青線です。新宿区役所の目の前が、もうべたに青線。

加藤　当時の区役所の職員はどんな気持ちだったんでしょうね（笑）。あのあたり、戦前は空き地だったんですか？

三橋　地形図や一九四七（昭和二二）年の航空写真を見ると、場末の住宅地に畑や空き地が混じっているという感じですね。ゴールデン街はそのさらに前は、低湿な原っぱだったようです。

加藤　ゴールデン街全体がちょっと坂になっていますよね。

三橋　そうなんです。昔のコマ劇場の裏の道（花道通り）は戦前は蟹川という川だったので、川のほうに向かって少し傾斜しています。

加藤　なるほど。

三橋　靖国通りから花園神社裏の道に入っていくと、新田裏《しんでんうら》に向かってゆるい下り坂になっているのがわかります。

加藤　そうか、ゴールデン街は谷なんですね。

三橋　蟹川があふれたときには、水に浸かるような場所だったと思います。

加藤　この地図、一九五一（昭和二六）年の『講談雑誌』に載っていた「漫見新宿歓楽街絵図」というんですが、ゴールデン街のあたりが入ってないのはどうしてなんでしょう［図9］。

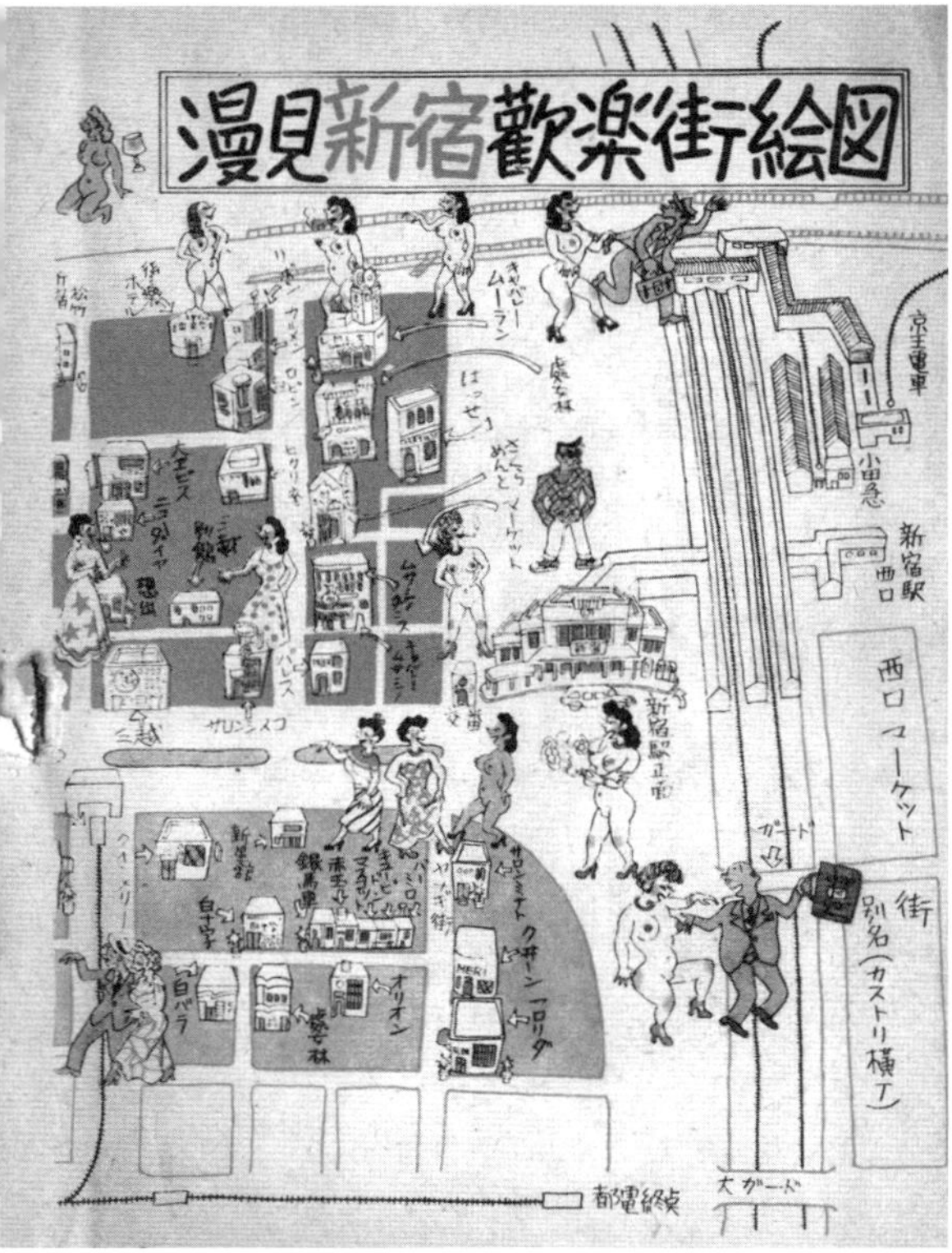

図９：「漫見新宿歓楽街絵図」（『講談雑誌』1951年12月号より）。裸の女性は「闇の女」、着衣の女性は「客引女給」の「出現地区」をあらわすという。もちろん「闇の女」が裸で営業していたわけではない。

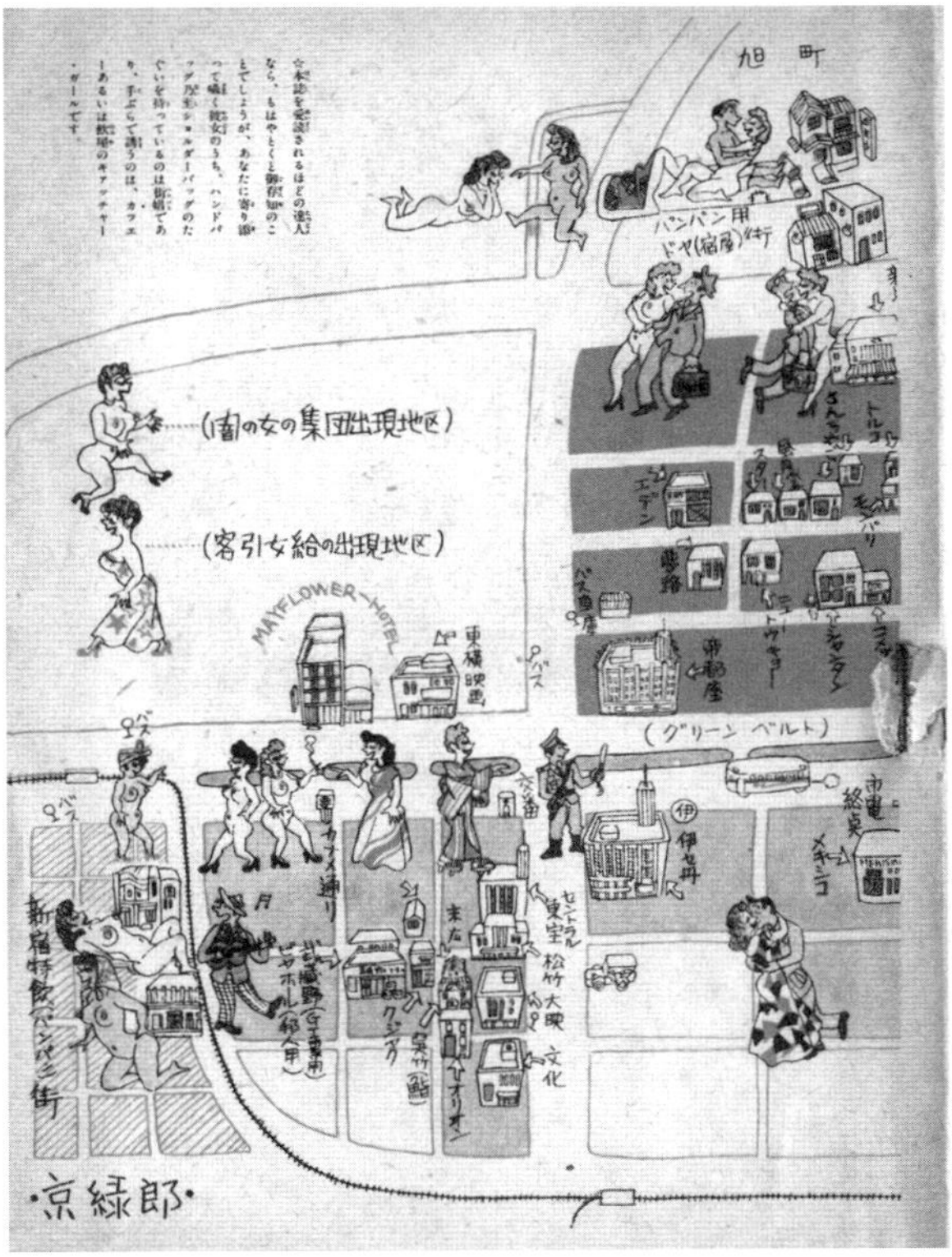

三橋　当時だと、今のゴールデン街や歌舞伎町一帯は、新宿の歓楽街とは意識されていない、エリア外の場末なんです。場末にできた飲み屋街が青線化していったのがゴールデン街の原像です。

加藤　戦前の遊廓や赤線とは、ずいぶん場所がずれていますよね。

三橋　ええ。ゴールデン街から、遊廓があった内藤新宿仲町だったあたりまで歩くと、一〇分近くかかります。江戸時代の内藤新宿の宿場に比べて、「新宿」と呼ばれるエリアは少しずつ西にずれてきているんです。でも女の人が身体を張って働いて、繁栄を築いてきたという点では、昔も今も変わらないです。

加藤　すっかり焼けて、戦後は一からつくりなおしたんですよね。

三橋　そうです。新宿遊廓は、一九四五（昭和二〇）年五月二五日の山の手大空襲で丸焼けです。場所は今の御苑大通り、新宿二丁目と三丁目の境目の通りの両側。御苑大通りから一本西側の要《かなめ》通り（図左下のカナメ通り）が、かつての大門通りです。

加藤　え、そうなんですか。じつは今日、要通りも歩いたんですが、目立たない通りですよね。

三橋　今はね。御苑大通りは戦後じきにつくられたのですが、正確な時期がまだわからなくて。戦争中に防火帯をつくるために強制疎開させて空き地になっていたとも言われています。ともかく旧遊廓を分断して御苑大通りができて、一九四九（昭和二四）年に、もともと新宿通りをま

図10：1953年の「夜の新宿」と題する地図には、「三光町」「花ぞの町」の文字が見える。都電の線路より下の部分が、現在のゴールデン街や歌舞伎町（風見博一「欲望という名の街・新宿」『今日の東京なんでもわかるバイブル』自由国民社、1953年、より）。

っすぐ新宿駅東口に入っていた都電を、御苑大通りを通って靖国通りに入るように付け替えました。そのこともあって御苑大通りの東側、今の二丁目の部分だけが赤線に指定されたんです。

加藤　なるほど。「新宿特飲（パンパン）街」という部分ですね。しかし、ずいぶん細い路地にも線路が敷いてありますね。

三橋　そこは今の紀伊國屋書店の横（東側）の道です。都電の終点は地図にあるように大ガードの手前、歌舞伎町の目の前に移ってきています。そうすると、人の流れが変わる。もともと、新宿の人の流れは駅から二丁目の遊廓・赤線の方へ向かって新宿通りを行くか、もう一本南側の三越裏の通りを行く流れか、いずれにしても東西方向の流れでした。それが都電の終点ができて南北の流れができるんです。今、新宿駅東口を出て歌舞伎町方面に、いっせいに人が歩いていくあの流れは、都電の終点ができてからなんです。だからほら、一九五三（昭和二八）年のこの地図になると、歌舞伎町やゴールデン街も隅っこだけれど載っているでしょう［図10］。歌舞伎町の繁栄は、都電の線路の付け替えのおかげ（笑）。

性的マイノリティの街

加藤　地図の上のほうに、旭町《あさひまち》というのがあるでしょう。今の新宿駅東南口を出て、甲州街道の陸橋をくぐったあたりですね。一九九〇年代末に行ったときは、まだ雰囲気のある宿が残っていましたが。

三橋　昔は街娼が客を引いていくド

ヤ（簡易旅館）が、天龍寺のお墓を取り巻くようにたくさんありました。今はビジネスホテルが数軒と、三階建ての典型的なドヤが一軒だけ残っています。

加藤　本当だ。「パンパン用ドヤ（宿屋）街」と書いてありますね。

三橋　まあ、この地図みたいに裸で立っていたわけはないけれどね。いわゆるパンパンの中には、女装男娼も混じって立っていたんですよ。ところが女性たちは赤線などに収容されて、建物の中で商売をするようになる。それで路上に最後まで残ったのが女装男娼なんです。建物の中で商売するほどの需要がないので、昔ながらに立っている。

一九五八（昭和三三）年に売春防止法が施行されても、法律は女性の売春を取り締まるためのものだから、男娼は規制できないんです。客引きがよほど露骨だったりすると迷惑防止条例に引っ掛かるんですけれど、ただ立っているだけなら引っ張れないんです。だからぽつぽつと残っていた。

そうやって稼いでお金を貯めた女装男娼たちが、売防法施行で空洞化した二丁目の旧赤線や一時期に衰退した青線のお店の権利を買って、小さいゲイバーのママさんになる。私がホステスをやっていた一九九〇年代の後半、ゴールデン街には六〜七軒、女装のママさんの店がありましたが、みんな資金が貯まったし自分ももう若くないから飲み屋に転身したパターンです。青線がもう女を売れなくなって、酒だけを売らざるを得なくなったときに、たぶん権利金の相場が下がったんじゃないかと思います。今回の論文にも書いたんですが、赤線は女しか売ってなかったから売防法で売るものがなくなって、町ごと没落した。青線は酒と女と両方売っていたので、女が売れなくなっても酒は売れるから残ったんです。売防法後の青線の決まり言葉って、「うちは普通の飲み屋ですから」なんですよ。

加藤　おもしろい、じつにおもしろいな。

三橋　新宿で駅裏に相当するのが西口で、今みたいに整備される前、淀橋浄水場があった頃は、あまり人通りが多くない場所。一九五〇年代には西口のバスロータリーの公衆トイレが、女装男娼の拠点でした。本物の女性の街娼と女装男娼とはある程度棲み分けていて、一等地は本物の女性、ちょっと落ちるところに女装男娼が立つんです。西口の女装男娼たちは、浄水場の壁の手前くらいにあった怪しい旅館にお客を連れていくという話も聞きました。

加藤　それは初耳です。

三橋　でもね、売防法施行で職を失った赤線のお姐さんたちはどこに行ってしまったのでしょう。赤線時代のこと、その後のこと、本当はもっと早く聞き取りをしなければならなかった。もうちょっと遅い感じになってしまったのが悔やまれます。売防法で救われた人も、むろん、いたと思います。でも、働いていた女の人たち自身は、かならずしも赤線をなくしてほしいとは言っていなかった。むしろ働き場所がなくなることを心配していたんです。売防法は、女性たちのその後の生活を保証していませんでしたからね。

近場のリゾート

加藤　さきほど言った芝浦から穴守にかけての、京浜急行沿線の花街は、ちょっと東京から遠出してお泊まりするための郊外的施設でもあると思うんです。

三橋　小田急線の厚木の先にある鶴巻温泉や東急東横線の綱島温泉もそうですね。箱根や熱海は、今なら小田急のロマンスカーや新幹線でさっと行けるけれど、当時の感覚ではさすがに遠くて、女の人を連れ出すのは時間的にも金銭的にも大変。でも綱島なら、当時でも渋谷から三〇分か四〇分ですよ。東京からの方角だけは合っているし。夕方遅い時間に都心を出ても簡単に着けて、翌朝帰ってこられる。ちょっと郊外へ出ることで箱根・熱海幻想が満たされるんでしょうね。

加藤　そのせいなんですね、東京郊外ではお泊まりできる料理旅館がすごくはやってますよね。

三橋　これ、見てください、この広告「城南の箱根！緑風園」ってあるけれど、じつは東急池上線の石川台の駅前にあるんですよ［図11］。

加藤　石川台って、起点の五反田から五キロかそこらですよね。

三橋　ええ、電車だとせいぜい一〇分かそこらでしょう。それなのに大げさにも、まるで山の中にあるお宿みたいな絵が描いてあるでしょう。じつは一度連れていかれたことがあるのですけれど、広い庭を箱根の溶岩を運んできてロックガーデン風につくってツツジをたくさん植えてありました。その中に「離れ」があるんです。こうやって箱根・熱海の雰囲気を演出していたんですね。

図11：「城南の箱根！緑風園」（『内外タイムス』1954年11月5日号より）。

加藤　そこは「連れ込み」ですか。

三橋　そう、「連れ込み」です。すぐ隣にある洗足池のまわりは一九五〇年代には、連れ込み宿の集中域になっています。そんなに広くもない人工の池なのに「思い出の洗足池　静かな池畔の宿やくも」［図12］。まるで高原の湖みたいな絵が添えられています。軽井沢幻想もあったのか、渋谷の道玄坂の上あたりにあった「ホテルニューフジ」は、「丘の離れ　都会の山荘」を謳ってます［図13］。

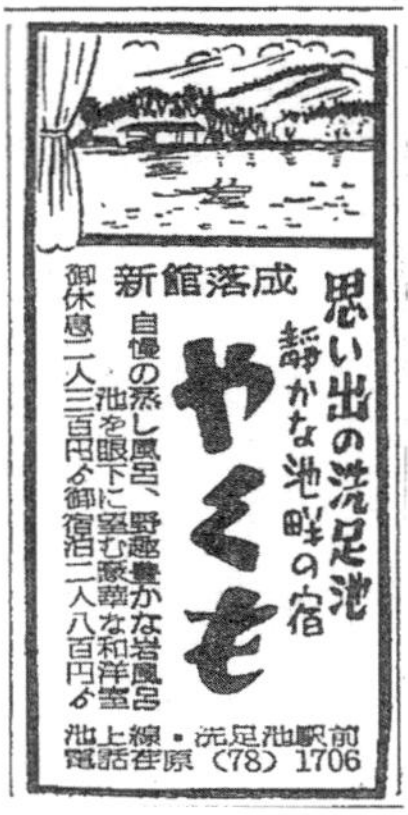

図12：「思い出の洗足池　静かな池畔の宿やくも」（『内外タイムス』1954年11月5日号より）。

図13：「丘の離れ　都会の山荘ホテルニューフジ」（『内外タイムス』1955年7月1日号より）。

加藤　もしかしたらそこ、白川郷《しらかわごう》の出身者の経営かもしれませんね。円山町のラブホテルはもともと、岐阜県の御母衣《みぼろ》ダムの工事に伴ってつぶれた集落の人が始めたんですよ。これは儲かるぞというので、郷里から人を次から次へと呼び寄せたらしいです。

円山町でおもしろいのは、花街の料亭の跡地がそのままラブホテルに変わったということです。ちゃんとした花街がラブホテル街化するって珍しいんじゃないかな。

東の赤線、西のラブホテル

三橋　ラブホテル街といえば、千駄ヶ谷が連れ込み宿の集中域だったことは、今ではもうほとんど忘れられていますよね。現在の国立能楽堂のまわりとか、駅の反対側の新宿御苑沿いとか、すごい密集度でした。

図14：千駄ヶ谷駅の連れ込み看板（『週刊東京』1956年5月12日号より）。

加藤　当時の新聞を検索すると、そういう記事がいろいろありますね。

三橋　これは千駄ヶ谷駅の広告看板です［**図14**］。全部連れ込み系。一九五六（昭和三一）年の写真だから、まだ覚えている方はいらっしゃるはずです。売春防止法の施行、つまり赤線廃止が五八年、まだ赤線時代ですね。

一九五〇年代の新聞に載っている連れ込み宿の広告を調べると、圧倒的に東京の西側に多いことがわかります。千駄ヶ谷二六軒、渋谷二二軒、新宿一七軒、池袋一四軒、大塚一〇軒、代々木九軒、池上・千東七軒。池上は大田区、千束は吉原ではなくて、さっきお話しした洗足池のまわりです。もう、全部西側。東京の東側には赤線がたくさん立地していて、西側の赤線空白地帯には連れ込み旅館がたくさんあったんですよ（笑）。

図15：千駄ヶ谷駅ホームで思案するラブホテル利用者とおぼしき男女（『週刊東京』1956年5月12日号より）。

東側で赤線に通っている男の人と、西側で女の子を引っ掛けて「連れ込み」に連れ込んで、もっとうまくいったら郊外に出かける人たちって、階層的に違いがあるんじゃないでしょうか。赤線は単身の工場労働者の性欲の場、「連れ込み」の利用者は……。

加藤　一九五〇年代の雑誌に載っている写真を見ると、身なりのいいサラリーマンと普通のＯＬですね。

三橋　この写真がそうですね。千駄ヶ谷のホームでどうしようかと思案しているサラリーマンとＯＬの後ろには、「御苑荘」という連れ込み宿の大看板。背景の森は新宿御苑です。こんな写真を撮って週刊誌に載せてよかったのかしら［**図15**］。

加藤　鶯谷《うぐいすだに》のホテル街はいつ頃できたんですか？

三橋　一九五四（昭和二九）年、五六年の連れ込み宿広告件数だと、上位には入っていません。赤線と同時並行していた時期とその後で、ラブホテルの立地が変わってくるみたいです。どうも上野には意外にそういう施設がないもんで、鶯谷が需要を一手に引き受けている感じですね。

加藤　ホテル街の真ん中に正岡子規の住まいだった子規庵とか、『吾輩は猫である』の挿絵を描いた中村不折の住まいだった書道博物館があって、場違い感が甚だしいですね。

三橋　近代文学の研究者は嘆いていますね。女子学生を連れていけないって。鶯谷には一九六〇年代初めにもう二七軒ほどの「連れ込み」と思われる旅館があるので、ラブホテル街の原像は、一九五〇年代には形成されていると思います。場所的には駅北口周辺、鶯谷公園の北西側（ともに根岸一丁目）、それと言問通り北側の住宅地の中（根岸二丁目）の三カ所が集中域になっています。それらが東京オリンピックのあと、一九七〇年代までに急増してつながる。とくに線路際のエリアはべたにラブホテル街化していって現在に至るという感じです。で、そのエリアから外れた古い旅館はどうなったかというと、ゲイホテル化しちゃう。ちょっと言い方は悪いかもしれないけれど、ヘテロセクシュアルの場が寂れると、旅館も映画館もゲイのお客を入れるようになるんです。

加藤　さっきの新宿じゃないけれど、これも一種の棲み分けですかね。

エロと地理の記憶

三橋　東京の旧赤線で、今、性的なにおいがあるところは、少ないですよね。ソープランド街化した吉原がむしろ例外で、普通の住宅地になっているところがほとんど。街が安定して家族持ちが住みはじめるようになると、売春にかかわる記憶は排除されるようになりますからね。

廃娼運動の影響を受けて住民運動が盛んになるのは、東京では一九五〇年代だと思いますが……。

加藤　大正のはじめに飛田新地をつくったときから、すでに反対運動はありましたね。

三橋　そんなに古いんですか。

今も、かつて遊廓や赤線、花街だったことを、できるだけ隠そうとしている地域が多いですよね。現在住んでいる方が、ここが昔そういう町だったことを明らかにしたくない気持ち、わからないではありません。でも、今のように隠しつづけていると、本当に歴史も地理もわからなくなってしまう。武蔵新田があった大田区の教育委員会の人は、区内に赤線があったことを知らなかったし。新吉原の存在感で隠しようがない台東区は、開き直って区史にも堂々と載せています。「性なる場」であったことをもっと肯定的にとらえる方向はないのかなと思います。

加藤　おっしゃるとおりですね。

三橋　きょう加藤さんに見せていただいたような色街地図、なんとしても女の人がいるところにたどり着きたいおじさんにとっては必需品ですよね。

加藤　ええ。だから同じようなものがたくさんつくられていますよ。

三橋　そのおかげで私たちは、それを使って地理的な研究ができる。

　加藤さんや私が関心を持ちはじめたころ、木村聡さんが赤線や遊廓の建築を写真で記録する本を出しはじめたでしょう。最近、これまでの集大成を『色街百景――定本・赤線跡を歩く』（彩流社）にまとめられました。木村さんが記録した中に、もう残っていない建物がたくさんありますから、貴重な資料です。

加藤　大井の花街なんか、跡形もありませんね。木村さんの本での扱いは小さいですけれど。

三橋　今年（二〇一四年）の四月、八王子の田町遊廓に三軒残っていた建物のうちの一軒が焼けてしまったんですよ。あんまりゴージャスな建物ではないとはいえ、東京に残っていた数少ない遊廓建築です。でも、残る二軒を、市は保存する気がない。

加藤　その点関西はまだ、かなり残っていますよ。京都の五条楽園とか大阪の飛田とか。

三橋　ただ、もう築七〇年、戦前の遊廓時代から引き継いでいたらもっと古いですからね。木村さんの本はとてもよいガイドブックだし、私も勉強させてもらいました。でも、ノスタルジーだけでなく、もう少し地理的、都市論的な方法で記録していく必要がありますね。「性なる」場所で懸命に生きた女性たちのことを忘れないためにも。

加藤　ええ。僕たちはまだまだフィールドワークを続けなければなりませんね。

（二〇一四年七月一八日、平凡社会議室にて）

〔追記〕この対談の後、占領期の日本人女性セックス・ワーカーをテーマにした平井和子『日本占領とジェンダー――米軍・売買春と日本女性たち』（有志舎、二〇一四年）と茶園敏美『パンパンとは誰なのか――キャッチという占領期の性暴力とGIとの親密性』（インパクト出版会、二〇一四年）が相次いで刊行された。

田村泰次郎の新宿

――戦前と戦後、ふたつの新宿をめぐって

古川　誠

戦前の田村泰次郎は、まだ、有名な作家というにはほど遠い存在だった。しかし、二十代の気鋭の作家としての田村は、新宿を舞台とした多くの作品を書いていた。それらは、盛り場として成長しつつある、一九三〇年代の新宿の姿を伝える貴重な作品群であった。そして、戦後、肉体文学を標榜《ひょうぼう》し流行作家となってからも、彼は新宿を描きつづけたのである。

本稿では、そうした田村泰次郎の新宿小説を手がかりに、戦前から戦後へと移りかわっていった、盛り場としての新宿の姿について考えていきたい。[*1]

●はじめに

「一匹の飢えた狼が、新宿の街をうろついていた。」

伊藤整によってそう描写されたのは、戦前の新進作家、田村泰次郎の姿である。

田村自身も、「当時の新宿の街と、私とは、そこになんの異質感も、抵抗感も感じないほど、私は新宿の街に溶けこんでいた」と、自らについて語っている。

早稲田大学の門をくぐった一九二九年から、一九四〇年に陸軍に召集され中国に出征するまでの十二年間、飢えた狼となった田村泰次郎の姿を、新宿の街のあちらこちらで見つけだすことができたはずだ。

1 田村泰次郎と新宿

●——1・1 新宿小説の開拓者、田村泰次郎

五十年にもおよぶ長い作家生活から生みだされた田村泰次郎の膨大な作品の中で、今では人々から全くといってよいほど忘れさられているのが、一連の新宿を描いた作品、とりわけ戦前の新宿を舞台とした小説である。

田村にとって新宿は、どのような存在であったのか。まず、田村の自伝的なエッセイ『わが文壇青春記』の一節を見ておこう。

> これまでにも、たびたび、のべてきたように、新宿は私にとって、つまり、ホームグラウンドのようなもので、新宿を舞台にした作品を、私は数多く書いてきている。恐らく、その点では、記録保持者だろう。ところが、新宿という土地は、いまから考えると嘘のような話であるが、文士たちが一番多くあつまるところでありながら、文学作品の舞台としては、ほとんどとりあげられなかった。それというのが、西條八十が「東京行進曲」で、「いっそ小田急で逃げましょか」とうたった昭和五年前後（私が、早稲田へ入学した翌年あたり）は、まだ郊外の街という感じが強くて、早稲田の学生であった私たちも、それまでずうっと夜の散歩などに出かけていた、開校以来の遊び場である神楽坂界隈から、ぼつぼつ、そっちのほうへ足のむけ方を変えはじめた程度だったからである。そういう雑駁《ざっぱく》で、新開地的な感じは、文学作品の舞台として、その当時は適当と考えられなかったのにちがいない。「冬」、「風呂屋の小鳥」、「深夜興業」その他、新宿を舞台にして、私は風俗味の勝った短篇を、つぎつぎと書いた。その点でも、私は開拓者である。[*2]

この文章からは、新興の盛り場として日々成長しつづけている新宿の姿を、自分が最初にテーマとして発見し、描いていったのだという強い自負心が伝わってくる。[*3]

地方から上京してきた文学青年にとって、自身の青年としての成長と、新しい盛り場としての新宿の勃興《ぼっこう》が、あたかも同調していたかのように感じられたことだろう。そして、そこにもうひとつ、作家としての成熟という要

素が加わって、田村の戦前の新宿小説が誕生したのだ。

田村にとって、作家としての原点であり、そして創作活動の中核となるテーマとして、新宿という空間があったのである。

●—1・2 盛り場としての新宿

さてここで、田村の作品の検討に入る前に、盛り場としての新宿の歴史を簡単にまとめておこう。

江戸時代の元禄期に、甲州街道の宿場町として誕生した内藤新宿は、遊女屋をかねた旅籠《はたご》が軒をつらねていた。一八八〇年代後半、日本鉄道（現在の山手線）や甲武鉄道（現在の中央線）の新宿駅の開業と、市電の延伸によって、しだいに東京西部の交通の要衝《ようしょう》としての姿をととのえはじめる。とはいえ、その頃はまだ街道沿いの遊廓のにぎわいこそあるものの、現在のような盛り場としての新宿にはほど遠い、馬糞臭い場末の街にすぎなかった。

しかし、明治末から大正期にかけて、本郷からの中村屋の移転や、東京を代表する映画館となる武蔵野館の開業などが相ついで、新しい繁華街としての新宿が、徐々に人々をひきつけはじめるようになる［以下、67ページの地図参照］。

山の手一の繁華街と呼ばれた神楽坂から、新宿がその座をうばうきっかけとなったのは、何といっても一九二三年の関東大震災であった。震災による大きな被害をこうむることのなかった新宿は、東京有数の繁華街として急速に発展していったのである。

とくに、震災の直前に、甲州街道沿いから新宿二丁目の街道北側の牛屋ヶ原に集団移転した遊廓は、吉原《よしわら》、洲崎《すさき》、品川、玉の井、亀戸といった他の公娼・私娼街が壊滅的な打撃をうけたために、東京中の遊客が集まってきて、空前の繁栄をむかえた。

また、新宿遊廓とならんでにぎわったのが、三越裏（三越＝現ビックロから新宿第一劇場＝現IDC大塚家具までの横丁と、そこから明治通りにかけてのT字路）と東海横丁（新宿遊廓西側、現在の末広通り）のカフェ街だった。その一帯のカフェの女給の数は、二千人にものぼったという。

昭和のはじめ、小田急線の開通などによって、東京西郊に広がった住宅街からの人々が集まるターミナルとなった新宿は、駅の乗降客者数が日本一となり、銀座や浅草とならんで、東京を代表する盛り場としての地位を確固たるものとしていく。大正末に新宿追分（現在の新宿三丁目交差点）に開業し、その後駅前の現新宿アルタ（地図中の二幸）の地に移っていた三越が、現在のビックロの地へ一九三〇年に移転し、八階建ての当時日本一の高層建築の偉容をあらわしたこと、またその三年後に伊勢丹が開業したことは、一九三〇年代の新宿の繁栄を示す出来事であろう。

巨大な盛り場となった新宿も、戦争末期の空襲によって一面の焼け野原となった。その焼跡に出現したのが闇市である。「光は新宿より」のスローガンをかかげて関東尾津組が東口の新宿通り沿いに開いた新宿マーケットにつづいて、南口の和田組マーケット、西口の安田マーケットなどが開設された。その後、占領軍の露店取り払いの命令によって、主に南口の和田マーケットの露天商たちが移転したのが花園神社横であり、そこに新たにつくられたのが、のちに青線と呼ばれる花園街で、非公認の売春地帯となった。

また、敗戦後の新しい新宿の娯楽の中心として、歌舞伎座を誘致しようという計画がもちあがった。結局、歌舞伎座の移転は実現しなかったものの、その名を冠して新たに区画整理によりつくられた歌舞伎町には、多くの劇場や映画館が建ちならび、若者の文化の街として成長していくのである。

その一方で、一九五八年の売春防止法の施行にともない、江戸時代の遊廓にその淵源《えんげん》をもつ新宿二丁目の赤線は廃止された。これによって、新宿の盛り場としての中心地は、歌舞伎町一帯へと完全に移りかわっていったのである。ここに、現在につづく繁華街としての新宿の姿がほぼ完成したといえよう。

1・3 田村泰次郎の新宿小説

前節で、盛り場としての新宿の歴史を概観してきた。そうした新宿の世界を描いた田村泰次郎の小説を、すでに何度か言及したように「新宿小説」と呼ぶことにしよう。その新宿小説は、大まかに以下の三つに分類することができる。

まず第一は、戦前の新宿、とりわけ一九三〇年代の新宿を、同時代に生きる作家の眼を通して描いた小説である。戦後数十年たってからも、田村は戦前の新宿を回想する作品を書いているが、そうした作品はここには含め

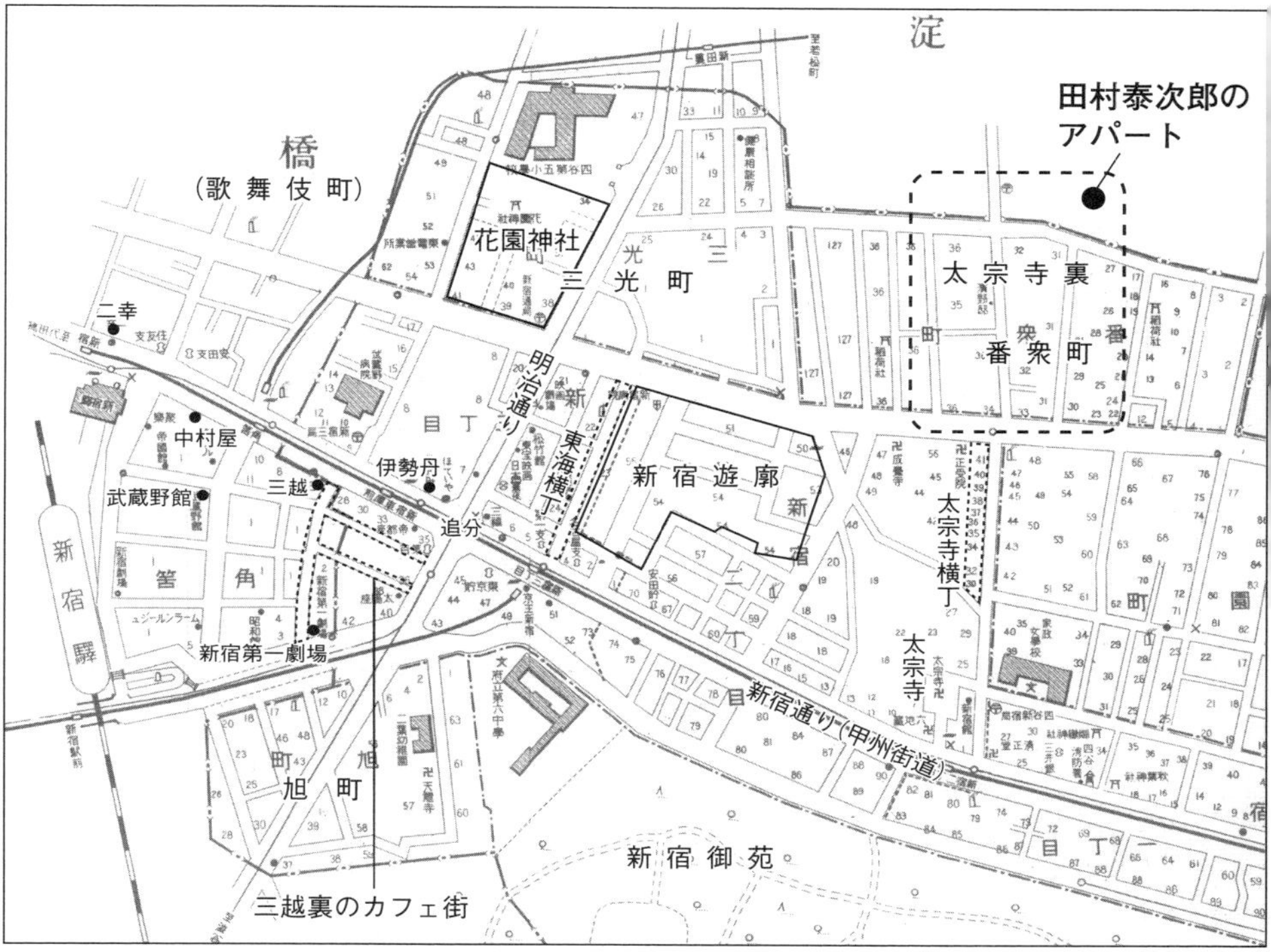

新宿駅東口周辺（1941＝昭和16年。「大東京区分図三十五区之内四谷区詳細図」による。元図の縮尺は5000分の1）。

ない。あくまでも、戦前に書かれた作品に限定しておく。ただし、終戦直後に書かれた「崩れた街にて」は、戦前の新宿の全体像を描くことを主題としているので、例外として戦前の新宿小説に含めておく。

第二は、戦後の、新しく生まれかわった新宿での、性的な風俗のありようを扱った作品、そのなかでもとりわけ「地名物」と名づけることができる一連の小説である。「花園町《はなぞのちょう》界隈」「歌舞伎町界隈」といったように、タイトルに新宿の地名・町名がうたわれている小説群である。

それら「新宿地名物」は、新宿の中の狭い地域を舞台とする作品であり、その舞台となっている場所そのものの魅力を読者に伝えるような小説で、新宿への田村のこだわりが前面に示されている作品であるといえよう。

第三は、同じ戦後の新宿を描いた小説であるが、地名物ほどの空間の固有性へのこだわりが前面にあらわれていない作品で、それらは「新宿舞台物」としておこう。

これら三つに分けた新宿小説のうち、今回は、戦前の新宿小説と新宿地名物を中心にして、田村泰次郎の描いた新宿を見ていきたい。[*4]

2 戦前の新宿小説

2・1 新宿の周縁部に生息する田村泰次郎

戦前の田村泰次郎の新宿小説を考えるにあたって、まずはじめに、彼の新宿における居場所について確認しておきたい。

早稲田大学を卒業した一九三四年、田村は淀橋区東大久保一丁目にある大久保アパートに入居し、本格的に作家としての生活にはいっていく。大久保アパートは、東京医学専門学校（現在の東京医科大学）のすぐ西側に建っていた。五年後に、上京した母と同居するため世田谷の下北沢に引っ越すまで、そのアパートの一室が田村の新宿生活の居場所となる。

アパートのある場所は、当時の行政上の町名では東大久保であるが、道をへだててすぐ南は、当時の四谷区（のちの新宿区）の番衆町《ばんしゅうちょう》であり、さらに少し足をのばせば、新宿二丁目の遊廓にたどりつく。またアパートから西へすすめば、花園神社のある三光町《さんこうちょう》となる。

現在の町名表示では新宿区新宿六丁目となることからもわかるように、住んでいる人々の場所に関する皮膚感覚的には、当時拡大をはじめた盛り場新宿の周縁部に位置しているといえよう。

その頃のことを、田村は、戦後の小説『女拓《じょたく》』でこう書いている。

私は、太宗寺《たいそうじ》裏のアパートに住んでいた。そのアパートは、新宿の盛り場の端っこにあったので、私の部屋は、恰度《ちょうど》、兵士が塹壕《ざんごう》からとびだして行って、そとで闘い、また塹壕に戻ってきて、休息をとるように、夕方になると、私はそこから街へ出かけ、夜中の二、三時まで街にいて、それから部屋に戻り、すぐ眠れる場所にあった。つまり、戦闘と休息とのあいだに、余計な、無駄な時間を費すことのないように、私は計算し、その場所を定めたのである。[*5]

先に、田村が新宿を「ホームグラウンド」と呼び、「私は新宿の街に溶けこんでいた」と書いたとき、それは単に、遊びの場所としての新宿――『女拓』での言葉を借りれば「戦闘」の場――を指していただけではなく、休息する場所としての新宿をも含んでいたことはいうまでもない。

さらにそのアパートは、休息をとる塹壕としての空間であるだけではなかった。

> それと同時に、そこはまた猛獣の棲み家である洞窟の役目も受け持っていた。（中略）日が暮れて、自分が部屋を出るのは、猛獣が獲物を漁《あさ》りに洞窟を出るのと同じで、ある種の（それははっきりと女体への、といってもいい）「狩り」のためであった。獲物があるときは（そんなことは、そうたびたびはなかったが）、私はその獲物を洞窟のなかへひきずりこみ、そこで牙を鳴らしながら、思うさま喰い散らした。[*6]

いわば、太宗寺裏のアパートはまた、獲物を食べる場として、狩りをする空間・新宿の一部だったのだ。

塹壕としてであれ、洞窟としてであれ、新宿の周縁であり、そしてまたその一部でもある空間に、戦前の田村泰次郎は生息していたのである。

●2・2　戦前の新宿小説

新宿の片隅、太宗寺裏で自らの作家生活を開始した田村は、身近な新宿を題材として作品を書きはじめていく。一九三五年から四〇年にかけて書かれた、「冬」、「暗雲の下」、「自活する姉妹」、「夜ふけの遊び」（のちに「太宗寺横丁」へ改題）、「激情」、「馬車」、「風呂屋の小鳥」、そして「女の建設」（のちに「男禁制」へ改題）といった作品は、その物語のほとんどが同時代の新宿で展開される小説群である。これらは、当時の新宿の世界を知るために、大いに手がかりとなる作品であるといえよう。

その中で、「自活する姉妹」と「女の建設」の二作は、女性を主人公とした作品であり、創作としての色合いが強い。

「自活する姉妹」は、退役軍人の父と暮らす姉妹の話である。妹は会社の同僚の横田との結婚を望んでいるが、姉がダンサーであるために横田の家族からの反対にあっている。その妹の結婚の話をすすめるために横田に会った姉が、横田に言い寄られて関係をもってしまう。それに気づいた妹が家出をして、親子三人の幸せな暮らしが崩れさっていくという物語である。もうひとつの作品「女の建設」についてはのちほど詳しくとりあげる。

残りの作品「冬」、「暗雲の下」、「夜ふけの遊び」、「激情」、「馬車」、「風呂屋の小鳥」は男性が主人公である。それらは、「自活する姉妹」や「女の建設」に比べて、物語としての構成はゆるやかで、主人公の身辺雑記といったタイプの小説となっている。

「冬」は二丁目遊廓の近くの東海横丁で寿司を食べていた主人公が、たまたま大学時代の知り合いが刃物で刺された事件を知るという話である。「暗雲の下」は、太宗寺裏の田村のアパートでの出来事を扱った小説で、田舎からでてきた年老いた父親と、その父親を毛嫌いし無視する娘をめぐる話だ。「激情」は、「ノヴ」という三越裏に実在したバーに働く女性との関係を描いている。「馬車」は、昔つきあっていたダンサーのあけみと、新宿の通りでばったりと会って、喫茶店でこれから大連のホールへ行くことを告げられる、という小説である。

「激情」と「馬車」で扱われた主題や女性とのエピソードは、名前やディテールを変えながら、戦後に書かれた田村の小説やエッセイの中にも、くりかえしでてくる。それらは、田村の実際の体験をふまえて書かれたものであろう。そういった意味でこれらの作品は、田村本人を主人公に擬することができる。

「夜ふけの遊び」と「風呂屋の小鳥」は、歓楽街としての新宿だけではなく、自分の住むアパートの周囲の世界も描かれているという点で、当時の田村が皮膚感覚で感じていた新宿の雰囲気をよく伝える作品となっている。この二作については、のちに詳述したい。

●—2・3　太宗寺裏という空間

ここで、田村が自らの居住地として定めた場所、そして、戦前の「新宿小説」に作品の舞台としてしばしば登場する、太宗寺裏という空間についてあらためて考えていきたい。

太宗寺は、新宿の地に屋敷をかまえる高遠《たかとお》藩内藤家の菩提寺《ぼだいじ》として、かつての内藤新宿の盛り場の中心に位置する寺院で、甲州街道の北側に寺域を有する名刹《めいさつ》である。

江戸六地蔵のひとつが安置されていることでも知られている。また、奪衣婆《だつえば》像と閻魔《えんま》像、塩かけ地蔵などの庶民の信仰が篤く、大正時代まで、縁日となると大勢の人々でにぎわっていた。

太宗寺は新宿二丁目の東端に位置している。その東側にある一丁目との境を、南北に通って甲州街道に直角に交わっている小路は、江戸時代から太宗寺横丁と呼ばれていた。

田村のいう太宗寺裏とは、その太宗寺横丁からさらに北側にかけての地域を指している。*7

その場所は、盛り場としての新宿の周縁であったのだが、それは単に物理的に盛り場から離れているというだけではない。別の意味で、もうひとつの新宿を構成する空間であった。『わが文壇青春記』では次のように述べられている。

付近は、夜の新宿にはたらく連中、つまり、女給や、ダンサーや、そのヒモたち、ヤクザ者、芸人、二丁目の遊廓にはたらく妓夫太郎《ぎゅうたろう》、といったひとびとが、かたまって住んでいた。三畳間に間借りしたり、ちゃちな長屋に、ほそぼそと住んで、わずかに生を保っているというのが多かった。*8

女を狩る戦場すなわち盛り場に近いという理由で、新宿周縁部の太宗寺裏に居をかまえた田村とは、その意味を異にしているものの、夜の新宿で働いている人々にとっても、太宗寺裏という空間は、塹壕として休息の場であり、そして、生活の場でもあった。盛り場としての新宿が表の顔だとすると、その盛り場を支える人たちが生活する太宗寺裏は、もうひとつの裏の新宿であるともいえよう。

そして、その空間で、田村は、新宿の表と裏の両方の世界に生きる住人たちと、身近に触れあっていくことになる。

「風呂屋の小鳥」は、主人公と銭湯で顔見知りとなったボクサー上がりの男が、ダンスホールのダンサーとして一家の生計を支える妻と、新しい生活を求めて大陸へ渡っていくことを決意する、という話である。

この作品の冒頭で、太宗寺裏に住んでいる主人公の眼を通して、昼間の銭湯にやってくる近くの住人たち——

盛り場を職場とする芸人や遊び人たち——の姿が描かれている。

かういふ連中はいづれも夜ふかしの商売であるから、昼頃銭湯へ出かけると、いま起きて来たばかりといふ顔つきの彼らがつぎつぎとやつて来るのに逢へる。そこにはおのづから他の堅気な場所の銭湯には見られない特殊な雰囲気がかもしだされる。私はその雰囲気の中で、ときどき三馬の「浮世風呂」さながらの面白さを感じることがある。[*9]

主人公は、銭湯に来る遊び人たちが、刺青《いれずみ》のはいった身体を見せて、湯船のそばの三和土《たたき》の上にならんでいる様子を、河岸《かし》の鮪《まぐろ》のようだと感じている。そして、そうした刺青が、時間をかけて段々と仕上がっていく様子を観察したり、それぞれの彫師《ほりし》の得意な分野についての知識を仕入れたりしていく。また、浪花節《なにわぶし》作家が、材料をあさるために脱衣場の新聞をかたっぱしから読んでいく様子や、自分でつくった文句を湯船で唸《うな》って工夫をこらす姿を興味深くながめている。

この作品からは、田村が、太宗寺裏という空間を愛し、その場所に生きる人たちの世界を、生き生きと感じとっていたことが、よく伝わってくる。

2・4 男娼たち

さて、その「風呂屋の小鳥」の銭湯の場面は、太宗寺裏の住人たちの姿があざやかに描かれているのだが、中でも、主人公が最も印象的に感じた存在がある。それは、男娼たちだ。

最も気味の悪いのは男娼である。近頃の新宿にはまた一層この仲間たちがふえたやうだが、銭湯へいつも揃つて来る二人づれなどは、もう三十以上にもなつてゐるにちがひない男たちだのに、言葉つきから立居振舞《たちいふるまい》までまつたく女である。着物の下には媚《なま》めかしい色物の腰巻をしてゐるし、洗ひ場でも恥かしげにうちわに歩き、女のやうに片膝立てて座る。それればかりならまだいいとして、ちよつと好きなやうな男でも見つけるとそばへ寄つて来て、色眼を使ひながら何ともいへぬいやらしいしなをつくる。気味悪がつてはなれると、こんどは遠いところから怨《うら》めしさうな眼つきで、灼《や》きつくやうにじつとこちらをみつめてゐるのが、鏡にうつる。まつたく気味が悪いといつたらない。[10]

ちょうど防空演習のあったときということもあり、浴客たちの間で、敵機が東京に来たときのことに話がおよんだ。するとその男娼たちは、

「まあさうなつたら、あたしたち、どうしませうね」

それをそばで神妙に聞いてゐた二人は、さういつて、女同志がそんな場合によくするやうに互ひに手をとりあつて、本心から恐怖にたえぬもののやうに大袈裟に肩をすくめるのを見たことがある。[11]

田村は、こうした男娼やトランスジェンダーたちと、直接のかかわりがあったらしい。『わが文壇青春記』にはこうある。

オカマも、この一郭に住んでいた。風呂のなかでは、内股に前をおさえて歩き、浴槽にはいるときは、片肢を「く」の字に曲げて、女そっくりに湯につかった。その一人にアパートまで押しかけられて、深夜まで相手をさせられたことがある。このことを「夜ふけの遊び」という短篇で、小野松二編集の「作品」に書いた。[12]

田村がここであげている「夜ふけの遊び」は、深夜、太宗寺裏のアパートに帰宅した主人公の部屋に、つい今しがた二丁目の喫茶店で会った流しの芸人が、無理やり訪ねてくるという話である。その流しの芸人は「女形《おやま》さん」と呼ばれている。その呼び名でわかるように、女装をした男性である。小説では、いやいやながら部屋にあげた女形さんの痴態《ちたい》をもてあます主人公の心の動きに焦点があてられているのだが、とりたてて事件が起こるわけでもなく、最後は、主人公が女形さんに残虐な気持ちを抱くところで終わっている。雑誌では八頁ほどの小品であり、小説というよりは、作者の体験のスケッチといった趣《おもむき》の作品である。

この作品の中で、新宿の芸人には、その女形さんと同じような男が、まだ他にもいると述べられている。

近ごろの新宿の流し芸人には、いろいろと変つた者が多いが、この女形さんのやうな男は、まだほかにも数名ゐる。――たかしといふ名で呼ばれてゐる男は、二十四五歳の男で、頭を角刈りにし、角帯《かくおび》なんか締めて、粋な風采をしてゐるが、これが家へかへると、すつかり女になつてしまふといふことである。

この男は、同じ流しの声色屋《こわいろ》で、吉田といふ坊主頭の背の低い四十男と一緒に、三光町の安アパアトに住んでゐるのであるが、たかしが、この吉田の身の廻りを、――ご飯の仕度から部屋の拭き掃除、着物や褌《ふんどし》の洗濯に至るまで、何くれとなく世話をする様子は、申し分のない女房ぶりであるといふ。[*13]

さらに、尼さんのような優形《やさがた》の三味線弾きの男もいる。本物の女よりも黄色い声を出すというその三味線弾きは、前髪をおかっぱにした二十歳くらいの娘と夫婦になっている。

また、女形さんと一緒に盛り場を廻っている新馬鹿という少年は、女のまねをして女形さんとのかけあいを演じ、酔客の人気者になっている。[*14]

どうやら、田村が暮らしていた太宗寺裏の周辺には、その当時、新宿を働き場所とする男娼やトランスジェンダーたちが、集まって暮らしていたらしい。ひとりひとりのジェンダーやセクシュアリティは多様であり、また、彼ら彼女らの関係も、さまざまな組み合わせとなっている。ただ、共通しているのは、彼ら彼女らは、夜の新宿で、自分たちの〈性〉のあり方を職業として生きている、ということである。

そして、そのような芸人たちや男娼がいるということは、いうまでもないことであるが、盛り場としての新宿には、そうした男娼を買う男たちや、女形の芸を楽しむ人たちがいたということでもあるのだ。

つまり、戦前の新宿には、職業化された男性同性愛文化・トランスジェンダー文化を成り立たせる場というものが、その広がりや形態ははっきりとしないものの、確実に存在していたことを、田村泰次郎の新宿小説から、読みとることができるのである。[*15]

●―2・5 トランスジェンダー・カフェ

さらに、太宗寺裏のトランスジェンダー文化を考えるうえで、たいへん興味深い内容が「女の建設」という作品に描かれている。のちに「男禁制」と改題されたこの小説は、ダンサーの生活から足を洗って、新宿二丁目の美容室で働きはじめた、多美という女性が主人公である。

多美は、過去につきあった男から離れて、「男禁制」を誓ってひとりで生きていこうと決意をしている。その彼女と、三越裏のおしるこ屋で知り合いになったのが、花柳栄二郎という、女形のような姿をした日本舞踊の師匠である。栄二郎は男であるが、「栄二郎の多美に対する態度は女が男に対するのと同じ」なので、栄二郎とつきあっても「男禁制」の誓いを破ることにはならない、と多美は自分を納得させている。じっさい、栄二郎の外見や話し言葉、しぐさは女のものであり、むしろ多美の方が男らしさを感じさせる。

その栄二郎が、知り合いだといって、新派の若手女形の蝶助を、喫茶店で多美に紹介する。蝶助は、以前劇場で多美を見かけて好意を抱いていたのである。栄二郎に連れられて、三人は喫茶店を出て、花園神社の横丁にある「一梅」というカフェに向かう。

そのカフェは新宿のカフェ街から少しはづれてゐるので、一般の人たちはほとんど知らないかいふ店なのだが、主人は古い歌舞伎の女形あがりとかいふことである。多美も三四度栄二郎につれられて行つたことがあるが、主人といふのはもう四十もなかばを過ぎてゐるだらうと見える男なのだが、言葉つきから身のこなしまですつかり女になりきつてゐて、どうかすると、多美などよりはずつと女らしいかも知れない。一度暮れの頃、漢口陥落一周年記念といふので、女装して、店を出て、客の応待をしたことがあつた。多美はそのとき栄二郎と一緒に行つて、びつくりした。その店には、栄二郎のやうな男たちがいつも出入りするらしく、多美は主人と栄二郎とが仲間の噂などをとりかはしあつてゐるのを聞いてもゐるし、また事実そんなやうな男が来てゐて、スタンドの中にゐる主人と話してゐるのを見て知つてゐる。[*16]

このカフェで、多美は、昔つきあっていた男である大原とばったり出くわす。大原は客としてこのカフェにやってきていたのである。

すると、今まで多美をちやほやしていた栄二郎と蝶助が、大原に媚《こび》をうりはじめるのだ。

物語はここから、ふたたびよりを戻そうとする大原の誘いを、多美が心を揺れ動かしながらも拒絶し、何とか男禁制を守って生きていこうと決心する場面で終わっている。

ここで、作品に登場してくる栄二郎や蝶助、そして彼らがつどうカフェ「一梅」の存在について考えていきたい。そこには、先ほどの男性同性愛文化・トランスジェンダー文化と重なりつつも、それとは微妙に異なったもうひとつの文化の存在を見ることができる。

前節で述べてきたように、新宿の流し芸人や男娼たちにとって、新宿という空間は生計をたてる場であり、そして生活する場であった。

しかし、栄二郎や蝶助にとっての新宿はそうではない。彼らにとっての新宿とは、遊びにいく場であり、自分たちの仲間と出会う場なのである。

栄二郎は、新宿ではなく四谷荒木町に住んでいる。荒木町は、新宿の東端にあたる四谷の大木戸の東隣に位置する町である。その地にある坂の名前にちなんだ津《つ》の守《かみ》芸者で有名な、明治期から芝居小屋や料理屋が建ちならぶ花街であった。栄二郎のような日本舞踊の師匠が、その荒木町に住んでいるのは、当然のことなのである。

もうひとりの蝶助の住まいがどこであるのかは、小説では明らかではない。しかし、彼は、まだ売り出し中とはいえ、舞台にたつ新派の役者なのであって、先ほどの「風呂屋の小鳥」や「夜ふけの遊び」で描かれた男娼たち、そして流し芸人の女形さんやたかしのように、新宿の盛り場で、芸や身体をうって生活しているわけではない。

栄二郎たちは、新宿のおしるこ屋さんでおしるこを食べ、喫茶店で女友達に会い、カフェに仲間たちの噂話をしにいく。盛り場の中での売春や芸の披露《ひろう》という、いわば職業と結びついたトランスジェンダーなあり方ではなく、個人の個性としてのトランスジェンダーなあり方をだせる場としての新宿が、そこには存在していたのだ。

しかも、その場の特徴は、匿名性をもった個人の自由が許されるという、都会の一般性によって特徴づけられるような性質のものではない。カフェ一梅に象徴されるような、同じセクシュアリティやジェンダーをもつ者たちが、仲間として集まる場によって、具体的に支えられたあり方なのである。

さらにいうならば、一梅という空間の存在以上に重要であるのは、その背後にある、トランスジェンダーたちのつながり、ネットワークの存在である。ふだんは、それぞれの世界で生きている人たちが、新宿のカフェにつどってきて仲間たちとかかわりをもつという、戦後の新宿二丁目のゲイタウンで展開されていったあり方の、ひとつの原型をこのカフェ一梅に見ることができよう。

つまり、太宗寺裏の芸人や男娼たちによって示されるような、職業化されたジェンダーやセクシュアリティと結びついた、男性同性愛文化・トランスジェンダー文化とは別種の、いわばセクシュアル・マイノリティどうしの共同体とでもいった文化の存在を、そこに確認することができるのだ。

ただしここで注意しておきたいのは、カフェ一梅や、それを支えているトランスジェンダー文化が、新宿に実在したかどうかはわかっていない、ということである。また、もし実在したとしても、それが戦後の二丁目文化にどのようにつながっているのかも不明である。

残念ながら、田村も、「女の建設」（「男禁制」）以外の作品で、そうしたトランスジェンダーの文化について述べることはなかった。しかし、戦前の新宿に、トランスジェンダー・カフェとでもいうべき存在があった可能性が、この小説に示されていることは、戦前から戦後にかけての、同性愛やトランスジェンダー文化の歴史を考えるうえで、非常に大きな意味をもっていることは、はっきりと断言できるのである。

3　戦前と戦後、ふたつの新宿

3・1　戦後の新宿と新宿地名物

日中戦争そしてつづく太平洋戦争は、盛り場としての新宿と作家としての田村泰次郎の双方に大きな影響を与えた。

盛り場としての新宿は、戦争末期のたび重なる空襲によって焼け野原となったのだが、戦後復興のエネルギーは、新宿をまたたくまに戦前を凌駕《りょうが》する盛り場として再生させていった。

いっぽう、新進作家としての活動を、従軍によって七年間にわたって中断させられた田村泰次郎は、敗戦の翌年に復員し、ふたたび旺盛な作家活動を再開する。

「日本の女には七年の貸しがある」という田村の言葉は、世間で大きく喧伝《けんでん》された。そしてその言葉通りに、彼は戦後の性風俗を自分の中心テーマとして、数多くの小説を生みだしていった。その中には、新たに生まれ変わりつつある新宿を舞台とした、多くの作品があったことはいうまでもない。

それらの戦後の新宿小説の中でまず目につくのは、作品のタイトルに新宿の町名を冠し、その後に「界隈」をつけた、「旭町《あさひまち》界隈」「花園町界隈」「歌舞伎町界隈」「三光町界隈」という四つの作品である。前述のように、それらの作品を「新宿地名物」と名づけたい。それら地名物は一九四八年から五一年にかけて発表されている。それぞれの作品の内容をかいつまんで説明していこう。

「旭町界隈」は、戦前からのドヤ街であり、戦後は街娼の街となった、旭町を舞台にした作品である。旭町は、新宿駅の南東部の区域で、江戸時代からの古刹《こさつ》天龍寺の周辺の町域であり、明治期には内藤新宿南町と呼ばれていた。その後、大正期に旭町と改称され、昭和二七年に現在の新宿四丁目となる。

主人公の雪乃は、夫を沖縄の戦闘でなくした戦争未亡人である。夫の遺骨を抱えながら、ダンサーをしていた横浜から新宿の旭町に流れてきて、夜の街にたち、客をとって生活しているその日常が描かれている。作中には、新宿の夜の女を仕切っていた「ジュクのお政」という実在の人物も登場する。雪乃は、これも実在する第五相模屋という簡易宿泊所に、ジュクのお政たちと同宿していて、銭湯に一緒に行ったりする。いわば、実録物といってもよいような作品となっている。

「花園町界隈」は、花園神社の隣に戦後つくられた、飲み屋兼売春の店が密集する花園街、現在のゴールデン街を舞台とした小説である。青線と呼ばれた売春街に働く妻と、その妻の仕事が終わるのを花園神社で待つ夫の話だ。夫婦の心理的な葛藤が話の中心になるのだが、小説の中では、新しくできた風俗としての青線のしくみを解説して、読者の興味に訴えるような場面が多い。主人公である十米子も、最初はそうした売春をする店や場所だとは知らずに、単なる飲食店だと思って働きはじめるという設定になっている。[*17]

これら二作が、売春する女性たちを描いていたのに対して、「歌舞伎町界隈」と「三光町界隈」は商売ではない女性が主人公である。

「歌舞伎町界隈」は、戦後の新しい盛り場として急速に発展していった歌舞伎町が舞台である。バーで働く敦子となじみの客の井元が、最近心中事件があった歌舞伎町白十字街の「ことぶき荘」という旅館にわざわざ泊まりにいくというだけの話だ。泊まりにいくといってもそれはバーの仕事の延長としてではない。あくまでも、恋愛関係にある男女のつきあいとしての出来事である。

「三光町界隈」は、にわか仕立ての劇団員として、地方の巡業に出発する前日の、劇団員たちの三角関係を主題としている。ストリッパーのエミイ・青木、彼女の情夫で戦前から浅草の軽演劇で活躍していた野村昭夫、三光町にある野村の家に同居している多治見という流しのアコーディオン弾き、そしてエミイの後輩のラナ・坂上の四人のからみあった人間関係が描かれている。

3・2 新宿地名物の意味

では、田村が書きあげていった新宿地名物には、どんな意味が込められているのであろうか。

まず何よりも、それらは新宿という大きな空間の中の、さらに限定された、個性的な性風俗が展開されている空間に対する読者の関心に、こたえるものであったということである。

明治期からの貧民街、ドヤ街の歴史をひきずる〈旭町〉、戦後の闇マーケットの整理によって新たに出現した〈花園街〉、新しい新宿の繁華街として大がかりな計画のもとに開発されていった〈歌舞伎町〉といったそれぞれの町名は、新宿の性の風俗に敏感な読者にとっては、たいへん刺激的な名前であったに違いない。

そして、作品においても、登場人物によってひきおこされるドラマと同等に、街のあり方が描かれる。とくに、「旭町界隈」と「花園町界隈」は、町の来歴と、他の地域とは異なる独自の性の風俗が詳しく描かれ、一種の探訪記とでもいうべき作品となっている。[*18]

つまり、〈新宿〉という、あまりにも一般化して、手あかのついた地名の喚起する性的なイメージを超えて、より狭い新宿内部の空間を、町名というわかりやすい形で切りとり、読者に鮮明なイメージを提示しようとしたのが、これら地名物の意味であるといえる。新宿を描きつづけてきた第一人者は自分だという、田村の作家としての自負心が、より新宿を深く描くこと、すなわち、生まれつつあるダイナミックな性の世界を、新宿の町名と結びつけて作品化することにつながったのだといえよう。

さらに、そうした独自の深化と分化をとげつつある性風俗の空間としての〈新宿〉ではない、別の〈新宿〉への田村のこだわりも、地名物に読みとることができる。「三光町界隈」は、他の地名物と違って、性風俗そのものではなく、新宿という世界の周縁部に生きる人々の話である。じっさい、三光町は、旭町や歌舞伎町といった町名のように、固有の性文化や風俗のありようを、人々に喚起する町ではなかった。その「三光町」という、一般の読者にとっては、まずなじみのない町名を、あえて題名にとりあげたところに、田村の新宿に対する強い思いを見てとることができる。単なる、性の歓楽地帯としての新宿ではなく、そこに暮らす人たちの姿に目をこらしたいという、田村の戦前からの新宿への姿勢が、この作品名と主題にはっきりとあらわれているといえよう。

さて、新宿地名物として、もう一作をあげておきたい。界隈物から十年ほどあとに発表された「二丁目新景」という小説である。

戦前の新宿遊廓の時代から、戦後の赤線にかけて、新宿の性的な文化の中心地であった二丁目について、田村はほとんど作品のテーマとしてとりあげることはなかった[*19]。

そんな彼が、唯一「二丁目」を主題として作品を書いたのがこの「二丁目新景」である。

一九六二年に発表されたこの作品は、売春防止法施行によって二丁目の赤線が廃止されたあとの様子を描いている。

戦前からの顔見知りで、二丁目の客引きをしている安土という男に、女を紹介するからと声をかけられた主人公が、彼に連れられて二丁目に新しくできたバーや〝トルコ風呂〟に案内される、というのが小説の筋である。そこで売春の相手として紹介された二人の女が、実は安土の実の娘たちであったということが最後の方でわかるのだが、そうした話の組み立ての面白さよりも、この小説を読んで強く印象に残るのは、かつての遊廓・赤線地帯の変わり果てた姿である。

安土の案内したのは二丁目のなかだった。旧遊廓は、安旅館、バー、ヌード・スタジオなどに転向している家がすくなくないが、それでもまだそのまま、戸を閉めて、そとから釘づけしたきりでいる店が、沢山残っている。それらの店は、いまに売春防止法が解かれて、公娼再開になるのを待っているのが、ほとんどであるといわれている。灯をつけない、それらの店の暗さには、そういう辛抱強い、湿った意志が重々しく沈んでいるようだ。転業した店は、毒々しいネオンをつけたりしているので、閉めきった店は、口のなかの歯のぬけたところみたいに、なにか秘密っぽく、不自然な感じである。[20]

江戸時代から戦前にかけて、遊廓としての三百年にわたる栄耀栄華を誇り、戦後も赤線として新宿に人々をひきつけつづけた二丁目が衰退し、今や新宿の繁華街の周縁となりつつある、その瞬間を田村は切りとろうとした。公娼再開の希望を抱きつつ、戸を閉め釘づけをして、その時をじっと息をひそめて待っている店々の背後に重々しく沈んでいる、「辛抱強い、湿った意志」が、結局かなうことがなかったことを、われわれは知っている。新宿二丁目は、一九七〇年代以降、しだいにゲイタウンとしての姿をあらわしはじめるのだが、田村が「二丁目新景」でつかまえたのは、まさに、そうした新宿という性の街の歴史の転換点だったのである。

3・3 戦前の新宿の重層性

ここまで、戦前の新宿小説と戦後の新宿地名物を中心に、田村泰次郎の描いた新宿について述べてきた。次に、そのふたつの新宿の関係について考えてみよう。

そのための手がかりとなるにふさわしい作品がある。それは、戦後すぐに執筆された「崩れた街にて」である。小説の冒頭は、敗戦直後の新宿の街にやってきた主人公の生田千作が、戦地に従軍する前に自分が過ごした新宿が、すっかりなくなってしまったことを目の当たりにして、愕然とする場面からはじまる。

この街が、こんなにひどくやられてゐるとは想像以上であつた。

これが、あの新宿だらうか、――七年目に戦地から帰つて来た生田千作の眼には、この瓦礫《がれき》の地帯がそれだとはどうしても思へなかつた。かつて、あんなにも熱愛し、溺れ、呪ひ、犬のやうにその体臭を嗅ぎまわり、油虫のやうに地面を這ひづりまわつて、青春の夜々を、いのちのままに過ごしたあの街だとは、誰が思はう。[*21]

焼跡の中にたちすくんだ主人公の生田は、戦前の新宿での、仲間や女たちとすごした日々を回想する。

そして戦地で、死と隣りあわせのぎりぎりの状況の中、自分がどうしても生きていかなくてはならないと決心した最大の理由が、銀座や新宿の街の雑踏の中をもういちど美しい女と歩いてみたいという、安っぽい現世的欲望であったことを思いだし、われ知らず恥じいりながらも、そうした自分の執着こそが、自分を生きて日本へ帰らせたことを、あらためて確信するのだ。

そして、戦場での自分の生きる支えであった新宿という街への思いを、生田は簡潔にこう表現している。

いはば、この街は生田の生命の恩人だ。[*22]

これは田村泰次郎の実感そのものであったはずだ。

しかし、目の前には、生命の恩人であるかつての新宿の姿はどこにもなかった。

そこで生田は、廃墟と化した新宿の街に、戦前の自分が知っている新宿を回想し、重ねあわせていく。[*23]

焼跡の新宿を歩く生田千作を描いた場面は、そうした新宿のふたつのイメージが交錯《こうさく》していて印象的である。

ある日生田は、昔のとほりのあのコースで、街をまはつて見た。三越裏の復活ぶりは、銀座のそれよりは数段立遅れてゐる新宿としては、まあ一番見られるところである。安普請《やすぶしん》の飲食店街は、そのけばけばしいペンキの色から、そこにはたらいてゐる女たちの種類まで、どうやら昔のことを彷彿させせはじめてゐる。

（中略）

けれども、交差点を越えて一歩二丁目界隈にはいると、こんな楽観はたちまち消えてしまつて、何ともいへない寂しさが全身にしみわたるのを覚える。東海横丁から広小路、それから太宗寺までの小路や路地の入りくんだ、あのごたごたした血なまぐさくて、陰惨で、媚めいた一廓はきれいに姿を消してしまつて、土台石の跡さへ探すのにむづかしく、菜や、夏草が茂り放題に茂つて、その間に焼けトタンで屋根をふき、まはりをかこつた小屋が、思ひ思ひのむきで建つてゐるばかりだ。こんな小屋に「名代《なだい》蒲焼」とか「御手軽小料理」とか看板が出てゐるのを見ると生田は一層寂しくなる。よく行つた「山の小屋」も「ナルシス」もどこに消えてしまつたのだらう。貸席の焼け残つたのが三軒、あれほど繁昌《はんじょう》を誇つた新宿遊廓の末路にしては感慨に堪へぬものがある。[*24]

かつての遊び場のあとを廻ってから、生田は、自分のアパートのあった、太宗寺裏にむかって足をすすめていく。

三光町から花園神社の方へ出た。

（中略）

東の鳥居を出て、角に花園饅頭《まんじゅう》のあつた道を東京医専の方へはいつたところが、生田のゐたアパアトだ。瓦礫と焼けトタンのバラックに、遅生《な》りの南瓜《かぼちゃ》の花が澄んだ空気のなかにわびしげに咲いてゐる。そこから新宿の電車通りへ出る小路が、いはゆる太宗寺横丁だ。ここいら一帯は新宿の盛り場ではたらくテキ屋、妓夫太郎、女給、ダンサア、流し芸人、遊び人たちのねぐらのあつたところで、三越裏、二丁目一帯が、戦場でいへば最前線の火線だとすると、太宗寺附近は塹壕のなかといつたところだ。[*25]

この太宗寺横丁一帯の描写は、戦前の田村泰次郎の新宿物を読んでいたものにとっては、当時の新宿の雰囲気を思いださせるものであったろう。

しかし、戦争を経験し、戦後の日本社会の姿を見た田村は、かつて自分が住んだその太宗寺裏の世界を、単に追憶するだけにとどまってはいない。その失われた世界のもっていた意味を、あらためて、あるいははじめて、理解していくのである。

ここでは虚飾を捨てた素裸の人間が、食つて、寝てゐた。家族的な内輪の空気があつた。見栄も飾りもなくなつたこの頃の街は、外見は、昔の太宗寺の風俗に近づいたが、内輪の空気はどこにも見られない。昔は、職場で見るとは似つかぬ不愛想な女給の顔、苦虫を噛みつぶしたやうな妓夫太郎の顔にも、相手に好意や遠慮を押しつけたり、押しつけられたりすることのない、お互ひに自由でゐよう、ゐさせたいの適度の思ひやりがふくまれてゐた。この一画の住人として生田は、この土地のかういふ風俗と気つぷをまたとないうれしいものに感じてはゐたが、いまそれが満目《まんもく》畑となつてしまつたのを眼のあたり見ると、そのことが一層切なくしのばれるのである。[*26]

戦後の焼跡の街の風俗に、田村は、戦前の太宗寺裏の人々と同じ匂いを嗅ぎとっている。それは、見栄や外見にとらわれず、実質に生きる人々のたくましさ、といったものであろうか。

しかし、かつての太宗寺裏には存在していたが、戦後の日本社会には見あたらないものがある。それは、他人への適切な距離感であった。

自分が、自由でありたい、好きなことをしたい、という自由への意志は、戦前も戦後も変わらないかもしれない。しかし、戦前の太宗寺裏には、自分が好き放題をしたいという、単なる個人主義的な態度だけではなく、他人を自由でいさせたい、という他者への「思ひやり」があったのだ。その、お互いの自由を尊重しあうという根本的な姿勢が、そこに暮らす人々を、仲間や身内のように感じさせたのである。

田村は、それを「家族的な内輪の空気」と表現したのだが、まさにその空気の中で、戦前の太宗寺裏という世界の、風俗や気風がはぐくまれていたといえよう。そして、そうした自由と思いやりの絶妙な配合にもとづく内輪の雰囲気は、戦後の日本には、決定的に失われていたのである。[*27]

その、太宗寺裏の風俗をつくりあげた人々の姿は、田村の眼には三重に見えていたはずだ。ひとつには、新宿という職場で客に愛想をふりまいている姿である。ふたつめは、太宗寺裏で見せる、不愛想で、苦虫を噛みつぶしたような顔である。そして、三つめが、その不愛想な顔の裏に隠された、他人への思いやりの心である。これら三つの姿とそれらの重なりこそが、太宗寺裏という場所で、彼が感じた新宿の三つの側面であり、そして重層性だったのである。

戦前の彼の小説でも、アパートの近隣住人たちの姿は描かれていた。ただし、その地域の特徴が、ここで表現されたほどはっきりと述べられていたわけではない。戦争によってすべてが破壊され、失われてから、その太宗寺裏の世界のあり方のもつ意味が、くっきりと田村の脳裏に結晶化していったのであろう。[*28]

戦前の新宿は、単なる盛り場なのではなかった。それは、そこに働く人々が生活する空間をも包含する、広がりと重層性をもった共同体としての空間であった。田村も、そうした人々の姿とその人々のおりなす世界に、目をむけ、小説に描いていた。

それに対して、戦後の新宿は、盛り場としての拡張の裏で、そこに暮らす人々やその人々のつくりだす独特の雰囲気や共同体が失われていった。そして田村もまた、しだいにそういった新宿の周縁に暮らす人々の世界を描くことがなくなっていったのである。

3・4 回遊路としての新宿・多様化する新宿

最後に、盛り場としての新宿の変容について考えていこう。ふたたび「崩れた街にて」を引用してみたい。

夜の十二時頃までは三越裏、十二時過ぎると二丁目界隈。夜明けが近づく頃には東海横丁の屋台から伊勢丹裏の屋台へと、潮流に乗つて廻遊する魚のやうに、そこを流れてゐる眼に見えぬ何かそんな電気のやうなものに乗つてゐる気持で、生田たちは規則正しく行動した。何時頃、どこへ行けば誰に逢へるといふことが、お互ひにわかつていたのである。[*29]

ここで彼が使っていることばにしたがえば、戦前の田村は、夜の新宿を魚のように「廻遊」していたのである。[*30]三越裏や東海横丁といった、それぞれの新宿の中での個性的な空間は、独立しつつしかしゆるやかにつながって、ひとつの大きな「新宿」の一部となっている。その全体としての新宿を、そこに回遊する人たちは感じることができただろう。

そしてその全体としての新宿というものは、それぞれの空間の有機的な結びつきという、物理的な世界のことだけではなく、そこにつどってくる、そして「廻遊」している人びともまた、その新宿という世界全体の一部分を構成していたのである。[*31]

本論の冒頭で引用した田村のことばをもう一度思い出してほしい。

「私は新宿の街に溶けこんでいた」という彼のことばの中の「新宿」とは、そういう世界であったのだ。

そしておそらく、ひとり田村だけではなく、新宿を「廻遊」する人間たちすべてが、その「新宿」の街に「溶けこんだ」と感じていたに違いない。

そうした戦前の新宿に対して、戦後の新宿には、もはや回遊路は存在しない。

歌舞伎町や花園街、旭町といったそれぞれ個性をもった空間は、それらを順番に廻っていくような人間を想定することは難しい。そこを訪れるものにとって、そこは目的地であり、その目的地にたどりつく前にどこかに寄り道をすることがあっても、それは戦前の田村たちの行動のような、「廻遊」といった性質のものではないだろう。

歌舞伎町のスケートセンターで遊んだり、旅館街に行こうとするカップルが、旭町へ行って街娼を買ったりすることはありえない。二丁目の赤線へ行こうとする男は、わざわざその前に青線である花園街に飲みにいったりはしないだろう。

戦後の新宿の盛り場としての拡大は、単なる物理的な空間の拡大であったのではなく、性的な風俗や文化がそれぞれのエリアの地理的条件や歴史的な背景に対応して、分化していくプロセスでもあった。その、エリアごとの性風俗文化の個性化は、新宿の性文化の多様化といえるものであったが、それと同時に、その多様化は、お互いの領域の独立性を強くした。そして、それぞれの地域は、他の地域からどんどん切り離されていく結果となったのである。

戦前の新宿の重層性と全体性は、戦後の新宿の多様性と断片性によって置きかえられていったのである。

●—おわりに

「生命の恩人」とまで自分の心奥深くにその姿を刻みこ

んだ新宿という街。

　そこに生きる人々と、その場所そのものへの限りない愛情を抱きながら、田村泰次郎は新宿小説を生みだしつづけた。[*32]

　戦前の小説は、一九三〇年代の新宿のもつ重層性を、回遊する歓楽街世界と、その周縁に生きているさまざまな社会のアウトサイダーの姿を通して浮かびあがらせていた。とりわけ、戦前の新宿の男性同性愛者を中心とした、トランスジェンダー世界の一端をうかがい知ることができるという意味でも貴重な作品となっている。[*33]

　そして戦後に書かれた作品は、拡大し多様化する新宿の姿を、その微細な世界に光をあてて描いている。それぞれの町ごとの性のあり方の違いは、新宿という街への読者のイメージをより深化させ、複雑なものへと変えていったのだが、戦前の新宿のある種の豊かさは、すでにそこには失われてしまっていたのである。

　戦争によって断絶させられた、盛り場としての新宿の戦前と戦後とを、その全身をさらけだしながら、飢えて傷だらけになりつつも、一匹の狼として生きぬいた田村泰次郎こそが、新宿という街そのものを、自らのテーマとしてひきうけて、真正面から描きつくそうと格闘しつづけた小説家だったのである。

　そして、彼の描いた新宿小説は、その彼自身の姿とともに、失われた新宿という世界を、わたしたちに伝えてくれる財産として今も残されている。

●註

*1　作家としての田村泰次郎の略歴を示しておく。

　一九一一年に三重県に生まれた田村泰次郎は、旧制三重県立富田中学を卒業後、早稲田大学第二高等学院に入学したのち、早稲田大学文学部へ進みフランス文学を専攻する。在学中から同人誌を中心に小説や評論を発表していたが、一九三四年の大学卒業後は本格的に作家生活にはいる。『行動』『早稲田文学』『人民文庫』等に作品を発表し、新進作家として認められる。一九三九年に短編集『少女』と長編小説『大学』をそれぞれ刊行するが、翌年陸軍に召集され、一兵卒として戦地に赴く。出征直後に、『強い男』『銃について』『学生の情熱』が相ついで出版されている。その後、中国各地を転戦したが、河南省で武装解除をうけ、北京郊外の収容所に収容された。

　敗戦の翌年に復員。故郷の三重県四日市の実家で暮らしたのち、上京し作家活動を再開する。一九四七年三月に雑誌『群像』に掲載された「肉体の門」は、同年の八月に劇団空気座によって新宿帝都座で上演されるや爆発的な人気を呼び、三年間で千回以上も上演されるロングランとなった。また、東宝により映画化もされ、日本社会に肉体文学の一大ブームを巻き起こした。

一躍流行作家となった田村は、その後も旺盛な創作意欲のもと、作品を発表しつづけた。一九六七年に脳血栓で倒れたあとも小説を書きつづけたが、一九八三年に死去する。七十一歳であった。

彼の戦後の作品は、戦後の混乱した社会における性の風俗を描いた小説群と、中国での従軍の体験をもとにした戦争文学というふたつのジャンルが中心である。

一般社会における田村泰次郎の人気は、肉体文学とも呼ばれる、風俗小説の大家としてのものであった。一方、文学者としての田村泰次郎は、「春婦伝」「肉体の悪魔」「蝗《いなご》」といった従軍慰安婦を描いた作品や、「裸女のいる隊列」「失われた男」などの戦場や戦後の非人間的な現実をテーマとした作品についての評価が高い。彼の性風俗を描いた作品については、通俗的な内容だとして、一部を除いては、現在ではほとんど評価されていない。

＊2　『わが文壇青春記』152ページ

＊3　田村が述べているように、一九二〇年代までは、新宿ではなく神楽坂が学生をひきつける繁華街であった。そのことを示す資料がある。今和次郎編の『新版大東京案内』（一九二九）に掲載された、一九二九年の東京の盛り場の人出分析表によれば、新宿での男子学生の比率は二十一％であるのに対して、神楽坂は四十八％である。上野や銀座、浅草と比べても、神楽坂の学生の比率は飛びぬけて高い（今和次郎編『新版大東京案内（上）』〈二〇〇一〉ちくま学芸文庫）。

田村のちょうど十年前に早稲田の高等予科に入学した作家の浅見淵《ふかし》は、入学当時、早稲田界隈の盛り場というと神楽坂で、早稲田から神楽坂にかけての下宿屋が学生に人気が高く、どこも満員だったと回想している（浅見淵『昭和文壇側面史』〈一九六八〉、講談社文芸文庫版〈一九九六〉を参照した）。

＊4　田村の新宿小説の三つのカテゴリーの作品については、後の作品リストにまとめてある。

＊5　『女拓』102ページ

＊6　『女拓』102〜103ページ

＊7　戦前の新宿を考えるときに、この太宗寺横丁や太宗寺周辺を舞台とする作品がいくつかあることを指摘しておきたい。

田村泰次郎の中学と大学の先輩にあたる丹羽文雄が「太宗寺附近」を雑誌に発表したのは一九三九年であった。太宗寺近くの居酒屋の二階に間借りをした律子を主人公として、居酒屋の女主人や女中、隣の部屋を東京での妾宅《しょうたく》がわりにしている代々木という男などの姿を描いた作品であり、当時の新宿の遊廓街に隣接する太宗寺周辺の様子をうかがい知ることができる（「太宗寺附近」〈一九三九〉『文藝』第7巻第12号）。

同年に、森三千代も「梵鐘《ぼんしょう》」という短編小説で、太宗寺横丁のアパートの部屋に暮らすカフェを渡り歩く女たちを描いている。女たちの新宿での働き先とあわせて、新宿の表と裏のつながりを感じとることのできる作品である（森三千代「梵鐘」〈一九三九〉『文学者』第1巻第8号）。

いずれの作品も、盛り場としての新宿のバックヤードとしての太宗寺近辺の雰囲気をよく伝えている。それは、三越裏のカフェ街や二丁目の遊廓といった歓楽街の中心地から、やや北東部に離れたこのエリアが、新宿という世界へ吸い寄せられた、あるいは落ちてきた人々が、何とか踏みとどまって暮らしている場所であることを意味している。

田村にも「太宗寺横丁」という作品がある。これはもともと「夜ふけの遊び」という題名で発表されたものを、短編集『少女』に収録するにあたって改題したものである。「夜ふけの遊び」は一九三六年に雑誌に掲載されており、丹羽や森よりも田村の方が太宗寺周辺への着目が早かったといえようか。なお、田村がなぜ「太宗寺横丁」と改題したのか、そのいきさつはわからない。

＊8 『わが文壇青春記』114ページ

＊9 「風呂屋の小鳥」82ページ

＊10 「風呂屋の小鳥」83ページ

＊11 「風呂屋の小鳥」84ページ

＊12 『わが文壇青春記』115ページ

＊13 「夜ふけの遊び」24ページ

＊14 ここであげられた「たかし」と「新馬鹿」については、戦後に書かれた「崩れた街にて」の中で、戦前の新宿の芸人たちとして、わざわざその名前をあげて回想されている。

＊15 なお、戦後の新宿舞台物に、女装する男娼の姿が描かれた作品がある。「鳥瞰図《ちょうかんず》」という一九五〇年に発表された小説は、新宿の飲み屋街の真ん中に建つホテルの五階の部屋で、翌日の締切のために缶詰になって小説を書こうとする、田村を思わせる作家が主人公である。ホテルの窓から見える、新宿の深夜から夜明けにかけての光景がスケッチされている。その中で「キヨちゃん」という、その近辺では有名な男娼が、酔っ払って通行人にからんでいく情景が描かれている。ただし、そこでは「キヨちゃん」と主人公との直接のかかわりあいは全くない。あくまでも、深夜の新宿風景の中の一点景人物として扱われているにすぎない。五階の窓からながめる私と、酔って地面に寝そべる「キヨちゃん」との距離は、戦前の田村の作品で、主人公がトランスジェンダーの人たちと同じ銭湯に入ったり、部屋で会ったりした関係性とは、根本的に異なったものとなっている。

＊16 「女の建設」58ページ。ただし初出では伏字になっている箇所がある。引用では戦後の単行本に収録された改題後の「男禁制」から伏字部分を補っている。

＊17 なお、作品名については注意が必要である。タイトルは「花園町」となっているが、実際の行政区分としての花園町は、作品の舞台となった花園神社のある場所ではなく、現在の新宿一丁目にあたる。花園神社よりは、だいぶ東寄りである。作品の舞台となる花園神社一帯は、大正時代から昭和四八年まで三光町が正式な町名であった。ただし、花園神社横の飲み屋街ができた頃、そのあたりが「ハナゾノ」とか「ハナゾノ町」と呼ばれていたことを、野坂昭如が「花園ラビリンス」というエッセイ風の小説で記している。当時は、俗称として通用していたのであろう。新宿に詳しい田村泰次郎も、もちろんそのあたりの正式町名は三光町だと知っていたが、あえて読者にイメージされやすい「花園町」をタイトルにしたものと思われる（野坂昭如「花園ラビリンス」〈一九八六〉『オール読物』11月号）。

＊18 田村泰次郎の性風俗を描いた作品の題名を見ていくと、地名を入れているものが他にもいくつかある。戦前には「府中の女」といった小説がある程度だが、戦後の流行作家の時期には、「有楽町夜色」「熱海夜色」「中央線夜色」「新宿夜色」といった夜色物とでもいった作品がある。しかし、夜色物ではそれらの地名は、人々の興味をとりあえずひきつける単なる記号としての意味しかなく、とくにその場所のもつ特異性や文化、歴史に深く踏みこむことはない。場所は変われど、同工異曲のストーリー

が展開されるだけである。それらの地名は、一般の読者にとってなじみのある場所であり、すでに存在する町のイメージを、簡単に共有させるにすぎない。

　それに比べると、新宿の町名を題名にもつ地名物は、それぞれの町の性風俗・文化の点における特異性に焦点をあてようとした作品だといえる。

＊19　二丁目のすぐそばの東海横丁の飲み屋や寿司屋を舞台とした作品はいくつか書かれている。戦前の小説でとりあげたように、二丁目裏や太宗寺横丁での人々の姿も描いている。しかし、二丁目にある遊廓そのものを正面から扱うことはなかった。そのことが何を意味するのかという問題はここでは論ずる余裕がない。今後の課題として提示するにとどめたい。

＊20　「二丁目新景」125〜126ページ

＊21　「崩れた街にて」73ページ

＊22　「崩れた街にて」102ページ

＊23　興味深いことに、生田によって回想された戦前の新宿は、かつてその戦前の同時代に田村によって描かれた姿よりも、よりいっそう田村にとっての新宿の全体像を生き生きとよみがえらせているように思われる。七年の従軍期間は、彼の精神の中に、戦前の新宿のイメージを、純化し、沈殿させ、ついには固着するに至らせたといえようか。

＊24　「崩れた街にて」76〜77ページ

＊25　「崩れた街にて」78〜79ページ

＊26　「崩れた街にて」80ページ

＊27　そして、その人々が共有していた「自由と配慮」は、戦前の学生時代の田村が、自覚的ではないにせよ、求めていたものであった。彼の最初の長編小説であった『大学』や、出征直前まで書きつづけた『嵐に斃れず』といった、自分の学生時代の体験をもとに書かれた作品のなかで彼がくりかえしとりあげていた、一九三〇年代の左翼思想をもった学生たちの活動への距離感、ならびに、それに対抗する右翼的な学生団体への違和感や嫌悪感というものは、そのような「自由と配慮」の欠如した、それら双方の立場の学生たちに対して抱く田村の心持ちだったといえる。

＊28　この戦前と戦後の新宿の決定的な違いは、「新宿地名物」の「三光町界隈」からも理解することができる。先にも述べたが、三光町という場所は、新宿の繁華街の周縁部にあり、芸人たちの住んでいるところとして描かれる。それは、戦前の新宿小説における太宗寺裏と同じ位相にあるといえよう。しかし、「三光町界隈」では、かつての太宗寺裏がもっていたような、住人たちの生活の姿や濃密な人間関係といったものは全く描かれていない。単に、たまたまそこに暮らしている芸人たちの、内輪の愛憎のもつれが主題であって、極端にいえば、その物語の舞台が三光町という場所である必然性はないのだ。そこでは、三光町は、単なる記号としての意味しかもっていない。

＊29　「崩れた街にて」76ページ

＊30　これと同じようなことを、田村はあちこちで書いている。たとえば先にあげた「二丁目新景」では、

　戦前、私たちは新宿の街のなかを、毎夜のようにぶらついた。水槽のなかの魚のように、その回遊する順序が決まっていた。宵のうちは、三越裏のバー「ノヴ」でねばり、夜がふけると、追分の交差点の電車道（中略）を横切って、三福の側の、映画館の並んだ一画のすぐ裏通りにあった「ナルシ

ス」へまわり、それから二丁目に近い「山の小屋」へあらわれた。（125ページ）

と、他の彼の作品にもたびたびでてくるなじみの店の名前とともに、その新宿での行動パターンを述べている。

＊31　時代は戦後となるが、新宿を描いた野坂昭如の『新宿海溝』（一九七九）や、大沢在昌の小説『新宿鮫』（一九九〇）といった作品名や内容に、海としての新宿というイメージが打ちだされていることは興味深い。そうした、海のイメージとしての新宿というコンセプトを提示した先駆者として、田村泰次郎を位置づけることが可能であるかもしれない。

＊32　田村泰次郎が新宿を描いた作品は、今回とりあげた小説だけではなく、第三の新宿舞台物としてあげたように、戦後の新宿を舞台にしたさまざまな作品がある。それらは、水商売で働く女性たちや、街娼といった玄人《くろうと》の女性が主人公のこともあれば、不良少女や会社の事務員といった一般の女性が主人公のこともある。しかしいずれにしても共通しているのは、新宿という空間と、それに結びつけられた性的なイメージが、作品の中心的な要素となっていることである。たとえばそういった作品の代表として、「青線区域」「青線の女たち」といった作品があげられよう。当時の読者にとって、青線ということばは、まずどこよりも新宿のことを思い浮かばせたのである。以下の作品リストでは、そうした新宿という空間にこだわった田村の新宿舞台物をあげている。実際には、作中で新宿がでてくる田村の小説はもっとたくさんある。しかし、このリストでは、単に作品の一場面として新宿が登場するといった程度の扱いでしかない作品は、除外してある。

＊33　戦後の男性同性愛文化の中心地となった新宿二丁目は、もちろん売春防止法の施行によって、二丁目の赤線地帯が衰退したあとに誕生したものである。その詳しい成立の経緯については、まだはっきりとは解明されておらず、研究がすすめられている状況である。したがって、その戦後の二丁目の文化と、田村泰次郎が描いた戦前の新宿の同性愛文化がどのような関係にあるのかということについても、現在のところ全くわかっていない。田村は、一九六二年の「紫陽花」という作品で、一九六〇年代の新宿の男娼を主人公として描いているが、そこでは、現在につながる二丁目の同性愛社会は全くとりあげられてはいない。この点については、今後の検討課題として残されている。

●田村泰次郎の新宿小説リスト

◆戦前の新宿小説

「冬」（一九三五）『行動』第3年第3号
「暗雲の下」（一九三五）『早稲田文学』第2巻第4号
「自活する姉妹」（一九三五）『若草』第11巻第10号
「夜ふけの遊び」（一九三六）『作品』第78号（「太宗寺横丁」へ改題、『少女』〈一九三九〉赤塚書房、に収録）
「激情」（一九三八）『若草』第14巻第10号
「馬車」（一九四〇）『若草』第16巻第2号
「風呂屋の小鳥」（一九四〇）『文学者』第2巻第1号
「女の建設」（一九四〇）『文学者』第2巻第7号（「男禁制」へ改題、『男禁制』〈一九四七〉世界社、に収録）
「崩れた街にて」（一九四七）『春婦伝』銀座出版社

◆新宿地名物
「旭町界隈」（一九四八）『日本小説』第2巻第2号
「花園町界隈」（一九五〇）『別冊文藝春秋』第18号
「歌舞伎町界隈」（一九五一）『小説新潮』第5巻第1号
「三光町界隈」（一九五一）『小説新潮』第5巻第2号
「二丁目新景」（一九六二）『別冊小説新潮』第14巻第3号

◆新宿舞台物
「街の天使系譜」（一九四六）『文明』第1巻第8号
「雨の夜景」（一九四九）『改造文芸』8月号
「鳥瞰図」（一九五〇）『新潮』第47巻第5号
「夜の部隊長」（一九五〇）『小説新潮』第4巻第7号
「土ぼこり」（一九五〇）『中央公論』文芸特集第5号
「禁断花」（一九五一）『新潮』第48巻第1号
「焼酎を飲む女」（一九五一）『別冊小説新潮』第5巻第12号
「消えた女」（一九五二）『別冊文藝春秋』第26号
「青線区域」（一九五三）『オール読物』昭和28年3月特別号
「老娼の死」（一九五四）『オール読物』昭和29年12月号
「青線の女たち」（一九五六）『キング』第32巻第7号
「虫」（一九六〇）『群像』第15巻第4号
「奇妙な夜」（一九六〇）『小説新潮』第14巻第5号
「ピカソの女」（一九六〇）『小説新潮』第14巻第15号
「紫陽花」（一九六二）『別冊小説新潮』第14巻第4号
「群馬調教」（一九六三）『小説新潮』第17巻第11号
「新宿日常」（一九七三）『小説新潮』第27巻第4号

◆その他
『わが文壇青春記』（一九六三）新潮社
『女拓』（一九六四）中央公論社

東京・新宿の「青線」について

――戦後における「盛り場」の再編と関連して

三橋順子

●はじめに

東京新宿花園神社の裏手に、櫛《くし》の歯のような形をした細い路地の両側に木造の飲食店が密集しているエリアがある。「ゴールデン街・花園街」地区（新宿区歌舞伎町一丁目一番地五～一〇）だ。一九九三年から九四年にかけての冬、私はその一つの路地「花園五番街」にあった女装バー「ジュネ」に毎週のように通っていた。

「ゴールデン街・花園街」の所在地は「花園神社の裏手」と表現されることが多いように、路地の名前が入ったアーケードもそちら側に立っている。しかし、JR新宿駅東口からは、新宿通りから紀伊國屋書店の脇の路地に入り靖国通りを渡って、その昔は都電の線路だった遊歩道「四季の道」を通って、裏口から入る方が近かった。ただそのルートだと、「花園五番街」のアーケードから三軒目の「ジュネ」までは、細い路地をずっと歩かなければならない。

「ずっと」と言っても五〇メートルほどで、たいした距離ではないのだが、問題は夜の早い時間帯（二〇～二一時）だと路地にやたらとおばさんが立っていることだった。なにしろ幅二メートルもない狭い路地だから避けて通ることはできない。結局、「おはようございます」と挨拶《あいさつ》して通ることになる。二人、三人ならなんでもないが、五人、六人、日によってはもっと多い。中には「あら、あなた先週も通ったわね。どこの『娘《こ》?』」なんて聞いてくるおばさんもいる。こちらとしてはけっこう気を遣う。

ある夜、「ジュネ」に着いて、薫ママに「あの路地に立っているおばさんたちは、なにしてるのですか?」と聞いてみた。するとママは「あのおばさんたちも、昔は若いきれいなお姐さんだったのよ。ああやって店の戸口に立ってお客を誘っていたわけ。まあ、今では逆効果かもしれないけどね。この街が『青線』だった頃からの習慣みたいなものなのよ」と教えてくれた。

つまり、私が「女」として育ててもらった街は、旧「青線」街だったのだ。

1 「青線」とは

1・1 「赤線」と「青線」

「青線」とはなんだろう。まず、押さえておかなければならないのは、「青線」とは「赤線」に対する言葉であるということだ。

では「赤線」とはなにかと言えば、概説的には、一九四六年(昭和二一)一二月から一九五八年(昭和三三)三月末まで、戦後日本社会に存在した黙認(事実上の公認)買売春地区である。警察の監督(地域限定・営業許可)のもとで、「特殊飲食店」に勤務する「女給」が客と「自由恋愛」するという建前で、買売春を黙認するシステムである。警察が「特殊飲食店」の営業を許可したエリアを地図上で、赤い線で囲んだことから「赤線区域」「赤線地域」と呼ばれるようになった。つまり、「赤線」は警察用語である。

法制的には、一九四六年一月二一日、GHQ(連合国軍最高司令官総司令部)の「公娼制度廃止に関する覚書」を受けて、政府が「娼妓取締規則」など公娼制度関係法規の撤廃を通達(一九四六年二月二〇日実施)し、戦前の「遊廓」システムが崩壊した後、一一月一四日の(内務・厚生・文部省)次官通達「私娼の取締並びに発生の防止及び保護対策」で、「社会上やむを得ない悪として生じるこの種の行為については、特殊飲食店等を指定して警察の取締りにつき、且つ特殊飲食店は風教上支障のない地域に限定して集団的に認めるよう措置する事」を提起し、さらに一二月二日の内務省通達「最近の風俗取締について」で「特殊飲食店」を公認し、接客婦を「女給」として「特殊飲食店」に囲い込み個人営業させる形態、「赤線」システムが成立した。

政府は一九四七年（昭和二二）一月一五日「婦女に売淫をさせた者等の処罰に関する勅令」（勅令九号）を発令し、管理売春を法的に禁止する。しかし、「赤線」は前年一二月二日の内務省通達によって、摘発の対象外となっている。

「赤線」は、キリスト教の倫理感から公娼制度を廃止したいGHQ、私娼（散娼）対策と性病予防の観点から集娼システムを維持したい政府・警察当局、既得権益を保ちたい売春業者の三者の妥協の産物として成立した。

そして、「売春防止法」（一九五六年〈昭和三一〉五月二四日公布、一九五七年四月一日施行、一九五八年四月一日完全実施）によって「赤線」システムが違法化（特殊飲食店の廃止）されるまで、約一一年四カ月の間、機能することになる。

そうした警察によって黙認（事実上の公認）された買売春地区であった「赤線」に対して、警察によって黙認されない非合法な買売春地区が「青線」である。

ただし、単に「非合法な買売春」と言った場合、街娼などの散娼形態の買売春も含まれてしまう。実際、街娼が立っているようなエリアを「青線」と呼んだ用法もなくはない。しかし、何度も言うように「青線」は「赤線」に対する概念であって、「赤線」が集娼形態であることを踏まえれば、「青線」は集娼形態の非合法な買売春地区と定義するのが適切だと思う。その点、加藤政洋氏の「赤線まがいの集団売春街」という定義は、「赤線」に対置される「青線」の特質をよく踏まえている。*1

ある「青線」業者がこんなことを言っている。「赤と青といったって、警視庁が地図に赤線で囲んで黙認したのが赤線区域で、赤線で囲ってくれなかったのが青線区域さ。衛生設備さえ完備すれば赤線に昇格さすべきなんですよ」*2。おそらくそれが当時の当事者の意識だったのだろう。「昇格さすべき」かどうかはともかく、「青線」が「赤線で囲ってくれなかった」地域という認識は注目すべきだ。「青線」が地図に青線で囲われた地域であるかのように考えるのは誤解だと思う。したがって「青線」区域が「赤線」区域と違って不明瞭な漠としたものになるのは仕方がないことなのだ。

また、当時の用法として「あの店は青線だ」というように、ある酒場や旅館を指して「青線」と言うこともあった。「青線」的な非合法な売春をしている店という意味だ。しかし、そうした店が一軒だけ、あるいは何軒かが散在している状態では「青線街」「青線地区」という言い方にはなじまない。やはり「青線」というには、非合法な売春を行う店がある程度集まって「街」を形成していることが必要になると思う。

●1・2「青線」の出現時期

「青線」の呼称が出現したのは、警視庁の正史によると、「赤線」の成立から二年後の一九四八年（昭和二三）のこととされている。[*3] その由来は、警視庁防犯部に勤務していた小野常徳によれば「戦後新宿花園町《はなぞのちょう》の一画に満州からの引揚者が陣どって、階下が料理屋で二階で売春していた」状況を「毎日新聞の記者が、それじゃあ青線と書こうじゃないかということで書き出した」という。[*4] つまり「赤線」が警察用語であるのに対し、「青線」はマスコミ用語ということになる。

この「花園町の一画」とは現在の「ゴールデン街・花園街」地区のことと思われる。新宿駅周辺の闇市、主に南口の「和田組マーケット」の露店商たちがGHQの露店整理指令（一九四九年〈昭和二四〉八月四日）を受けた整理事業（一九五〇年三月末までに撤去完了）に応じて、「三《さん》光町《こうちょう》」の空き地（原っぱ）に移転した。少し遅れて、新宿二丁目の「赤線」の周囲にいた露店商も「三光町」の新開地に移動し、両者併せて「ゴールデン街・花園街」の地区の原型が形成される。その時期は、一九四九年冬から一九五〇年秋にかけてのことだった。[*5] となると、前記の警視庁と小野による「青線」一九四八年出現説とは一～二年ほどの齟齬《そご》が生じてしまう。

ところで、一九四五年（昭和二〇）五月二五日の「山の手大空襲」で焼け野原になった新宿の街の復興の歩みをたどると、非合法買売春＝「青線」として問題視されたのは、「花園町」よりも「三越裏」の方がずっと早かった可能性が高い。「三越裏」とは新宿のメインストリート「新宿通り」の南側に立地した「三越新宿店」（現：「ビックロ」）の裏（南）側一帯である。戦前はカフェー街として賑わったが、空襲で丸焼けになった。

神崎清「新宿の夜景図――売春危険地帯を行く」[*6] は、一九四九年夏頃の夜の新宿のルポルタージュだが、掲載された略地図の「三越裏」には「社交喫茶街」の存在が記されている。一九四九年にはすでに復興していたことがわかる。神崎は「不景気になやむ女給たちが、三越裏の社交喫茶街から（駅前近くまで）遠征してくる」と記し、「バンをかけてくる（性的な誘いをかけてくる）」としていて、「青線」という言葉こそ使っていないものの、いかにも「青線」的である。

またこの略地図は靖国通り以南を描いていて、一年後に「花園街」が形成される靖国通り北側エリアはまだ「売春危険地帯」としてまったく視野の外だった。「三越裏」は、明らかな場末の「花園町」とは比べ物にならない盛り場であり、一九四九年には「青線」的様相を見せていた。あるいは、小野の「青線」起源説には場所の記憶違いがあるのかもしれない。

いずれにしても、戦後の東京で非合法買売春地域である「青線」が最初に問題化したのが新宿であったことは間違いなさそうだ。

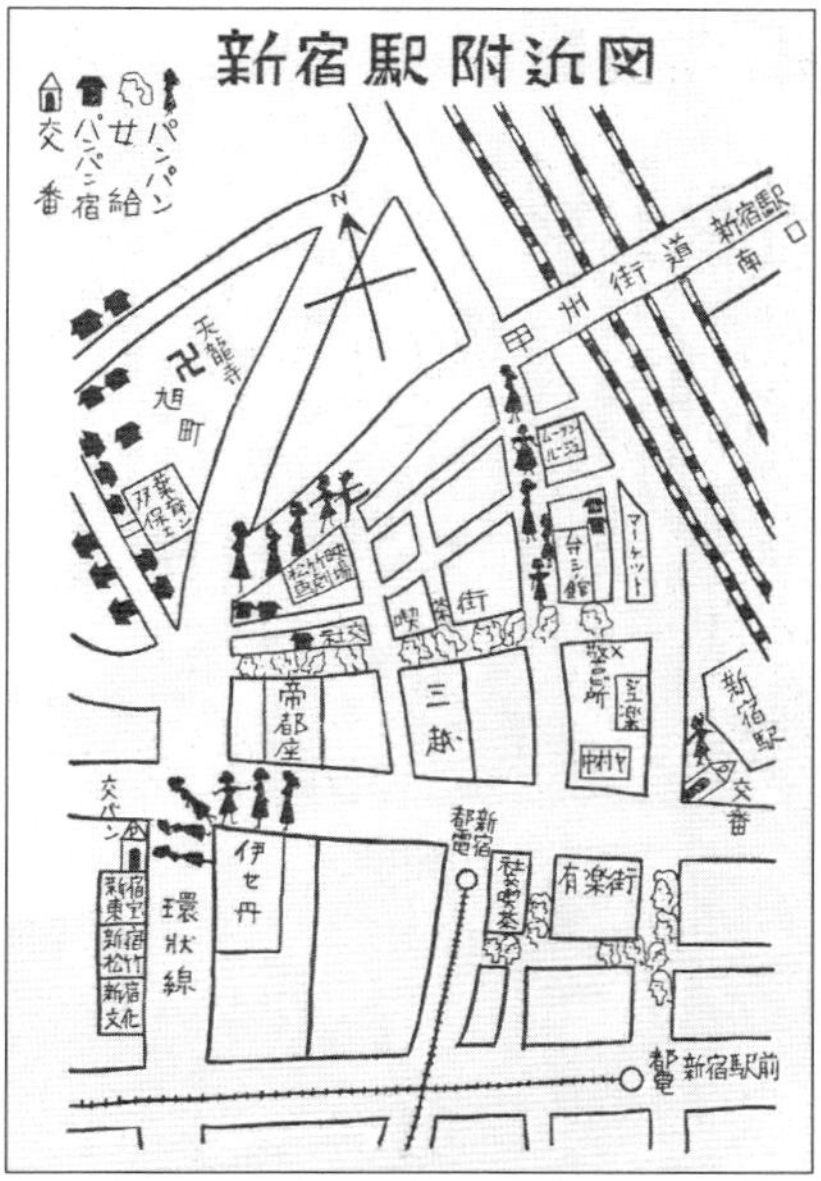

図１：「新宿駅前付近図」（神崎清「新宿の夜景図――売春危険地帯を行く」＊６より）。

2「青線」の生態

2・1 営業形態と値段

「青線」は「赤線」に比べて圧倒的に資料に乏しく、その実態に不明確な点が多い。その中で『夜みる新聞』一九五五年（昭和三〇）五月一五日号の「特別調査・売春街秘密情報」という記事（以下「秘密情報」と略称）は、東京の「青線」をはじめとする非合法売春地帯をかなり網羅《もうら》的に記し、さらに「青線」の営業形態にも触れていて貴重である。[＊7]

新宿の「青線」については次のように記している。

「『赤線』の女給は、大体登楼する客が、アレ専門に狙

図２：営業中の女給と客（『内外タイムス』1956年5月20日号より）。

って行くので看板のカフェー喫茶営業のビールやコーヒーはあまり出ず、この点『青線』の女給は、店の経営が両道に掛かっているので酌婦であり、女郎でありして、とても有利らしい」

「赤線」の客は最初からセックスだけが目的で、一応は設置されているカウンターでビールやコーヒーを飲むことはほとんどせずに、まっすぐに女給の部屋に上がるが、「青線」の客は、店が酒場としての実態を持っているので、まず酒を飲み、女給も酌婦としての役割を行い、その後でセックスに至ることが多かったという。

つまり、「赤線」の店が「特殊飲食店」としての建前から「カフェー」「喫茶」の看板を掲げていても実態的には性風俗営業（売春）一本であり、女給も実態的に娼婦であったのに対し、「青線」の店は飲食店（酒場）としての飲食接客営業と性風俗営業の「両道」であり、そこの女給も酌婦と娼婦の二つの役割を兼ねていた点に「青線」の営業形態の特色がある。

この「青線」の営業形態は、警察に対して絶対に必要なものだった。警察の「臨検」（立ち入り検査）の際に「ウチの店は普通の酒場です」と言い張れるだけの酒場としての実態を備えている必要があったからだ。

一九二九年生まれで「青線」の実際を知っている世代であり、かつ「赤線」「青線」があった時代の新宿区役所裏（歌舞伎町一丁目）に住んでいたことがある推理作家の都筑道夫は「青線はあくまでも飲み屋という名目だから、一階にはカウンターがあって酒を飲ませて、二階が売春の場所になっていた」と述べている。[*8]

「あくまでも飲み屋」というのが「青線」の特徴であり、その点こそが、「飲食店」がまったくの建前であることを警察も承知している「赤線」との大きな違いだった。

つまり、女の性だけを売る「赤線」、女の性と酒の両方を売る「青線」という営業形態の差異に留意しておきたい。

「秘密情報」は「青線」をめぐる経済についても語っている。

「彼女たち（＝青線の女）は、赤線の女より収入が多いらしく、昼間は美容学校・洋裁学校に通っているのも居り、貯金なんかシコタマと持っていたりもする。稼ぎは、一夜五回ぐらいの客を取り、ショート・タイム三百円位、オール・ナイトで千円位が相場で、この他にビールや酒の売上げ歩合も付くらしくなかなか羽振りが良い」

「青線」の女給は、娼婦としての稼ぎに加えて、酌婦としての歩合収入もあるので、収入が多いという。ちなみに一九五五年の物価は、コーヒー五〇円、ビール（大瓶）一二五円だったが、ビールは小売値段であって、店ではもっと高かっただろう。

「青線」と「赤線」の料金の比較については、一九五二年（昭和二七）のデータがある。新宿二丁目「赤線」の料金は、ショート六〇〇円（宵の口は七〇〇〜八〇〇円）、ワン・タイム（一時間）一〇〇〇円前後、「泊り」二〇〇〇円前後だった。それに対し、「花園町界隈」の「青線」は「飲み代込み」なので、支払額はショートで七五〇〜一五〇〇円、「泊り」だと一五〇〇円以上になり、「赤線」と大差ない。さらに、店の階上ではなく、女給を連れ出して店が契約しているホテルを使うと三〇〇〇円が必要だった。この場合、取り分は、酒場の店主、女給、ホテルが三等分（各一〇〇〇円）になる。[*9]

「秘密情報」が記す一九五五年の「新宿花園町界隈」の「青線」の値段は、ショート三〇〇円、オール・ナイト一〇〇〇円となっていて、一九五二年の新宿「赤線」の半額ほどの値段になっているが、これは飲み代別のセックス代だけの料金と思われる。

一般に「赤線」より「青線」の方が料金は安いとされるが、客の側からしたらセックスするために払う金に飲み代が乗るわけで、支払う金は必ずしも少なくなかった。

2・2 警察の「狩り込み」

さて、警察が黙認していない非合法の買売春地域である「青線」にとっての最大の問題は警察の手入れだった。その点について「秘密情報」は次のように語っている。

「夜ネオンが瞬《また》くと、女給たちは一斉に門口に勢揃《せいぞろ》い、協同組合事務所の『狩り込み』警戒の連絡事項を受け、最近ではまるで『赤穂浪士』の討ち入りみたいな山と川の暗号やら色々の方法〔で?〕組合事務員を要所要所に立たし、電話、懐中電灯、瓢客《ひょうかく》の挙動調査と予防策にチエを絞っている」

　やや文意が不明確だが、個々の店ではなく、同業者組合がある程度、組織的に警察の「狩り込み」（手入れ）に関する情報を探り、客を装った私服警官の内偵などを警戒していたことがわかる。

　実際に一九五六年（昭和三一）五月八日夜に行われた、四谷署による新宿特飲街（赤線）周辺の歓楽街（青線）の一斉摘発の際には、「新宿特飲街周辺のモグリ売春宿や新宿四丁目の通称『旭町《あさひまち》ドヤ街』では手入れと同時にピユーッとカン高い笛が鳴」り、「ポン引きや夜の女たちの手入れを知らせる巧みな連絡方法で、いままで立ち並んでいた女たちがバラバラ逃げ出した」[10]。結局、この夜は六五名もの捜査員を動員したにもかかわらず、「運悪く」逮捕されたのは売春婦一〇名と客引き女性二名に過ぎなかった。

　しかし、それだけ警戒しても思いがけない警察の手入れに遭ってしまうことがある。一九五五年（昭和三〇）二月六日早朝、警視庁保安課は四谷署・淀橋署の協力を得て二五〇名の私服警官を動員して新宿「青線」三七か所を急襲する。まさに「夜討ち」が駄目なら「朝駆け」だ。前夜は土曜日で客も多く、ようやく寝付いたばかりの「青線」街は大混乱になり、女給六九名が売春現行犯で、業者二八名が管理売春・場所提供容疑で逮捕され、相客五六名（外人兵九名を含む）も引致されるという大打撃を被《こうむ》ってしまった[11]。

　このときのように、店の階上で女給と客がセックスしている「現場」を押さえられたら、現行犯だから言い逃れは難しい。

2・3 建物の構造

　東京の最大かつ典型的な「青線」だった「ゴールデン街・花園街」地区には、一見同じような安普請《やすぶしん》の木造建築の酒場が並んでいるが、南側（「靖国通り」寄り）の「ゴールデン街」と北側の「花園一・三・五番街」では、店の大きさが微妙に異なる（八番街は後からできた）。「花園一・三・五番街」の店が三・五坪であるのに対して、「ゴールデン街」の店は四・五坪でやや大きい。そして、

「ゴールデン街」の建物も「花園一・三・五番街」の建物も外観からは同じように二階建てに見えるが、「ゴールデン街」の建物は内部が三階建てになっている。こうした店の構造の違いは、両者の来歴の違いに基づいている。「ゴールデン街」（現：新宿ゴールデン街商業組合）を形作った人たちは、元、新宿二丁目「赤線」の周辺の露店商たちだった。彼らは「赤線」営業の旨《うま》みを知っていて、最初から「赤線まがいの営業（＝青線）」をするつもりで、木造三階建ての建物を設計した。一階が酒場、二階が住居、そして三階に娼婦の仕事部屋という構造である。当初の店の数は約五〇軒だった。

これに対して、「花園一・三・五番街」（現：新宿三光商店街振興組合）を形成した人たちは、主に新宿駅南口の露店商たちで、移転後も一杯飲み屋やおでん屋などの零細な飲食店がほとんどで、建物も木造二階建てだった。

図3：1984年（昭和59）頃の新宿ゴールデン街・三光町商店街の店舗図（路地名を加筆）。花園五番街に「ジュネ」の名が見える。（渡辺英綱『新編　新宿ゴールデン街』ふゅーじょんぷろだくと・ラピュタ新書、2003年、より）。

当初の店の数は約九一軒だった。しかし、駅から離れた辺鄙《へんぴ》な飲食街に客が集まるはずもなく、売春目当ての客で賑わう「青線」街の裏でたちまち経営不振になってしまう。そこで窮余《きゅうよ》の策として、屋根裏を増改装して売春営業ができるようにした。

こうして「花園一・三・五番街」も後発的に「青線」街化して、両者併せて東京最大の青線街「花園町界隈」ができ上がることになる。[*12]

小野常徳は花園街について「外地からの引揚者などが相寄って、文字通り九尺二間のささやかなバラック長屋を建て、保健所の許可を受け、一杯飲み屋を始めたが、いつとはなしに二階で、赤線ハダシの春を売り、行くゆくはその既成事実をもとに、正式の売春ブロックを作り上げようと計ったが、認められず、そのままズルズルと『青線』と呼ばれる不法地帯をでっち上げてしまった」と解説している。[*13] このエリアが当初は「赤線」化を目指していたことが語られていて興味深い。花園街は「赤線」になりたくてなれなかった「青線」なのだ。

ところで、冒頭に記した花園五番街「ジュネ」は一九九四年五月に新宿区役所通り、区役所向かいの「丸源54ビル」（現：三経55ビル）二階に移転した。私がそこでホステスをしていた一九九八年頃、ゴールデン街の一角が不審火で焼けてしまった。焼けた店のうちの一軒の店主（男性）は薫ママの友人で、「ジュネ」にときどき飲みに来ていた。

その店主から聞いた話が興味深い。彼が消防署の現場検証に立ち会っていると、焼け跡から布団が出てきた。消防署への届けは「店舗」だったので、消防署員は「住居として使っていたのですか？」と問い詰めてきた。店主にまったく覚えはない。では、布団はどこから出現したのだろうか？

謎解きはこうだ。売春防止法完全実施後、「青線営業」を諦めた何代前かの店主が、三階の娼婦部屋に布団を敷いたまま、二階の天井に開いていた三階に通じる穴を封鎖してしまった。それから何代かの店主を経て屋根裏部屋の布団の存在はすっかり忘れ去られた。そして約三〇年後の火事で、一階と二階の天井が焼け落ち、屋根裏部屋の布団は地上に落下して姿を現したのだ。

ちなみに、花園五番街時代の「ジュネ」（二階）の天井にも「穴」があって、かつては二階から梯子《はしご》をかけて屋根裏部屋に上がれる構造だったが、すでに板で塞《ふさ》がれていた。「ジュネ」の隣の「梢」（旧：「ふき」、一九六七年〈昭和四二〉に加茂こずゑママが開店した、東京で最初のアマチュア女装者が集まる店）の屋根裏部屋に上がったことがある女

図4：新宿「ゴールデン街」に残る3階の娼婦部屋（左）と、敷きっぱなしになっていた布団（右）。1畳半ほどの部屋が二つ並び、入口は棟木側。天井は低いが窓もあり、「3階」の体裁になっている（渡辺英綱『新編　新宿ゴールデン街』ふゅーじょんぷろだくと・ラピュタ新書、2003年、より）。

装世界の大先輩によると、いちばん高い所（棟割長屋構造なので棟木《むなぎ》寄り）で膝立ち程度、低い所（路地寄り）は三〇センチもなく、明り取りと換気口を兼ねた細長い小さな窓があるだけだが、「それでも十分に（セックスは）できたわよ」とのことだった。

警察に不意打ちを食らった場合でも、梯子を引き上げて、穴を板で塞いでしまえば、取りあえず隠れることはできる。もちろん、警察もそんな建物構造は承知だが、時間は稼げるので、「現場」を押さえられること（現行犯逮捕）だけは免れることができる。

それでも、屋根裏部屋で男女二人だけでいるのは十分に怪しい。当然、捜査員に「なにをやっていたんだ？」と詰問《きつもん》されることになる。

ホステス時代に「青線」時代を知っているお客さんから、そんな場面について、こんな話を聞いたことがある。

「そのときは『花をやってた』って言うんだよ。だから屋根裏部屋には花札を置いておくんだ」

「そんなことで言い逃れできるんですか？　それにそれじゃあ、別の罪（賭博《とばく》行為の現行犯）になっちゃうでしょう」

と食い下がってみたが、笑って答えてくれなかったので、真偽不明のままなのが残念だ。

3 「青線」は、どこにあったのか？

●─3・1 東京の「赤線」と「青線」

「赤線」が警察によってエリア（住所）を指定されていて、その所在が明白であるのと異なり、「青線」の所在はかなり漠然としている。

東京都に限っても「赤線」は、区部に新吉原、洲崎、新宿二丁目、品川、千住柳町、亀戸、玉の井、鳩の街、亀有、立石、新小岩、東京パレス（小岩）、武蔵新田の一三か所、多摩に八王子（田町）、立川錦町、立川羽衣町、調布（一九五六年〈昭和三一〉秋に廃業）の四か所の計一七か所があった。一九五六年八月末段階で、特殊飲食店一二一三軒、従業婦四四二五人という規模だった。[*14]

それに対して「青線」は、なにを「青線」として把握するかによって数値が大きく異なってくる。一九五六年頃、「新宿、浅草、池袋、渋谷など各地に約１５００軒、そこには七千人の女中が管理されている」とする記事[*15]がある一方で、五か所、飲食店三二一軒、従業婦八五〇人とするデータもある。[*14] 前者を採れば「青」は「赤」に匹敵するどころか凌駕《りょうが》する規模だったことになるが、後者だと「青」は「赤」の四～五分の一程度の規模ということになる。やはり、「青線」の実像は漠然としている。

東京の「青線」の所在地を示す信頼度の高い資料は、東京都民生局が「売春防止法全面施行15周年記念」としてまとめた『東京都の婦人保護』の中にある図表「都内赤線・青線分布図」である[*14]（以下「赤線・青線分布図」と略称）。そこには一九五六年八月末の「青線」として、北品川（八軒、五四人）、新宿二丁目（三四軒、一三〇人）、新宿三光町・歌舞伎町（二六五軒、五九二人）、亀有（四軒、一五人）、武蔵八丁（一〇軒、五九人）の五か所が記されている。

これらのうち、新宿二丁目、北品川、亀有の三か所は「赤線」の所在地であり、おそらく「赤線」指定地の周囲に、それと連なる（はみ出る）形で成立した非合法な売春街と思われる。

武蔵八丁は、国鉄中央線の三鷹駅北口から程近い武蔵野市武蔵野八丁目（現：武蔵野市中町二丁目）の畑地に一九四九年（昭和二四）秋頃から建設が始まり、地元の反対運動にもかかわらず一九五〇年（昭和二五）秋に八軒が営業を始めた「特殊飲食店」街である。

この武蔵八丁を「赤線」とするか「青線」とするかは、見解が一定しない。「赤線」としてカウントしている資料も複数あり、[*16] 研究者でも加藤政洋氏は東京唯一の新設「赤線」として扱っている。[*1] しかし、東京では一九四六年一二月に「赤線」システムが機能して以後、新設された「赤線」はない。これは「赤線」の既得権益の黙認という性格から肯《うなず》けるもので、もし武蔵八丁が唯一の新設「赤線」だとしたら、なぜここだけが認められたのだろうか。「赤線」に「昇格」したい「青線」は、新宿花園街など他にもあったのに。私は東京都民生局が「青線」として認識していることを重視すべきだと思う。

さて、「赤線」に附属した「青線」や、やや特異な武蔵八丁を除くと、東京の「青線」は、新宿三光町（花園街）・歌舞伎町だけになる。規模的にも東京都民生局が掲げる「青線」のうち、軒数で八割以上、従業婦数で七割を占めていて圧倒的である。やはり、東京の「青線」の中心は新宿であったと考えてよい。

●3・2 新宿「青線」の地理的検討

新宿の「青線」について「秘密情報」は、「新宿は吉原に次ぐ〝赤線〟として昔から名題の『岡場所』であった。戦後〝赤線〟に対抗する「青線」なるものが出来、至極安直に一杯飲めて女も買えるのが魅力となり、忽《たちま》ち

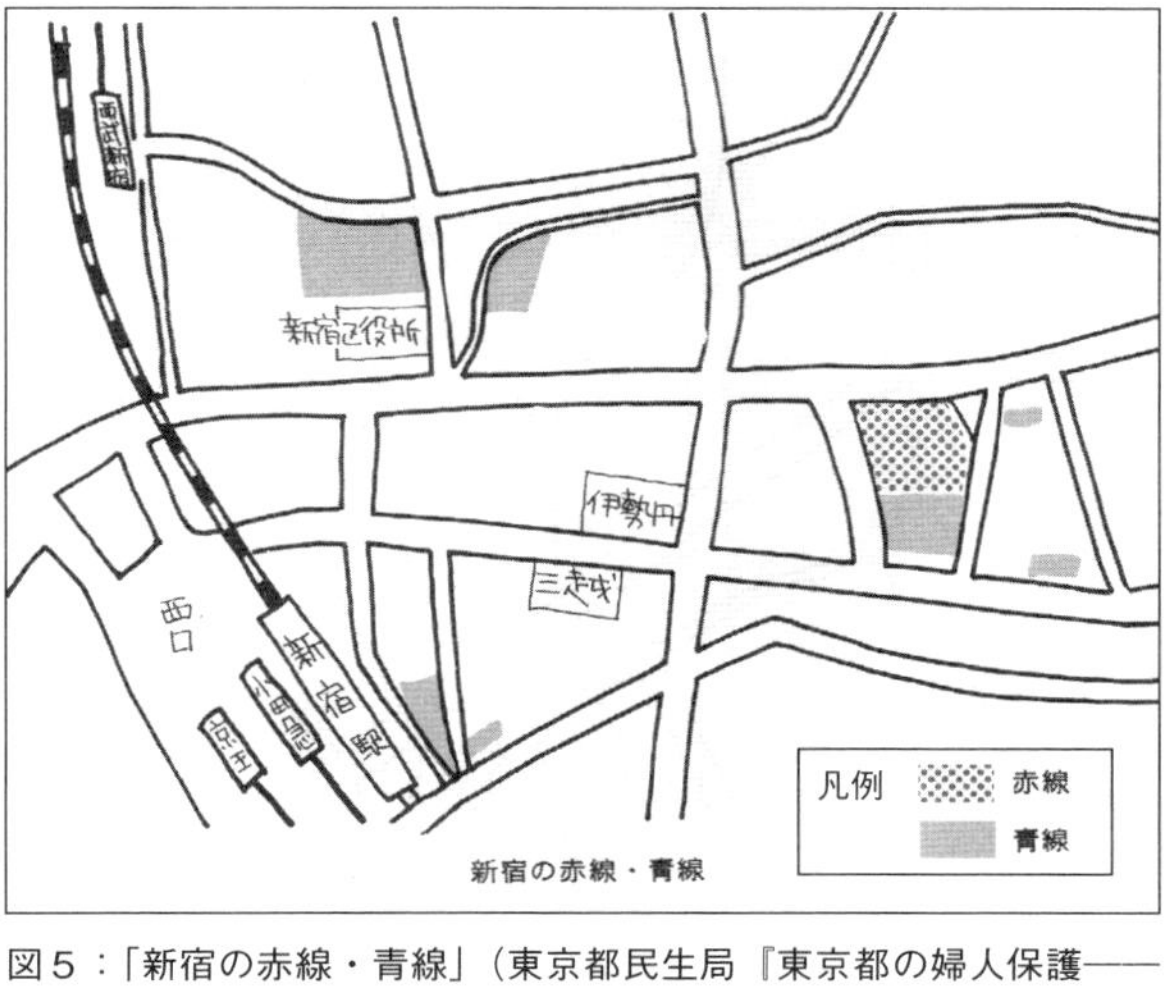

図5：「新宿の赤線・青線」（東京都民生局『東京都の婦人保護──売春防止法全面施行15周年記念』＊14より）。

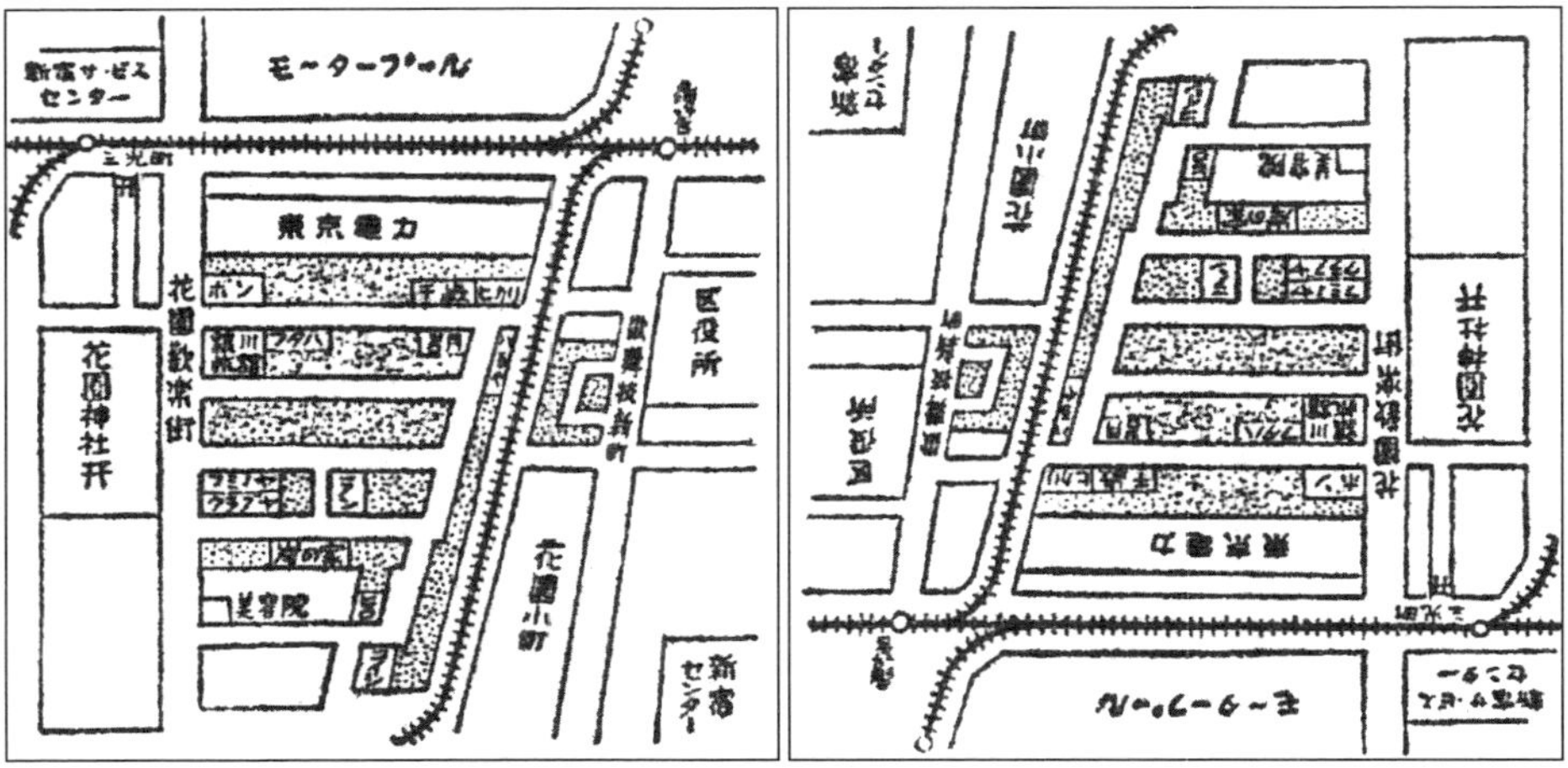

図６：新宿歌舞伎町の「青線」の分布（「東京の性感帯――現代岡場所図譜」＊９より）。右は北が上に来るように上下を逆にしたもの。横に都電の線路が通っているのが靖国通り、上から下に走る回送線は現在の遊歩道「四季の道」。

のうちに地域を拡大強化」したと述べている。

それでは、新宿の「青線」はどこに在ったのだろうか。『東京都の婦人保護』には「新宿の赤線・青線」という地図が載っている[*14]［図５］。「当時その地区担当であった婦人相談員に、その場所を記入してもらったもの」だが、歌舞伎町がベタ塗りされていたり、明らかに抜けている地域があったり、かなり大まかなもので、あまり当てにならない。ただし、「婦人相談員の活動・新宿地区」（筆者は新宿地区担当の婦人相談員・兼松左知子）の文中に「青線は、柳の並木道をへだてて赤線と隣接した新宿2丁目のほか、花園歓楽街、花園小町、新宿センター、歌舞伎小路、新天地、歌舞伎新町があった」（九八頁）とあり、新宿の「青線」の全体像と所在を示す、貴重な記述である。

また、小野常徳はドキュメンタリー・フィルム「赤線」（一九五八年〈昭和三三〉）の中で、新宿の「青線」についても触れて、二丁目の「赤線」の南側にはみ出た「青線」の他に、歌舞伎町エリアの「青線区域は、花園小町、歓楽街、新天地、歌舞伎町、歌舞伎小路、それに新宿センターと六つの売春ブロックからなり、百八十一軒の店に二百七十九名の女性が立ち働き、いずれも二、

図7：1956年の新宿花園街（青線）全景（花園神社側から。『内外タイムス』1956年5月1日号より）。

三畳の狭い部屋や、むさ苦しい屋根裏で春をひさいだ」と述べている。[*13]

両者を比較すると、新宿二丁目「赤線」エリア南側、花園歓楽街、花園小町、新天地、歌舞伎小路、新宿センターの六か所は一致する。前者の「歌舞伎新町」、後者の「歌舞伎町」が一致しないが、あるいは同じ場所を指しているのかもしれない。とすると、新宿の「青線」は七か所というのが、東京都もしくは警視庁の認識だったと思われる。

ところで、『人間探究』二二五号（一九五二年〈昭和二七〉五月）掲載の「東京の性感帯――現代岡場所図譜」（以下「岡場所図譜」と略称）は、一九五二年当時の東京の売春地帯をほぼ網羅的に紹介している。[*9] 新宿については二丁目の「赤線」だけでなく「青線」の「花園町界隈」についてもルポがあり、かつ詳細な地図までついていて便利である。まず、これを主な手掛かりに地区ごとに検討していきたい［図6］。

①「花園歓楽街」・②「花園小町」

「岡場所図譜」には「伊勢丹裏手のモータープールの入口を背に、花園神社を右に見て狭い通りをダラダラと下って行くと、左側の東京電力出張所の先の黄色い建物が、花園歓楽街（旧：河野組）。水色が花園小町（旧：和田組）、都電の回送線の向こうが歌舞伎新町、軒数は百五十ある」と説明されている。

略地図を参照すると、花園神社裏（西側）の南側（靖国通り寄り）に「花園歓楽街」、北側に「花園小町」、都電の線路の向こう側（西側）、区役所通りの東側の一角に「歌舞伎新町」という三ブロックがあった。

「花園歓楽街」が現在の「ゴールデン街」（新宿ゴールデン街商業組合）に、「花園小町」が「花園一・三・五番街」（新宿三光商店街振興組合）に相当することは疑いない。「歌舞伎新町」については後で検討する。

興味深いのは、隣接（というか密接）する「花園歓楽街」と「花園小町」の建物が黄色と水色に色分けされていたことである。そうでもしなければ、両者の区分けができなかったのだろう。

「赤線・青線分布図」によると、「赤線」「青線」最末期の一九五八年（昭和三三）二月時点で「花園歓楽街」は業者四九軒、従業婦一〇七人、「花園小町」は業者一〇七軒、従業婦一七〇人だった。

「秘密情報」は、「花園小町」について「通路が凡《およ》そ五本ばかり、新宿の『青線』の中でも最も大きく通路の軒《けん》燈《とう》に『花園小町』と灯が入っているし女給も粒揃いで美人が居る」と記されている。「花園小町」だけで「花園歓楽街」の記述がないのはやや不審だが、「通路が五本」という記述から、「花園小町」と「花園歓楽街」の区分がついてなく、一体のものと見ていたのだろう。

ちなみに「赤線・青線分布図」によると、新宿三光町・歌舞伎町の「青線」全体では、業者二六五軒、従業婦五九二人という規模で、二丁目の「赤線」の業者七五軒、従業婦五一一人に比べ、業者数では大きく上回り、従業婦の人数でも凌駕していた。ただし、経営規模を示す一軒あたりの従業婦数は、「赤線」が六・八人に対し、「青線」は二・二人と三分の一以下で、零細経営だったことがわかる。

図８：営業中の新宿「青線」。「お茶づけ」の暖簾《のれん》の下に女たちが並んでいる（朝山蜻一『女の埠頭――変貌する青線の女たち』＊５より）。

③④「歌舞伎新町」・「新天地」

「歌舞伎新町」は、先掲の略地図［図6］から、「花園歓楽街」と「花園小町」がある花園神社裏側（西側）から都電の回送線（現：遊歩道「四季の道」）を越えた、区役所通りに接したエリアにあったことがわかる。

　略地図に記された場所を「赤線」「青線」廃止から四～七年後の一九六二年（昭和三七）と一九六五年（昭和四〇）の住宅地図で見ると、小規模な飲食店が集まっている。ここは、現在「星座館ビル」（歌舞伎町一丁目二番地七）が建っている場所に相当する。「星座館ビル」は一九八〇年に竣工した一〇階建ての雑居ビルで、テナントの多くは飲食店である。

図９：「歌舞伎新町」のアーケード。「明朗新町　お気軽にどうぞ　歌舞伎新町飲食街」とある（朝山蜻一『女の埠頭――変貌する青線の女たち』＊５より）。

　「秘密情報」には「歌舞伎新町」の名はなく、「新天地」が見える。「新天地」は「これ（花園小町）の発展延長」とされ、「角筈《つのはず》の都電線路を跨《また》ぐと自動車会社のガレージの脇から潜《くぐ》って入れるようになっており、仲通りが一本、横通りが五本でまだ範囲が小さい」と記されている。「歌舞伎新町」と同様に、都電の回送線を西に越えたエリアであることがわかる。あるいは、異名同場所かとも考えたが、「赤線・青線分布図」は「新天地」と「歌舞伎新町」を別のエリアとして記述していて、両者は別物である（「分布図」の地図【図5】はこのエリアは青く塗っていない）。

　そこで、再び一九六二年と一九六五年の住宅地図を見ると、「歌舞伎新町」に相当すると思われるエリアの北側にさらに多くの小規模飲食店が集中しているエリアがある。この場所は「柳街」と呼ばれた飲食店街があった場所で、一九九〇年代末から長らく更地で板囲いされていたが、近年「ベストウェスタン新宿アスティナホテル東京」（二〇〇八年三月開業）が建った。

　今ひとつ決め手に欠けるが、これらを勘案すると、「歌舞伎新町」の北側に「新天地」があり、後に「柳街」と呼ばれることになるのではなかろうか。つまり都電回送線と区役所通りに挟まれたエリアの南に「歌舞伎新町」、北に「新天地」が並んでいたと考えたい。

「赤線・青線分布図」によると、一九五八年（昭和三三）二月時点で「歌舞伎新町」は業者二一軒、従業婦七三人、「新天地」は業者二五軒、従業婦一〇四人だった。

⑤「歌舞伎小路」＝「歌舞伎横丁」

「赤線・青線分布図」には「歌舞伎小路」とあり、一九五八年（昭和三三）二月時点で業者一七軒、従業婦六〇人という規模だった。

「秘密情報」には「歌舞伎横丁」とある。おそらく同じ場所を指していると思われる。「歌舞伎横丁」は「新天地」と同じく「これ（花園小町）の発展延長」とされているが、場所についての具体的な記述がない。

現在、歌舞伎町一丁目と二丁目の境界の道路（花道通り）と区役所通りの交差点の北西に歌舞伎町のランドマークになっている「風林会館」があるが、その花道通りを挟んだ向かい側に細い路地の入口が開いている。この路地は南方向から西方向に逆L字形に折れ、西側の出口に「思い出の抜け道　新宿センター街　since 1951」という小さなアーケードがある【図10】。映画「不夜城」（一九九八年、リー・チーガイ監督）の冒頭シーンのロケが行われた路地で、ここがおそらく「歌舞伎小路」＝「歌舞伎横丁」と思われる（先輩からの聞き取りによる。文献的証拠は未見）。「since 1951」の一九五一年（昭和二六）は、一九四九年（昭和二四）八月のＧＨＱの露店整理指令により、新宿各地の露店商が移転・定着した「青線」形成期であり、この小さな街の来歴が推測できる。

図10：「新宿センター街」のアーケード（撮影・三橋順子）。

⑥「新宿センター」

「岡場所図譜」の略地図［図6］の端に「新宿センター」と記されている。そして「新しい処《ところ》では新宿センター（デパートの新宿サービスセンターとは違います）。ここは、コンクリートの三階建で堂々たるものである」と解説されている。

図11：「新宿センター」。3階建ての屋上にさらに増設したアパート風の建物で、各戸に専用階段があり、「青線」営業をしていた（朝山蜻一『女の埠頭——変貌する青線の女たち』＊5より）。

この「新宿センター」については、「赤線」「青線」の「灯が消えた」五カ月後の一九五八年（昭和三三）八月の「街の特集 新宿」という記事に[*17]「二畳の小部屋ばかりの、三階建てアパート風の元青線。今では大ていがバーを看板にしているが……」と紹介されている。ビルの各部屋が小さな飲食店になっていて「青線」営業をしていたことがわかる。

こうした形態の「赤線」としては、「東京パレス」（江戸川区小岩）が知られていたが、その「青線」版である。「赤線・青線分布図」によると、一九五八年二月時点で業者二三軒、従業婦八九人という規模だった。

この「新宿センター」のビルは一九六二年（昭和三七）の住宅地図によると、前述の「歌舞伎小路」＝「歌舞伎横丁」（現：新宿センター街）の逆L字形路地の途中（東側）にあったことがわかる（一九六五年〈昭和四〇〉の住宅地図には記載がない）。現在、この路地を「センター街」と呼ぶのは、その記憶によるのかもしれない。

また「新宿センター」の南隣の「飲食店街」（入口は東側の区役所通り側）は「歌舞伎三番街」と呼ばれていたが、ここも「青線」的な要素が濃厚だった（先輩からの聞き取

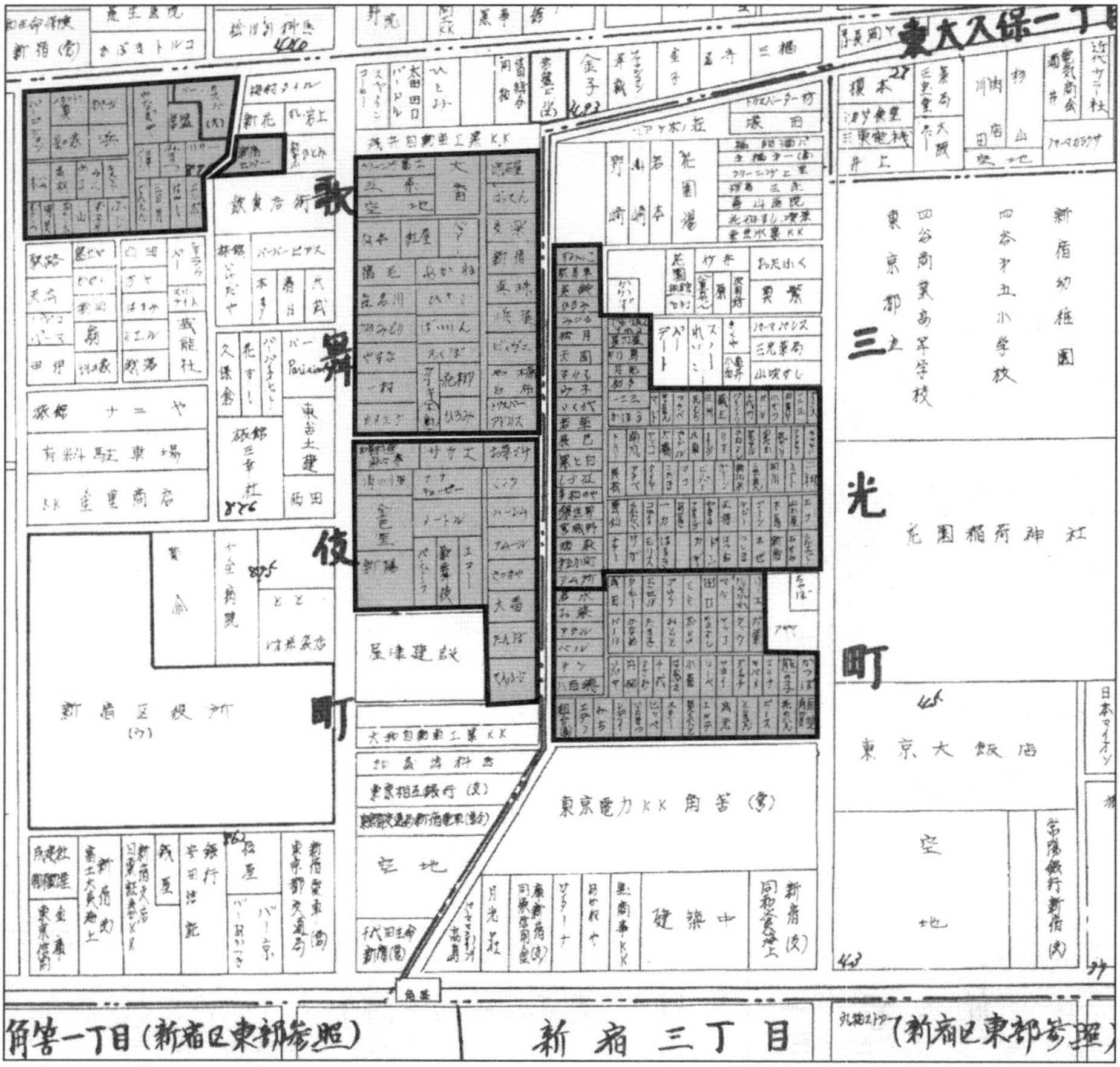

図12：三光町・歌舞伎町の「青線」概念図。歌舞伎町と三光町の境界だった都電回送線（現：遊歩道「四季の道」）の東側の南に「花園歓楽街」、北に「花園小町」が密接し、線路を挟んだ西側（区役所前の道路の東側）に南に「歌舞伎新町」、北に「新天地」≒「柳街」があったと思われる。さらに、歌舞伎町と北側の西大久保１丁目の境界の道路（現：花道通り）と区役所前の道路（現：区役所通り）の交差点の南西側の逆Ｌ字形の路地（現：新宿センター街）が「歌舞伎小路」で、その一角の３階建てビルが「新宿センター」。現在の歌舞伎町１丁目の区役所通りの両側（１、２、３番地）のかなりの範囲が「青線」街だったことがわかる。原図は『東京都全住宅案内図帳　新宿区西部』（住宅協会、1962年）。

りによる。文献的証拠は未見）。現在は「747超高速立体駐車場」になっている。

⑦ 新宿二丁目の「赤線」の南側

ドキュメンタリー・フィルム「赤線」の中で「赤線の南側には、三十四軒の青線が軒を連ね、百五十一名が店先で客を招いている」と解説されている。

新宿二丁目「赤線」の指定区域は仲通り（旧・六間通り）と花園通り（の一本南側の道路）の北西のエリアで、現在の新宿二丁目一六、一七、一八、一九番地と一二番地の一部（花園通りより一本南側の路地より北側の部分）に相当する。『東京都の婦人保護』に「青線は、柳の並木道をへだてて赤線と隣接」とある。この「柳の並木道」は現在の「花園通り」のことなので、厳密には正確さを欠くが、「赤線」指定地の南側の一二番地のほとんどと一一番地一帯が「青線」だったと思われる。

「赤線・青線分布図」によると、一九五六年（昭和三一）八月末の時点で、新宿二丁目は「赤線」（七五軒、五一一人）、「青線」（三四軒、一三〇人）となっている。「赤線」は一軒あたり六・八人の従業婦を擁したのに対し「青線」は三・八人で小規模だった。それでも、三光町・歌舞伎町の「青線」の二・二人よりはだいぶ多い。

⑧「墓場横町」

「秘密情報」に「墓場横町」という「青線」が見え、「赤線の道路を四谷寄りに越して、鍵の手の横丁となり、突き当たると墓場で新宿ではニュウフェイスの岡場所である」と紹介されている。

現在、旧「赤線」指定区域の新宿二丁目一七番地から仲通りを渡ると、一五番地のブロックを鉤《かぎ》の手に西から南へ抜ける細い路地があり、レズビアン系の店が多いので「レズビアン横丁」と呼ばれている。路地に沿った建物の北側と東側は、江戸時代以来、内藤新宿の妓《ぎ》楼《ろう》と縁の深い成覚寺《じょうかくじ》の墓地である。

一九六七年（昭和四二）の住宅地図にはこの路地の両側に小さな飲食店が密集しているので、おそらく、この鉤の手の路地が墓場に隣接することから「墓場横町」と呼ばれていたのだろう。

「赤線・青線分布図」には記述はないが、地図【図5】では該当するあたりが青く塗られている。

⑦と同様に、「赤線」からはみ出す形で形成された「青線」と考えられるが、二丁目の仲通り東側エリアは、一九四九（昭和二四）～一九五二（昭和二七）年の間に大規模な区画整理・道路の付け替え（「花園通り」もこのとき敷設）が行われていて、この「墓場横丁」も新たに形成された街区だった。

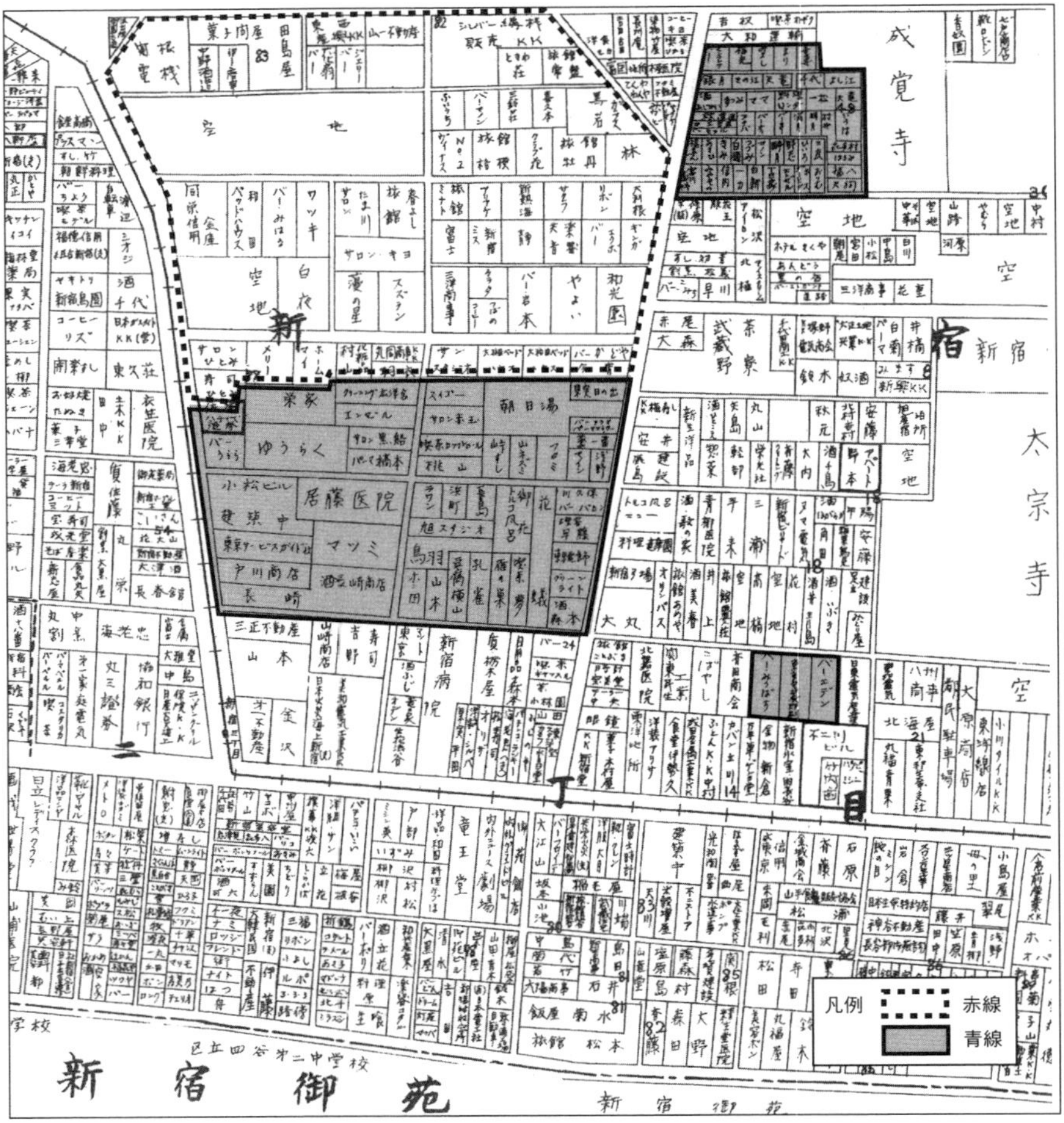

図13：新宿２丁目の「赤線」と「青線」概念図。「赤線」の南限は「柳の並木道」（現：花園通り）ではなく、１本南の路地（現在、東側の部分のみ残存）だったと思われる。これは「柳の並木道」が1950年前後に仲通り東側のエリアで行われた区画整理事業に伴う新道だからである。「青線」は「赤線」の南側と、仲通りを挟んだ北東側（墓場横町）、それと新宿通り北側の路地に沿った小さなエリア。原図は『東京都全住宅案内図帳　新宿区東部』（住宅協会、1962年）。

⑨ 旭町

「秘密情報」には、「同じ新宿でも方面をかえて旭町（これは準青線とでも云うべき実態）」としたうえで、「準青線みたいな旭町は国電貨物駅構内横から陸橋下新宿高校脇のテント村あたりへ掛けて拡がっているが、女は街娼で、質も落ち、付近の♨（温泉マーク=連れ込み旅館）が常宿だ」と解説している。

「旭町」は現在の新宿四丁目に相当するが、戦前から木賃宿《ちんやど》が密集していたスラム街で、戦後もドヤ（簡易宿泊所）や安価な連れ込み旅館が多く立地し、そうした施設を拠点にした街娼の活動エリアだった。非合法な売春地帯ではあるが「青線」とは営業形態が異なっている。したがって「赤線・青線分布図」も「青線」とは認識していない。

⑩ **その他**

「赤線・青線分布図」の地図［図5］で、もう二か所、小さく青く塗られているエリアがある。

そのひとつは、新宿二丁目の「新宿通り」に近いブロックで、現在の新宿二丁目七番地に相当する。一九六五年（昭和四〇）の住宅地図では裏路地に沿って小規模な酒場が数軒並んでいるが、「青線」だったかどうかは他に所見がない。ただ、現在、この付近にはゲイ風俗店（売り専）があるようで、性的な場が引き継がれている可能性がある。

もうひとつは、新宿駅南口（甲州街道口）に近い、現在の新宿三丁目三六番地の南部に相当する。ここは映画館「国際劇場」があるブロックで比較的早くビル化していて、飲み屋街的な「青線」が立地する状況ではない。ただし、ビルの中の飲食店が「青線」営業をしていた可能性はある。この近辺では、新宿駅甲州街道口から階段を降りた所（現：新宿駅東南口広場）の「昭和天皇御大典記念塔」の碑を囲むように在った飲食店街「桜新道」の方が「青線」的な雰囲気を残していた。

以上、新宿の「青線」は、花園・歌舞伎町エリアに六か所（①〜⑥）、新宿二丁目の「赤線」周辺に二か所（⑦⑧）の計八か所と考えられる。

●─3・3 「盛り場」新宿における「赤線」「青線」の位置

「盛り場」としての新宿における「赤線」と「青線」の位置はじつに対照的である。「赤線」は、江戸時代の甲州街道（現：新宿通り）の街道筋の娼家が一九二二年（大正一一）に内藤新宿仲町の北の「牛屋の原」に集団移転した新宿遊廓に起源を持つ。遊廓は戦災で丸焼けになり、一九四九年（昭和二四）までに遊廓地区を分断する形で御苑《ぎょえん》通り（現在、新田裏《しんでんうら》の交差点の南で明治通りから分岐して

図14：新宿２丁目「赤線」のにぎわい。店は「サロンひとみ」（『内外タイムス』1953年10月９日号より）。

新宿御苑に突き当たるグリーンベルトがある道路）が作られたため、遊廓地区の内の御苑通り東側だけが「赤線」指定地になった。つまり、宿場町内藤新宿（現在の新宿一丁目・二丁目と三丁目の一部）の「飯盛《めしもり》女」以来の伝統を受け継ぐ正真正銘の新宿の色街が「赤線」だった。

それに対して、靖国通りの北に位置する三光町・歌舞伎町は、内藤新宿の宿場とは一キロ以上も離れている。現在の靖国通りは、一九三三年（昭和八）に一部が拡幅されるまでは内藤新宿のあたりでは北裏通りと呼ばれていて、内藤新宿の街並（上、仲、下町）の文字通り、北の裏通りだった。

盛り場としての新宿は、昭和戦前期に追分（甲州街道と青梅街道の分岐点、現在、新宿通りと明治通りが交差する「伊勢丹」前の交差点）より西へ、新宿駅方面に発展していったが、盛り場の範囲は、北裏通り（靖国通り）を越えることはなかった。

つまり、北裏通りの北側は明らかに場末であり、さらに言えば「新宿」ですらなかった。敗戦直後、昭和二〇年代の新宿の医学徒だった私の父に言わせると、「靖国通りの北側は新宿ではなく大久保さ」ということになる。

実際、靖国通り北側の新宿五丁目は、元は四谷番衆町《ばんしゅうちょう》、四谷三光町、東大久保一丁目であり、戦後の区画整理事業によって新たに生まれた歌舞伎町（一九四八年〈昭和二三〉四月一日町名変更）は、角筈一丁目と東大久保三丁目を中心に編成された街である。歌舞伎町の裏手（北側）に東京都の「大久保病院」があるのは、そこが新宿ではなく、本来、大久保であることを示している。三光町・歌舞伎町の「青線」が立地したのはそんな場所だった。

「赤線」の業者は、戦前の遊廓、さらに古くは街道の娼家以来の系譜を引く者が多く、地元の有力者であり、警察にも顔が利《き》き、資本の蓄積もあり、遊廓時代に比べれば縮小したとはいえ、経営規模も大きかった（一九二九年〈昭和四〉一軒当たりの従業婦一〇・一八人、一九五六年〈昭和三一〉には六・八人）。これに対して「青線」の業者は、戦後になって他所から流入してきた者や外地帰りの者が多く、露店商売からようやく定着したものの、経営規模はいたって零細で（一九五六年に二・二人）、警察に強いコネクションを持つ者は稀だったと思われる。

つまり、立地的にまったくの場末で伝統もない歌舞伎町・三光町の「青線」は、本来なら「赤線」に敵《かな》う術がなかったはずなのだ。ところが、「青線」街の成立の直前に状況が大きく変化する。

一九四九年四月一日、それまで四谷大木戸から新宿通りを西進して国鉄新宿駅東口前に乗り入れていた都電11・12系統は、新宿二丁目交差点で右折して新設された御苑大通りに入り、四谷三光町交差点（現：新宿五丁目東交差点）で左折して靖国通りに入るルートに変更された。そして終点の「新宿駅前」停留所は、靖国通りの歌舞伎町交差点付近に設定された。

この路線の変更、終点の移動は、戦後、新たな盛り場として再開発されながら思うように人が集まらず苦戦していた歌舞伎町にとって大きな僥倖《ぎょうこう》だった。それまで新宿の人の流れは、新宿駅から新宿通りや三越裏の通りを経て二丁目「遊廓」（赤線）方面に至る東西方向の流れが圧倒的に主流だったが、国鉄新宿駅と都電終点を結ぶ南北方向の人の流れが初めてできたのだ。

歌舞伎町・三光町は、それまで国鉄新宿駅東口から北に四〇〇〜五〇〇メートルほども歩かなければならなかったが、まさに目の前に都電の終点がある交通至便の地となり、一九五〇年代に入ると新宿の新しい盛り場として発展していく。流れは変わったのだ。

ドキュメンタリー・フィルム「赤線」のラストはなぜか「赤線」ではなく、花園神社裏の「青線」の賑わいを映して終わる。ナレーションは「赤線よりも活気を呈しているのは、どうしたことか?」と語っている。このように「赤線」末期の一九五七（昭和三二）～五八年頃、歌舞伎町・三光町の「青線」の繁栄は、本家であるはずの二丁目「赤線」を明らかに凌《しの》いでいた。

新宿駅南口周辺で露店商売をしていた人たちが、立ち退《の》きを迫られ、北裏通りのさらに北側の場末に新天地を求めたとき、こうした新宿における盛り場の変化をしっかり見通していたとも思えないが、結果的には大当たりだった。

戦後、一九五〇～六〇年代、新宿の盛り場は北に発展して、現在の東洋最大の盛り場「新宿歌舞伎町」の繁栄に至るが、その北への拡大の「先兵」の役割を果たしたのが歌舞伎町・三光町の「青線」だったのだ。

●―おわりに

一九五八年（昭和三三）四月一日から「売春防止法」が完全施行されて「赤線」の灯が消えた。女の性だけを売ってきた新宿二丁目「赤線」は、売るものを失い、仕方なく旅館やアパート、あるいはヌード・スタジオや「トルコ風呂」などに転業していった。しかし、「赤線」業者の中には、近い将来の「赤線復活」を期待して建物を温存している者も多くいた。そのため、東京オリンピック（一九六四年〈昭和三九〉）前後の高度経済成長期になっても、旧「赤線」地区の再開発はなかなか進まず、街はどんどん寂《さび》れていった。そして、「赤線」廃止から一〇年経つ頃になると、旧「赤線」業者たちもさすがに「復活」を諦めて、建物を雑居ビル化していく。しかし、その頃には、新宿の盛り場の中心は歌舞伎町方面に移り、二丁目旧「赤線」地区は、盛り場の中心からまったく外れてしまい、場末感すら漂っていた。

そうした旧「赤線」地区の空洞化に乗じたのが、男性同性愛の人たちが集まるゲイバーだった。新宿のゲイバーは一九五〇年代に新宿通り南側の「千鳥街《ちどりがい》」（新宿二丁目五番地、現在は御苑通りの路面になっている）や御苑通り西側の「要通《かなめ》り」周辺に数軒が立地していたが、一九六〇年代になるとまず二丁目の旧「青線」地区に姿を現す。そして一九六〇年代末頃から旧「赤線」地区に進出し、一九七〇年代になると急激にその数を増やしていった。意気上がる新興の歌舞伎町エリアに比べると、落ち目の二丁目は家賃も安かったのではないだろうか。旧「赤線」エリアと現在のゲイバー密集エリアが見事なまでに一致するのは、そうした事情からだろう。

こうして、新宿遊廓以来の長いヘテロセクシュアルの色街としての伝統を持つ新宿二丁目「赤線」地区は、廃止からわずか一〇年後にホモセクシュアルの街に転換しはじめ、きわめて短期間のうちに世界最大のゲイタウン「二丁目」に変貌《へんぼう》を遂《と》げる。

「売春防止法」の完全施行によって「赤線もどき」の歌舞伎町・三光町の「青線」の灯も消えるはずだった。しかし、女の性と酒の両方を売ってきた「青線」は、女の性が売れなくなり、酒だけを売る「普通の飲み屋」に転業して生き延びた。一九七〇〜八〇年代、「ゴールデン街・花園街」に映画・演劇関係者や作家、ジャーナリストなどが多く集まり、「飲み屋街」としての全盛期を迎える。

では、女の性を売る街はほんとうに消えてしまったのだろうか？　歌舞伎町の新宿区役所裏のエリアは、区役所通りを挟んで東側に「花園歓楽街」「花園小町」「歌舞伎新町」「新天地」、北側に「歌舞伎横町」「新宿センター」が立地する「青線」街に囲まれた街だったが、「青線」街ではなかった。

ところが、一九六五年（昭和四〇）の住宅地図を見ると、区役所のすぐ北側の「金泉トルコ」など数軒の「トルコ風呂」ができている。「トルコ風呂」は売春防止法施行後に発生する「もぐり売春」業種の中心になるものだ。

じつは、このエリアは「青線」時代にすでにそのバックヤード的色彩を持っていた。その時代、この地域に住んだ都筑道夫は、「青線」の出店があったことを記している[*18]。出店の客がセックスをしたがると、本店に連れて行く。逆に本店の部屋が泊まりの客で塞がっていると、出店に連れて来てセックスする。そんな形だったらしい。

こうした「青線」のバックヤード的なエリアが、売春防止法施行後、警察の監視の目がさらに厳しくなった旧「青線」街に代わって、密《ひそ》かに女の性を売る街、いわゆる「白線（パイセン）」（白い紙に白で線を引いたような不可視化された買売春地区）になっていったと思われる。

それが歌舞伎町の性風俗街の原像となる。つまり、区役所通りを挟んで東側に酒を売るホステスクラブ街と「ゴールデン街・花園街」、西側に女の性を売る性風俗街（さくら通り、あずま通り）という歌舞伎町（東部エリア）の基本構図ができあがる。

ところで、女の性と酒を売る商売に比べ、酒しか売れない飲み屋はやはり利が薄い。「青線」時代からの業者の中には店を手放すものも出てくる。そうした売りに出された店の権利を買い取った人に中に、新宿西口や「基地の街」立川で女装男娼として稼ぎ資金を貯めた人たちがいた。一九六〇～七〇年代にかけて開店する店主が女装者の酒場、旧「花園歓楽街」（現：ゴールデン街）の「ジョージ」「奈津芽」、旧「花園小町」（現：花園街）の「折鶴」「千賀」、旧「歌舞伎横丁」（現：新宿センター街）の「じゅん」などには、そうした成り立ちの店が多かった。

そして、一九六七年（昭和四二）には旧「花園小町」の「花園五番街」に、読売新聞の社員でアマチュア女装秘密結社「富貴クラブ」の有力会員だった加茂こずゑが新宿最初のアマチュア女装者が集まる店「ふき」を開店し（一九六九年〈昭和四四〉に「梢」と改称）、新宿女装コミュニティの原点が作られる。その「ふき」の隣、旧「千賀」の場所に一九七八年（昭和五三）に開店したのが「ジュネ」（中村薫ママ）で、退転した「梢」に代わって一九八〇～九〇年代に新宿女装コミュニティの中核店になっていく。「女」としての私が旧「青線」街育ちなのは、そうした流れがあってのことなのだ。

売春防止法によってヘテロセクシュアルの色街であった新宿の「赤線」と「青線」は姿を消したが、その空洞化した場所から、同性愛者や女装者など性的マイノリティが集まる空間が生まれ、隣接した場所には歌舞伎町のヘテロセクシュアルな性風俗街が成長していった。こうして、「赤線」「青線」の遺跡の上に、ヘテロセクシュアル、ホモセクシュアル、そしてトランスジェンダーが織りなす現代の新宿の盛り場としての多様性が形成されたのだ。

●註

＊1 加藤政洋『敗戦と赤線――国策売春の時代』（光文社新書、二〇〇九年）

＊2 「エロ線〝青〟と〝赤〟コントラスト『赤線区域』と『青線区域』」（『内外タイムス』一九五三年五月三〇日号）

＊3 警視庁史編さん委員会編『警視庁史　昭和中編』（一九七八年）

＊4 「性風俗取締りの変遷――小野常徳氏に聞く」（ジュリスト増刊『性――思想・制度・法』一九七〇年一一月）

＊5 朝山蜻一『女の埠頭――変貌する青線の女たち』（同光社出版、一九五八年）

＊6 神崎清「新宿の夜景図——売春危険地帯を行く」（『座談』一九四九年九月号）

＊7 「特別調査・売春街秘密情報」（『夜みる新聞』一九五五年五月一五日号、報道通信社）

＊8 都筑道夫「赤と青」（『昨日のツヅキです』新潮文庫、一九八七年、所収）

＊9 「東京の性感帯——現代岡場所図譜」（『人間探究』二五号、一九五二年五月）

＊10 「新宿の歓楽街大手入れ　巧みに裏をかく　忽ち姿消す夜の女」（『内外タイムス』一九五六年五月一〇日号）

＊11 「女給69名検挙　相客引致56名新宿青線　けさ卅七ヵ所大手入れ」（『内外タイムス』一九五五年二月七日号）

＊12 現在の「ゴールデン街」（新宿ゴールデン街商業組合）は、一九六五年（昭和四〇）に改称したもので、「青線」時代は「花園歓楽街」「花園街」と言っていた。また、現在の「花園一・三・五番街」（新宿三光商店街振興組合）は、「青線」時代には「花園小町」「三光町」と言っていた。それが「赤線」廃止後、少し経った時期に「花園歓楽街」（花園街）→「ゴールデン街」、「花園小町」（三光町）→「花園一・三・五番街」と改称したわけだが、あまりにややこしいので、現在の名称を遡及《そきゅう》させて記述した。「青線」時代の文献に見える「花園街」「花園町界隈」という表記は、多くの場合、（旧）花園街と（旧）三光町を一体としてとらえていることが多い。

＊13 小野常徳『アングラ昭和史——世相裏の秘事初公開』（秀英書房、一九八一年）に掲載されたドキュメンタリー・フィルム「赤線」（一九五八年〈昭和三三〉）のシナリオ。

＊14 東京都民生局『東京都の婦人保護——売春防止法全面施行15周年記念』（東京都民生局婦人部福祉課、一九七三年）

＊15 「売春法とこれから⑤　青線」（『内外タイムス』一九五六年五月二〇日号）

＊16 「武蔵野市の赤線が集団廃業」（『朝日新聞』一九五八年一月一二日付）

＊17 「街の特集　新宿」（『土曜画報』一九五八年八月号）

＊18 都筑道夫「行ったり来たり」（『昨日のツヅキです』新潮文庫、一九八七年、所収）

いわゆる淫乱旅館について

石田仁

1 「しごくマイナーな」ゲイ文化

俗に、「淫乱旅館」と呼ばれる宿泊施設があった。男性同士が同衾《どうきん》、性交渉できる旅館のことである。性交渉のための宿泊・休憩施設といえば、一般には「ラブホテル」や「連れ込み旅館」が想起されるのだろうが、淫乱旅館は単なるその男性同性愛版にとどまらない。淫乱旅館の特質は、旅館の「中で」性交渉の相手を探せる点にある。つまり淫乱旅館とは「待ち合わせをしていない男性同士が部屋を自由に行き来し同衾することが可能な旅館」と定義できる。「淫乱旅館」は、「インラン旅館」とも、「男色宿」とも「乱交旅館」とも記されてきた。[*1]

店内での男性同性間の性交渉、あるいは性交渉のための交渉を、店主は黙認し、時には奨励する。そして金子《きんす》を取っている。こういった場所はそののちさまざまに形態を変えていく。一九九〇年代にはこのような業態を「営業発展場」「クルージングスペース」と呼ぶこともあったが、それらの言葉すら今は死語になり、現在ではおおむね「有料発展（ハッテン）場」[*2]と言われている。

淫乱旅館は一九七〇年代にはあったらしい。「らしい」と書くのはわずかな例外を除いて、ここ二十五年ほどの書誌に出てこないためである。男性同性愛の雑誌『薔薇族《ばらぞく》』での、淫乱旅館の扱いを例に取ろう。『薔薇族』の一九九六年一一月号には「営業ハッテン場ガイド」なる特集が組まれており、「クルージングスペース進化表」という樹形図が載っている。しかし「淫乱旅館」は単語としてのみ登場し、具体的な記述を何ら持たない。翌九七年一二月の記事でも、「男性同性愛者専用の旅館やサウナの業態」は「しごくマイナーな形で営業をしていた」と言及されるにとどまる。[*3] 大塚隆史が述懐するには、ゲイの間でも淫乱旅館に通っていることはおおっぴらに言いづらい雰囲気があった。[*4] こうしたことからこの淫乱旅館は、ゲイ文化からも忘れ去られつつある。

実際は、一九七〇年代以前から存在したことが各種資料からしのばれる。一九五〇年代に刊行されていた男性同性愛の頒布《はんぷ》誌『アドニス』の一九五三年八月号に、「菱屋」という大阪・天王寺の「男色宿」が登場する。主人公の三木が「菱屋」に訪れ、アロハを着た店主と対面する場面を引用しておこう。

「或るホテルの角を廻ると、静かな門構えで薄暗い門灯の下に『菱屋』と表札のかかつた仕舞屋《しもたや》がある。そこはかねがね友人の三木から聞かされていた男色宿である」「三木はやゝ小さい声で『小川君きてる?』とアロハの男に訊ねた。三木はその小川という男に紹介して貰つた様子である。/『小川は今晩まだ来てしまへんけど、涼みがてらにパークで発展してるんですやろ、お遊びでしたらどうぞ上つとくなはれ』」[*5]

ステディな相手はまだ来ない。そのことを店主は分かっていて、「お遊びでしたら」と勧めるくだりは、「菱屋」が単なる連れ込み旅館以上の機能を持っていたと解することができる。

もっとも、さらに以前には京都にもそれらしき「席貸し」があったようだ。ある「席貸し」に妻と入ったところ、男ばかりが交わっており驚いたという顛末《てんまつ》を、志賀直哉が大正七年(一九一八)に書き残している。[*6]

淫乱旅館らしき施設についての記述は、このように、探せば断片的に見いだされるものの、まとまった知見は存在しない。聞き取り調査として唯一、伏見憲明が大阪・釜ヶ崎にある淫乱旅館「竹の家《や》旅館」を取材したものが存在するのみである。[*7] しかし、淫乱旅館は関東圏にも、それなりにあったと言われている。戦前から営業をしていた旅館や、中には火災で焼け落ちた旅館もあったとされるが、謎が多い。

そこでこのたびの特集が「東京のエロ地理」というこ

ともあり、筆者は、東京の淫乱旅館を調べ、その全体像を描きだそうと考えた。淫乱旅館は東京のどんな場所に立地したのか。また、先の『アドニス』では「仕舞屋」とあったように、淫乱旅館になる前は、別の店や民家として使われていたことが考えうる。本稿ではこういった点を体系的な調査《システマティック・レビュー》から、明らかにする。システマティック・レビューをする際に用いた資料の全体像《テクスト・コーパス》は、（1）風俗雑誌『風俗奇譚』（一九六〇年一月号～七四年一〇月号、文献資料刊行会）、（2）『薔薇族』（一九七一年九月創刊号～八五年一二月号、第二書房）、（3）戦後日本における同性愛を扱った一九五〇年～八五年発行の一般雑誌の記事。[*8]（4）その他『薔薇族』の競合紙誌の四点である。第四点目は『アドニス・ボーイ』『アドン』（砦出版）、初期『さぶ』（サン出版）を適宜参照した。

さて、伏見憲明の取材した大阪「竹の家旅館」については、一九七二年一一月の『週刊ポスト』にもそれらしき記述をみとめることができる。[*9]「ホモの世界を扱って、ここが抜けたらピンボケ。東京のS旅館と大阪のT旅館」が東西の代表であるとする読者からの電話を紹介する。電話の主によると「S」は山谷《さんや》に、「T」は釜ヶ崎にあるということなので、「T旅館」は「竹の家旅館」を指しているものと考えられる。では、「S旅館」とは何の旅館を指しているのだろうか。この疑問から本稿はスタートする。

2 上野・浅草

●砂川屋旅館――二つの砂川屋

『週刊ポスト』には、「S旅館」が「男同士のハタゴ屋として稲垣足穂《たるほ》先生の書物に」出てくると書いてある。『ポスト』誌は現地に足を運んだようであり、建物は「モルタルやプレハブ組み立てという簡易旅館とちがって〝木賃宿《きちんやど》〟の言葉どおり、下町の大正風俗の趣《おもむき》を残している」と記している。

では、足穂のどの書物に書かれているのだろうか。一九七九年一一月の『薔薇族』にその手がかりがあった。その記事では、ある読者が一九七八年の秋に、「『日本最古の男宿』と言われ、稲垣足穂の『少年愛の美学』の中にも『戦前では浅草うらのS』とその名が出てくるSに、初めて泊まった」[*10]と書いていた。そこで足穂の『少年愛の美学』を見てみると、たしかに「暮夜《よさり》ひそかに場末の木賃ホテル風のゲイ・ハウスに出入する名士らがある所以《ゆえん》である。……戦前では浅草うらの『砂川』『松葉』京橋の『八百安』今ではゲイ・ホテルは全都に散らばっている」と書いていた。[*11]「S」とは「浅草うら」の「砂川」を指すようだ。「砂川」についての記事を探したところ、一九六一年一〇月の『風俗奇譚』と一九七三年七月の『薔薇族』に確認できた。引用する。

「なんといっても男色者が心おきなく行けるのは、〝ゲイ旅館〟とか〝男色宿〟とかよばれるところの、この道の者だけを客にする旅館だろう。／東京で有名なのは、山谷の『砂川屋』を一位とする。都電山谷停留所から、歩いてものの三、四分。本店と支店とあって、本店は〝耳鼻科〟の者〔筆者注：年配者が好きな者〕専門、支店は若い者どおし《ママ》の宿ということは、いつのまにか決まってしまっている。泊まりよりも休憩が多い。／フリーの客はおことわり」[*12]

「玉姫公園、皆さんも御存知の方もいると思う。台東区清川町一角に公園があります。……近所でその道にくわしい方は一回、二回は楽しんだ事と思いますが、ホモ趣味の人達をよく〝砂川〟に見かけます。やはり何事でも体験ですから……〝砂川〟はフリーではいれません。全部会員制です。ところで私は五、六年前行きました」[*13]

これらの記事にしたがえば、「砂川（屋）」は、台東区清川の玉姫公園付近に少なくとも一九六一年から七八年頃まではあったと推察される。そこで、一九六六年版と一九七一年版の東京都内の業種別電話帳を調べたところ、「砂川屋」の屋号を持つ旅館はたしかに台東区清川にほど近い、浅草田中（のちの台東区日本堤）に所在が確認された。この電話帳に掲載された番地を手がかりに一九七〇年版の台東区住宅地図を見たところ、吉原大門《よしわらおおもん》と泪橋《なみだばし》と玉姫公園を三角形に結んだ中心、旧都電・山谷町停留所のほど近くに、「砂川屋旅館」が本店・支店ともに存在した。現在は両店舗とも、別のホテルの本店・支店になっている。周りには「エコノミーホテル」や「冷暖房完備、カラーテレビ有」の宿が数多く営業を続けており、寄せ場として賑わった往時の山谷をしのばせる。

このようにほとんど確定的な証拠がありながらも、山谷ではない別の場所に「砂川屋旅館」はあったと示唆する資料もある。ここまで述べてきた「砂川屋旅館」の位

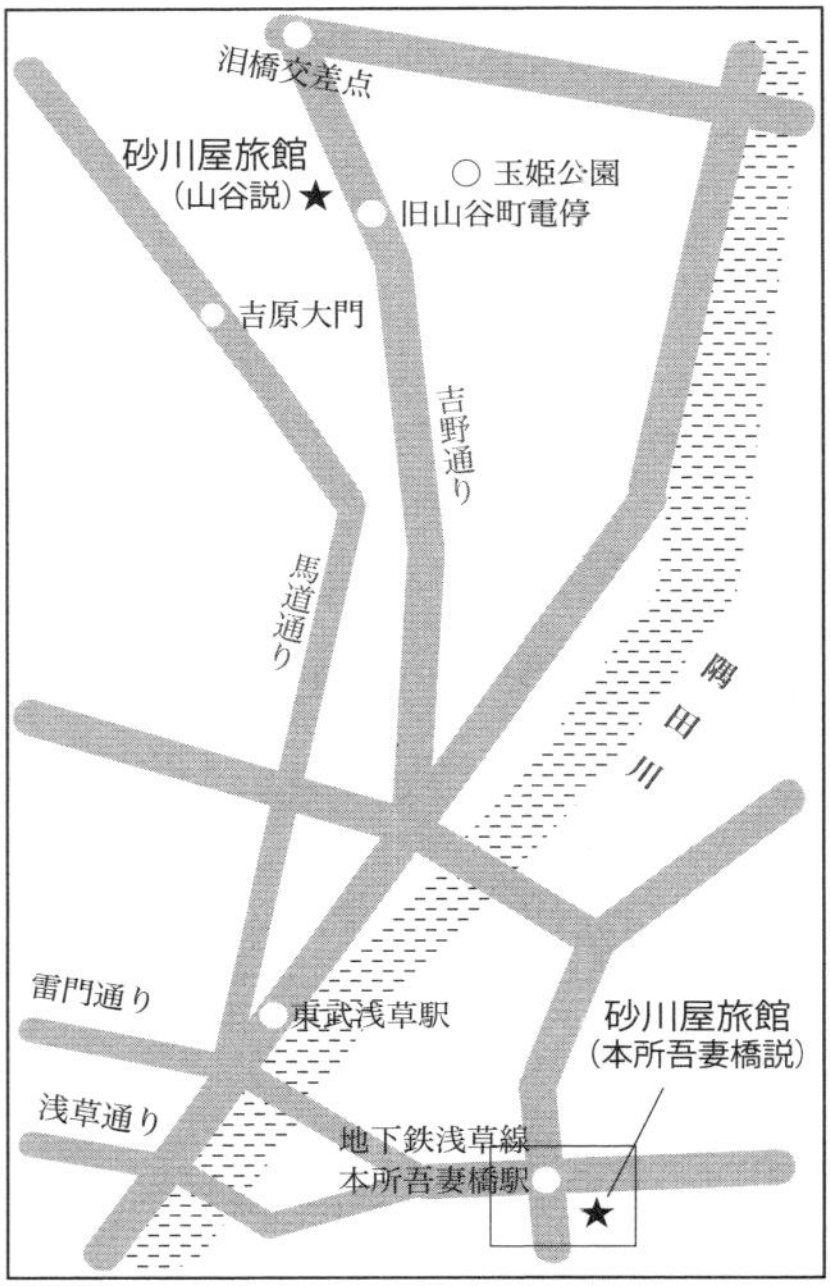

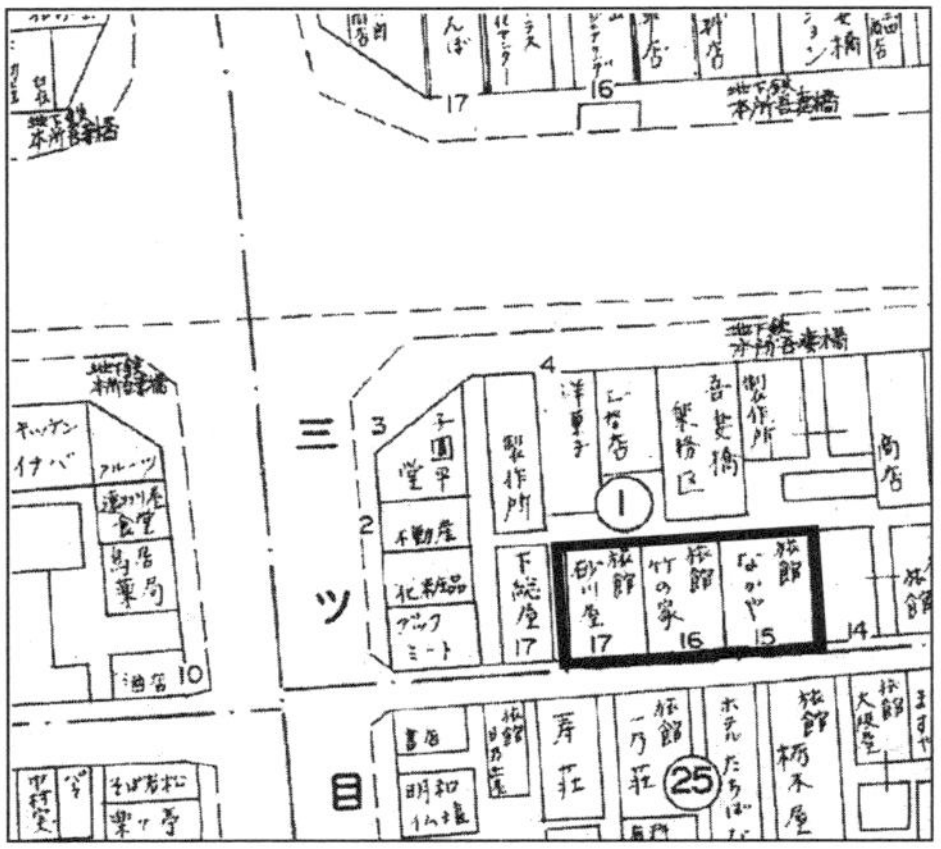

図１：二つの砂川屋旅館の位置関係は左の広域図の通り。右は本所吾妻橋駅付近を拡大したもの。砂川屋旅館、なかや旅館は一軒おいた隣同士だった（左：筆者作成、右：『墨田区1973（ゼンリンの住宅地図・東京都７）』〈日本住宅地図出版〉を元に筆者が加工）。

置を「山谷説」とすれば、これから紹介するものは「本所吾妻橋説」と呼べよう。

先の電話帳には、「砂川屋」の屋号を持つ旅館は東京都内にもう一つ存在していた。浅草のそば、墨田区吾妻橋にある旅館である。浅草には、雷門通りと浅草通りが並行して走っており、吾妻橋と駒形橋となって隅田川をまたぐ。さらに進めば二つの通りは合流し、間もなく都営地下鉄浅草線・本所吾妻橋駅のある交差点に行きつく。この交差点の近く、つまり吾妻橋・駒形橋ぎわに「砂川屋旅館」が存在していたとする記事が、一九七五年八月と七六年二月の『薔薇族』にある。また、こちらの「砂川屋旅館」は一九六三年と一九七八年の墨田区住宅地図に所在を確認できる。その記事を引用する。

「吾妻橋際といえば、昔からその名も高き砂川屋旅館があった。大阪の竹の家と並ぶ存在だったが今はいろんなのができたせいか、あまり名を聞かなくなった」[*14]

「駒形橋の方には、今やあまり人の口にはのぼらなくなって、時どきフケ専バアで人の口の端に上るくらいでしかなくなった、かつての光輝あふるる『砂川屋旅館』がある」[*15]

山谷説と本所吾妻橋説、どちらが正しいのだろうか。現代の交通事情からすると山谷を「浅草うら」と表現するのは、やや離れすぎている。しかしかつては都電千住線（22系統）が駒形二丁目から北へ、浅草、山谷町、泪橋を抜けて南千住まで通っていた。浅草から立ち寄るには十分に説得力を持つ場所である。筆者はどちらが真説か断定をためらっている。あるいは二説とも正解かもしれない。資料から分かることはここまでなので、実際に行かれた方の声をお待ちしたいところである。

●なかや旅館――「ゲイ・ホテル」

本所吾妻橋にはこのほか、確実に存在した淫乱旅館がある。「なかや旅館」である。

一九七五年八月の『薔薇族』には「なかや旅館」が「ゲイ・ホテル」として「誕生」したという記事がある。[16]地図も掲載されているので場所も特定できる。一九七三年の墨田区住宅地図で確かめたところ、本所吾妻橋説と仮定した場合の「砂川屋旅館」と一軒おいた隣に並んでいることが分かった［図1］。両館に挟まれるように建っているのは「旅館竹の家」といい、おそらく淫乱旅館とは無関係であろう。しかし、大阪の「竹の家旅館」が言及される際、必ず「大阪の」と地名が付される理由が何となく理解できた。東京の「旅館竹の家」に、間違えて入った客もいたのではないか。

「なかや旅館」は、すでに一九六三年の住宅地図に確認できるので、一九七五年の夏に「誕生」したのではなく、その時に同性愛者専用の施設へと転業したと考えられる。立地としては、北関東石灰質の輸送の終端を担った業平《なりひら》橋《ばし》駅（現東京スカイツリー駅）にほど近く、セメント業やガラス業、あるいはそれらの輸送に従事する労務者で賑わい、「山谷のような旅館が二十七軒ばかり」あったという（住民へのインタビューより）。「なかや旅館」の閉店時期はよく分かっていない。

●永田旅館――燃えた旅館

永田旅館は燃えてなくなってしまったらしい。男性同性愛雑誌『アドン』の前身となる月刊タブロイド紙の『アドニス・ボーイ』には、一九七三年七月に「ホテル・ナガタヤ《ママ》はどこですか？　と、外人のホモに、聞かれたのです。そこで、はじめて上野の永田屋《ママ》旅館の火事を知りました」という記事が載る。[*17]同紙は一九七四年九月にも「燃えちゃったM旅館なんか面白かったね」という対談を載せており、イニシャルこそ違うもののこの旅館を指しているものと思われる。[*18]記事によると、この旅館には「アベック専用」の「別館」があり、アベック専用とは知らずに別館の方に泊まり、明け方まで待ってもほかの客はついぞ現れなかったという笑い話が載っている。

火災の詳しい内容は、一九七三年五月の『週刊大衆』に書かれてあった。同年四月二〇日の早朝に旅館併設のスナックから火が出て、全焼したようである。[*19]

場所を特定するために、一九六六年と一九七一年の電話帳で調べた。「永田」の屋号を持つ旅館は都内に三店舗あり、墨田区東駒形、台東区蔵前、台東区東上野にあった。『週刊大衆』の記事では上野駅から東二百メートルのところに立地したとあるので、最も適切な候補は東上野の旅館だろう。一九七〇年版と一九八〇年版の台東区住宅地図を確かめたところ、東上野の旅館は一九八〇年版の地図においては更地になっていたので、間違いないと思われる。道を挟んですぐ向かいにあった別館とおぼしき建物も、一九八〇年版では消滅している。「なかや旅館」同様、周りには格式のあまり高くない旅館がひしめいていた。

井上章一の『愛の空間』によれば、かつての木賃宿では、売買春のために「別間」が用意されたことがあったようだ。[*20]「永田旅館」では、本館が雑魚寝《ざこね》、別館がアベック客専用という使われ方をしていた。先述の「砂川屋旅館」(山谷説)では本店が年配者向け、支店が若者向けであった。このような、別間・支店・別館の存在は、店側にも客側にも都合のよいものであったに違いない。

3 鶯谷

●——一条旅館、鶯谷ホテル——懐古趣味

上野から一駅北に位置する鶯谷《うぐいすだに》駅の周辺には、「一条旅館」と「鶯谷ホテル」の二軒の淫乱旅館が存在した。「一条旅館」[*21]の方は一九八六年一月から「サウナICHIJO」と名前を変え、現存する。立地は、JR山手・京浜東北線の「線路ぎわの細道に面して、ひたすら身をかくしているような」[*22]場所にある。「鶯谷ホテル」

はそのすぐ裏手に存在したが、現在はアパートになっている。「鶯谷ホテル」の開業は、金益見《キムイッキョン》の聞き取り調査によれば昭和二〇年代の後半（一九五〇年代前半）である。[*23]また、一九五七年一月三〇日付の『内外タイムス』には、「ロマンス風呂」「昼間サービスノータイム」を謳《うた》う当館の広告がみとめられる、当初は男女の連れ込み旅館であった。[*24]『薔薇族』広告の初出は一九八二年頃である。金の研究によれば、開業者は昭和四〇年代前半（一九六〇年代後半）にホテルを売却したというので、二代目（以降）の経営者が路線を変更したと思われる。二つの旅館とも駅の南口から徒歩五分以内の交通至便な土地にあるものの、鶯谷のラブホテル街からは少し離れた場所にある。

『薔薇族』一九七七年一二月号の「旅館一条」の広告には、「一泊」と「個室一人」の代金が別立てになっていることと、「日本中から仲間が集まっています」というキャッチフレーズがあることから、雑魚寝を基本料金とし、施設内で相手が見つけられる淫乱旅館の形態であったことが推察される。[*25]一九六〇年版の台東区住宅地図によれば、「一条」の前身は「三恵」という旅館であった。なお、『風俗奇譚』一九六八年一二月号に「一条」への言及がみとめられるため、[*26]六八年には開業していたようである。

ところで『薔薇族』は、一九七一年から刊行されているものの、初期数年は同人誌的な傾向を編集者も読者も意識しており、ゲイ・バーや商業的な発展場の紹介を見合わせていたふしがある。広告は自社商品にとどまった。商業誌としての傾向を強めるのは、「全国男町十三番地」（企画・副編集長藤田竜）として列島各地の情報が連載されだす一九七六年三月号からと、他社の広告が掲載されだす一九七七年五月号からと見てよい。

後者の流れの中で、「一条旅館」と「鶯谷ホテル」の二軒は『薔薇族』に継続的に広告を出稿していくことになるが、にもかかわらず、同誌に記事として取り上げられることは滅多になかった。[*27]サウナホテルの紹介が一巡した一九八五年二月になって、やっと二つの店舗は取り上げられる。しかし当時の業界をよく知る藤田ですら「以前の賑わいを知らないから比較もできない」と断り書きを入れるほか、「まだ、あんの！」（一条旅館）、「あ、、あそこねえ……昔はいい思いもさせてもらったけど、ずっと行っていないねぇ」（鶯谷ホテル）といった知り合いの感想を挿《はさ》むなど、消極的なレポートに終始した。[*28]

　二つの旅館のある彼の地に立つと、北の玄関口・上野に入出する列車の音がひっきりなしに耳に入ってくる。旅館にあがった藤田竜が、そそる記事をどうしても書けなかったところがおもしろい。

「闇を置いて聞こえてくる列車の警笛が、闇の中でしみじみ胸にしみて、昭和前期プロレタリア私小説の気分になって、知的で感性の強い僕はなかなか燃えあがれなかったのだった」[*29]

4　駒込・池袋・目白

●旅荘 泉――〝男町〟の宿

　山手線で鶯谷よりさらに北に進むと三駅で駒込駅に着く（一九六〇年代）。駒込駅の北西には連れ込み旅館とおぼしき旅館が林立する場所があった。ここに「千治」という旅館があり、のちにすぐ近くに「駒込ケンコーセンター」という有料発展場が建てられている。「旅館千治」は『風俗奇譚』一九七二年一〇月号（二〇六頁）、『アドニス・ボーイ』一九七三年五月号（五頁）に広告があるが、情報に乏しく、男性同士が使えた旅館であったろうことは推測できるものの、淫乱旅館であったかは不明であるため割愛する。「駒込ケンコーセンター」に関しては、建設前は「ひかり」という名の旅館が建てられていたことだけここに記しておいて、池袋へと進もう。

　池袋には「清水」という旅館があったとされる[*30]が詳細は分からない。確実なのは池袋駅の西口の「泉」と東口の「西武苑」である。池袋駅の西口にあるときわ通りを進むと道幅が急に狭くなるところがあるが、その近辺に「旅荘 泉」は存在する。一九七三年の創業である。[*31]それより少し前の一九七〇年版の豊島区住宅地図をみると、この場所には「奈保美旅館」という、連れ込み旅館とおぼしき建物があったことが確認できる。「旅荘 泉」は一九八三年に改装するとともに「旅荘陣屋」へ名前を変える。改装当時の広告には、ミディアム・ヘアの若者のイラストが載り「男町〝池袋の夜〟」というコピーが躍《おど》るなど、若々しさと男らしさに溢れたものとなっている。陣屋は一九九一年に、鉄筋コンクリート構造へと建て替えをはかり、「JIN-YA」と屋号を変えて、現在も営業を続けている。

●西武苑――池袋ネットワーク

さて、池袋駅東口を出て明治通りを南に進むと、左手に武蔵野調理師専門学校が見えてくるが、この時右手の路地を入ると「西武苑」のあった場所に行き着く。現在は再開発地区であり、区割りも含めて面影はない。

実は淫乱旅館に関して、最も多くの情報を得ることができるのはウィキペディアの「有料発展場」という項目である。この項目の中で、西武苑は一九五八年に開業したと書いてある。[*32] これを確かめるために、国会図書館で見られる限りの最も古い豊島区住宅地図（一九六七年版）を見たところ、「西部《ママ》苑」の存在を確認できた。ただし『薔薇族』一九八七年の新年号に、「謹んで13年」の広告を出していることもつかんでいる。このため男性〝専科〟になったのは、一九七四年から七五年頃と考えられる。広告の初出は男性同性愛雑誌『さぶ』創刊二号の一九七五年一月号であった。一九七七年五月号の『薔薇族』から「ミックス・ルーム」を謳いはじめたことが確認できる。「ミックス・ルーム」とは、大広間もしくは続き間の、自由に出入りができる部屋を指し、ある旅館が淫乱旅館か否かを広告において判断するための重要な指標である。

実はこの「西武苑」と先述の「泉」とは、『さぶ』創刊二号で共同広告を出していて、「相互ネット宿泊」を謳っていた。この企画は、「はしごでご利用」をする泊まり客のために、「優待共通利用券」を発行して「ご便宜」をはかるものであった。[*33]「両方ご利用になれば週末は150人以上に対面可能」と宣伝していた。この「相互ネット宿泊」は一九七五年の広告以外では確認できないため、短期間のうちに終了した企画であったと考えられるが、一九九〇年代終盤の有料発展場で導入された「ジャンプ・システム」のきわめて先進的な試みであったと言えよう。

池袋駅を一つ南へ下ると目白駅に着く。目白駅を最寄りとしていた宿泊施設に「寿寮」があるが、どちらかというと同好会の部屋に近いものと判断できるため、本稿では割愛する。

5 渋谷

●千雅——国籍無制限、若者優遇

現在はラブホテル街として有名な渋谷の円山町《まるやまちょう》にも、「千雅」という淫乱旅館が存在した。渋谷駅から歩くことのできる距離である。

「千雅」の店主は『薔薇族』編集長の伊藤文學と交友があったため、比較的資料に恵まれている。開店は一九七五年の三月[*34]。六月号の『薔薇族』で伊藤がさっそく告知をしている[*35]。開店後しばらくは立錐《りっすい》の余地がないくらいの大混雑で、やがて隣のビルも買って増床したようだ。一九八九年九月号の同誌には「満14年で終業」という閉店を伝える記事があり[*36]、開店と閉店の時期が分かっている数少ない旅館である。八九年の記事によれば、閉店の理由はマンションの建築であった。東京の地価がいちじるしく高騰《こうとう》した時のことである。

開店して間もなく『薔薇族』に、「八十四キロの巨体」の「ノンケ紳士 清岡裕次」による潜入ルポが掲載されている[*37]。この「ノンケ紳士」の正体は清水正二郎（胡桃沢耕史《くるみざわこうし》）であった[*38]。胡桃沢がイタリア行きの資金を得るため、伊藤文學のもとに何か書かせてもらえないかと訪れたところ、「千雅」のレポートを勧められた。胡桃沢ははじめ驚くものの、「男のくせに二つのおっぱいの先がすごく敏感で、吸われると、それだけでいってしまいそうになる」という「他人にいえない、女性的な」欲望をここで満足したいと思い直し、赴くことになる。

描写は建物や人物の細部にわたり、参考になる。併設のバーでは「ガラスケースに、何十本もの煙草がさしこんでいる」ことを発見している。店主に問うたところ、「この種の旅館で火事になって、丸焼けになった」例があったので、火災予防のため、部屋ではなくバーで煙草を吸わせるためにサービスとして置いていたという[*39]。肝心の〝性果〟であるが、片方の乳首は「十八、九歳のかわいい少年」に、もう片方の乳首は「栗色の髪の毛の」の「外人」に吸われ、「五十歳を越して、初めて、相手に愛されるという受け身の愛の甘美な悦楽を知った」ようである[*40]。のちに藤田竜が、「〔胡桃沢〕先生、がっちりデブだからえらくモテたようだ」と書き残している[*41]。

淫乱旅館は一般的に、客の年齢・体型の制限を設けていなかった。「千雅」はくわえて、客層が「国際的」であることを早くから広告で謳っていた。反面、一九八三年二月頃より若者を低料金で入場させるための「赤いカード」も発行する。のちの一九九〇年代には、有料発展場が体型・髪型で入場者を優遇したり制限したりするようになっていくが、「千雅」の「赤いカード」は特定客の優遇を客観的に保障する制度として、最も早い動きの一つである。

一九七〇年の渋谷区住宅地図においては、「千雅」の前は「花仙」という旅館であったことが確認できる。「花仙」が閉まって「千雅」が開店。名前をひっくり返したただけとも思われるが、経営者は同一なのだろうか。

6 百人町

現在コリアン・タウンとして名を馳せる新宿区大久保の百人町《ひゃくにんちょう》は、おおむね、JR山手線新大久保駅と総武線大久保駅とを結ぶ一帯を指す。この町は、慶長七年（一六〇二）に鉄砲百人組同心たちの屋敷地として造られたことに由来する。食い扶持《ぶち》の少ない百人組は、宝暦年間（一七五一～六四年）頃に売り物のツツジを栽培しだす。幕府は、道路との関係を考慮して耕地を平等に分け与えようとしたために、土地を短冊《たんざく》状に割ったと考えられている。[42]だから百人町は東西に伸びる大通りと南北に伸びる細辻からなる。

●旅館 新宿ビジネスイン――女性の経営者

総武線大久保駅にほど近い細辻に「旅館 新宿ビジネスイン」という旅館があった。この旅館に関しては、一九八〇年九月号の『薔薇族』がほぼ唯一の資料である。[43]記事から一九七七年九月六日が開業日だと特定できる。

経営者X氏は当時五六歳の女性。建物の所有者であり、旅館の裏側に住まいがある。戦前は野戦病院要員として日本赤十字社の看護婦をし、その後、二〇年ほど池袋で同伴ホテルを経営していた。開業当初は「こういう世界の専門家に」お願いしていたが、間もなく本人が帳場に立つことになった。[44]ただし一九八〇年版の新宿区住宅地図には「新宿ビジネスイン」「X氏」のいずれも記載はなく、「旅荘 宮路」という旅館のみがあった。現在はアパートとなっているようだ。ベランダを持たず、洗濯物を窓の柵にひっかける形の現在の外観は、下宿然としており、もしかしたら当時のままかもしれない。

●旅荘 多ち花（＝法師）——花の館から男の館へ

「新宿ビジネスイン」のあった細辻は、特徴的な鉤《かぎ》の手の形をしている。この鉤の手のはす向かいにもう一軒、「法師」という淫乱旅館があった。前身を「旅荘多ち花」という。一九七〇年六月の『風俗奇譚』に広告がみとめられる。[*45]「多ち花」と「法師」は電話番号が同じなので、同じ経営者だったか、もしくは経営資源が引き継がれていたと考えられる。「多ち花」の時代の広告をたどると、まず『風俗奇譚』一九七〇年七月号に「男性同士の憩いに」というコピーで登場する（一九九頁）。一九七三年四月でも「静かな部屋を用意しました」というコピーにとどまるが、[*46]一九七八年一月には「お一人様でもお気軽にどうぞ」という意味深なコピーへと変化する。

ここから、男同士の連れ込み旅館から淫乱旅館へと変貌するさまが見て取れる。「法師」の時代には堂々と、「ミックスルーム」を謳うようになる【図2】。現在は民家となり、門は高く固く閉ざされ、内部の様子は分からない。

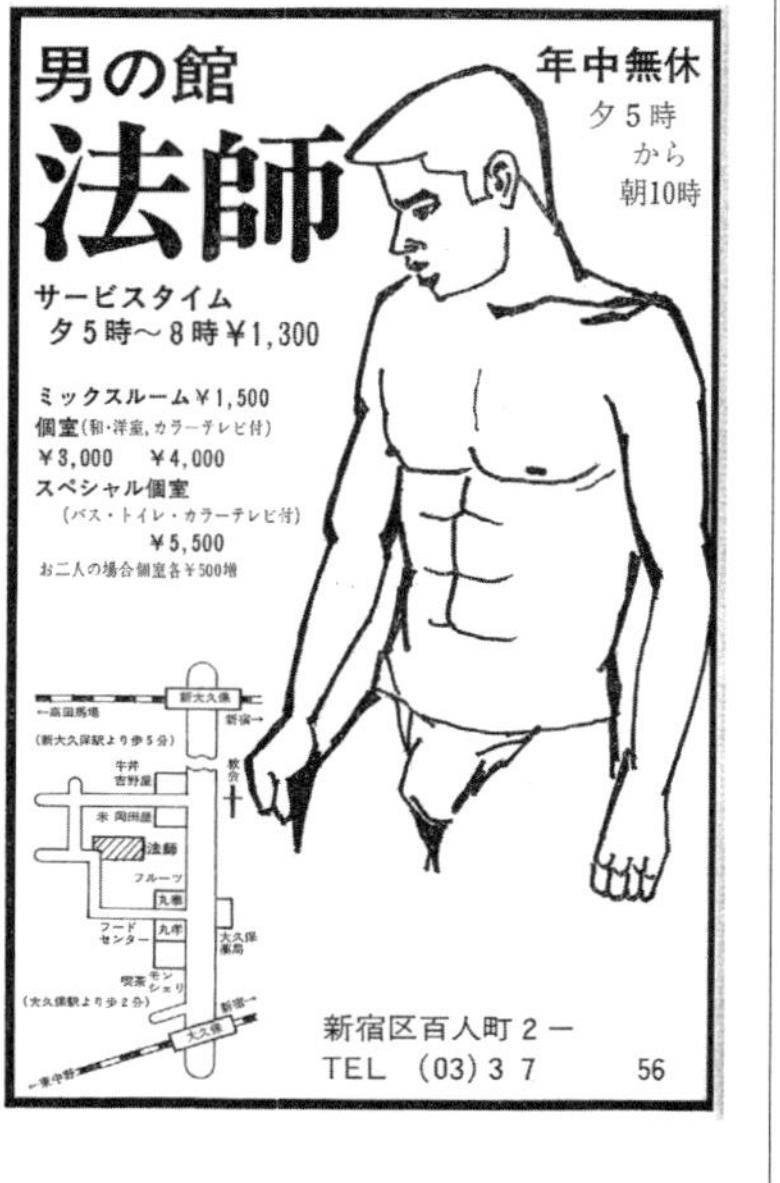

図2：可憐な静けさを売りにすることをやめて男らしさを前面に出していく（『薔薇族』1978年1月号、1981年1月号掲載の広告）。

ちなみに百人町の名産であったツツジは宅地化とともに消え、千代田区の日比谷公園に移植される。[*47] 日比谷公園といえば三島由紀夫の『禁色《きんじき》』にも登場するいわば男色の聖地であった。この公園は「大正期その一劃《いっかく》に練兵場があった時分から、この種族の集り場として著名であった」という。そして公園にある「小《お》暗《ぐら》い石段は、『男の花道』」という「夜の呼名」を持っていた。[*48]
百人町から日比谷公園に移植されたツツジはきっと、男の花道の生け垣にもなったのだろう。三島が書き遺したのち、副都心の誕生や有料発展場の生起などによって日比谷公園は聖地としての求心力を徐々に失っていく。花道を通った男たちの幾人かは一九七〇年代に、新宿百人町の花の旅館へと還《かえ》っていったのだろう。

7 荒木町

●旅館たま井――歌舞伎の街の淫乱旅館

新宿二丁目の南を通る新宿通りを四谷方面に進むと、やがて「津守《つのかみ》坂入口」という交差点が見えてくる。この地に摂津守の松平義行の屋敷があったことに由来する。交差点を北へ曲がると住所は荒木町となる。松平家はかつてこの地で桐座という歌舞伎劇場を経営したがうまくいかず、明治一〇年代に三井家に売却している。[*49]荒木坂にそびえる三井不動産のビルは、そうした歴史を持つのだろう。

三井不動産ビルをさらに五十メートルほど合羽坂《かっぱざか》下方面へ進むと、西側に細面の道がある。道は、池をつくるために盛られた土塁《どるい》であるが、この土塁から、池（「策《むち》の池」）の方面に降りていくための急な石段がある。その脇に一軒の淫乱旅館があった。「旅館たま井」という。一九六五年版新宿区住宅地図では「料亭たま井」となっている。「たま井」も「一条」と同じく、同性愛雑誌が取材色を強めた頃はすでに店としてのピークを過ぎていたのか、資料がほとんどない。しかし一九七五年六月の『アサヒ芸能』で取り上げられていることを確認した。記事からは、周囲の状況と店内の様子をうかがい知ることができる。

「暗い路地である。地下鉄四谷三丁目の駅から合羽坂下のほうに歩いて五分。石段を降りると、割烹『たま井』のネオンだけが、あたりの静けさに反発するかのように、煌々《こうこう》と輝いている」[*50]

この記事からすると、「たま井」は一九七五年六月五日に開店したようだ。前日には「気の早い」「同好の士」が三十人も押しかけ、開店から五日で百人程度の客が集まったという。旅館は客室が二階にあり、一階のフロントの前にはジューク・ボックスがあった。玄関脇には六人掛け程度のスタンド・バーがあり、壁という壁に「ホモ好みの男性」のファッション雑誌の切り抜きが貼られていた。『アサヒ芸能』が内部も堂々と取材できたのは、開店にあたって「たま井」が各方面へ「御招待状」を出していた[*51]ためであろう。

「たま井」を調べていて大きな収穫だったのは、その建物の前身である。「たま井」になる前は、「きたむらろくろ氏別宅」であったことが、創刊期の『さぶ』の広告から判明した。[*52] 喜多村緑郎（一八七一～一九六一）は女形《おんながた》の名優であるが、一般的には、いわゆる女形らしくない私生活の俳優として知られている。ウィスキーや葉巻を好み、二度結婚をしていた。そしてみずから、「鼻下《びか》に髭《ひげ》を蓄《たくわ》えて腕を組んだ姿勢」の「女形らしからざる」肖像画を好んでもいた。[*53] そんな喜多村緑郎の旧別邸が、男性たちの淫乱旅館として転用されていくのは意外なことにも思えるし、逆に、歌舞伎劇場のあった色街であったからこそさまざまな人的関係を経て、淫乱旅館を営みたいとする人の手に渡ったとも解せる。

現在は小綺麗なアパートに建て替わっている。なお、同じ番地である荒木町の十三番地には『さぶ』を刊行していたサン出版のビルがある。「旧別邸」という情報は『さぶ』の広告にしか載っておらず、他誌にはない。事情をよく知る広告部がつけ加えるように勧めたのかもしれない。

8 考察

このほか、新橋駅から南に徒歩十分に「銀座ビジネスイン」が、新宿区百人町二丁目には「新宿ビジネスクラブ」があったが、資料が少ないため説明を割愛する。以上が、主に一九六〇年代から七〇年代における、対象資料から分かる限りの東京の淫乱旅館である。得られた知見を示していこう。

第一の知見は、同性愛の市場の成熟である。

今回、同性愛雑誌の記事と広告を調べ、所在地付近を、住宅地図や電話帳を用いて調べた。そうすることによって淫乱旅館になる前の様子が明らかになった。淫乱旅館になる前の土地利用は、主に二系統へと分かれる。一つは、木賃宿に近い形の、格式の高くない、安価な旅館だった。砂川屋旅館、なかや旅館、永田旅館、大阪の竹の家旅館などが該当するだろう。これらの旅館には、屋号の変化がみとめられない。今一つの土地利用は、異性愛の連れ込み旅館であった（繊細で女性らしい名前がつけられているところから判断した）。一条旅館の前は旅館三恵、千雅の前は旅館花仙、駒込ケンコーセンターの前は旅館荘ひかり、旅荘泉の前は奈保美旅館という具合である。

ただし中には、連れ込み旅館の屋号のままに淫乱旅館へと業態を変えて営業をしていた旅館もあった。たとえば「鶯谷ホテル」は、一九五七年一月の『内外タイムス』に「ロマンス風呂」「二人様　休　３００円」という広告を打っており、異性愛の連れ込み旅館であったことがほぼ確かとなっている。[*54] 同性愛誌に広告として登場するのは一九八一年～八二年頃となるが、この時、広告に「初めてのお客様は薔薇族で見たと言って下さい」と断り書きを入れてある。こうした断り書きは、当時の広告の中で非常に多く目にすることができるが、これは次のようなことを指しているのだろう。

　開店から四半世紀を経て店舗は当然に劣化する。遠のいた客足を埋めるため同性カップルにも門戸を開いていく。しかしながら、同性カップル一本へと客筋を絞ることはせず、男女のカップルが訪れれば部屋貸しをしていたと考えられる。つまりそういう断り書きは、利用客のゲイ・アイデンティティを確認するというよりは、どの部屋を割り振るか、たとえば別間なのか続き間なのかを見極める、瞬間的な判断材料であったのではなかろうか。

　その後一九七〇年代終盤から八〇年代にかけては、「会員制クラブ」、もしくは「ビジネスホテル」を擬した構えの淫乱旅館が増えることになる。「クラブ」「ビジネス」を名に冠する旅館が多くなる。しかしこうした店は

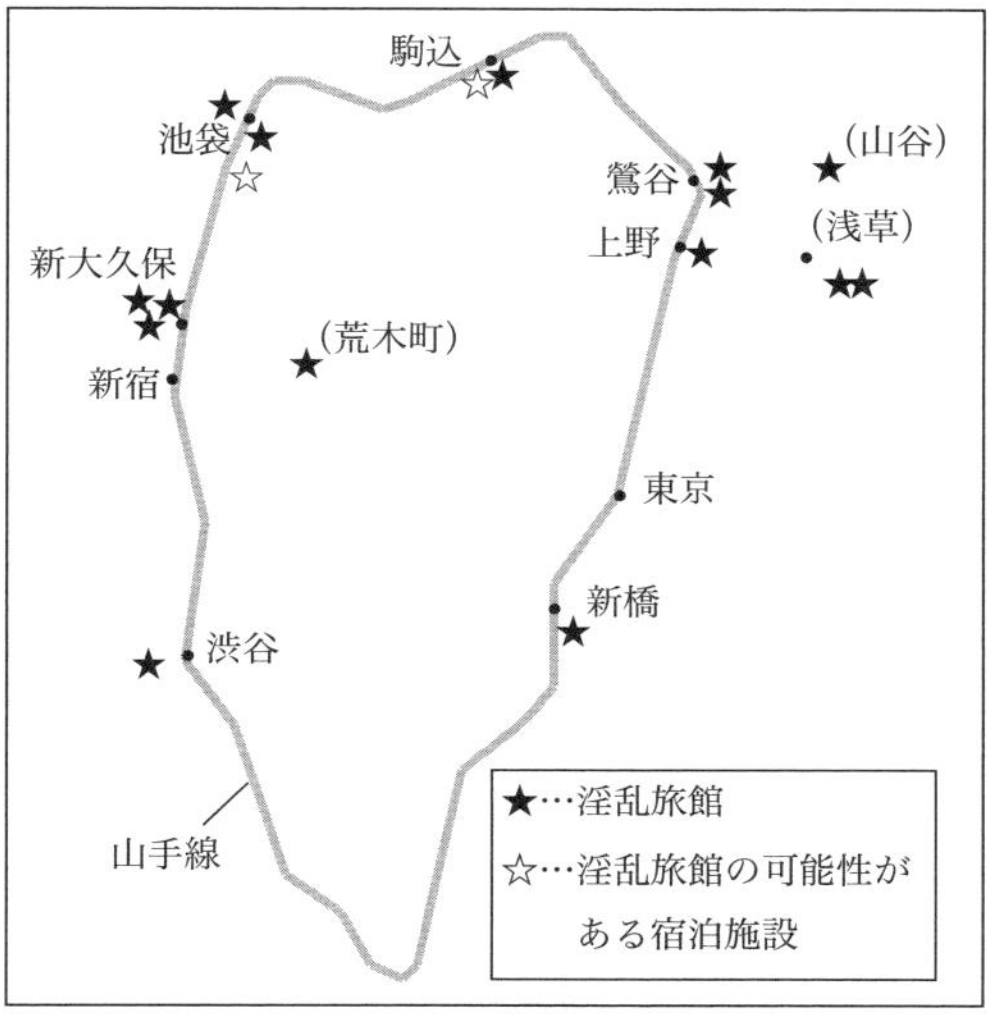

図3：東京の淫乱旅館の分布

「ミックス・ルーム」や、乱交を暗示するサウナを最初から謳い文句にしていた。このため、異性愛のビジネス客をも受け入れつづけていたとは考えづらい。したがって、〝曖昧な〟形の旅館が、「陣屋」や「法師」、「新宿ビジネスイン」といった男らしい店名へと変えたことは、男女の馴染み客・飛び込み客をを手放す、ある種の経営的決断があったことを意味する。[*55] これは、男性同性愛者のみを宿泊相手とする市場の成立を意味するのだろう。

第二の知見は、淫乱旅館は新宿二丁目に一軒も存在しておらず、新宿二丁目との関係は薄かったことが分かったということである。今回、あたれるだけの資料をあたったが、東京都の淫乱旅館は、浅草の旅館と荒木町の「たま井」を除いて、すべてが山手線の近くに立地していた［図3］。新宿二丁目にはなかった。

年配の男性にはある程度知られているように、新宿二丁目は元赤線地帯であった。『薔薇族』一九七五年七月の記事でも「新宿二丁目、昔赤線、今ホモ・タウン。[*56]」と書かれるなど、当時の編集者や読者にも、町の遷移《せんい》は意識されていたようである。二丁目を明確に「われわれの町」としてとらえ、ゲイ・バーなどの所在地をマッピングして町を一望におさめる記事は、最も早いもので一九七三年、だいたい七四、五年頃からである。しかし売春防止法の完全施行は一九五八年であり、一九七三年までには約一五年ものへだたりがある。「赤線からゲイ・タウンになった」という図式的な理解は、そう言われるほど単純なものではないようだ。

新宿二丁目で初めて開業した有料発展場は、ホテル「ラシントンパレス」の上、十階にあった回る展望台を転用した「スカイジム」であろう（一九八〇年頃）。また二番手はおそらく、同じラシントンパレスの二階に入った「アクロポリス」であろう（一九八一年一二月二〇日開店）。この二つは木賃宿や低層の連れ込み旅館を転用していない。新宿二丁目の有料発展場は、淫乱旅館の系譜とつながっていないのである。

新宿二丁目に淫乱旅館がなぜ〝なかった〟のか。おそらく、都電の廃止によるインナーシティ化が一九六〇〜七〇年代に起こっていたためだと考えられる。内藤新宿近辺のインナーシティ化については、歌舞伎町の青線と新宿二丁目の赤線を対比した三橋順子氏の、本書掲載論文（「東京・新宿の『青線』について」）ですでに相当詳しく論じているので参考になる。

男が男と寝る東京の淫乱旅館は、都民の男たちだけでなく、出張者・旅行者の欲望を満たすかりそめの場所でもあった。都電がバスに転換された頃の都内は、こと来訪者には分かりにくい街になっていたと考えられる。そうした旅館の場所が当時、おおむね山手線に沿って分布していたのは、時代の特殊性をあらわしているとみてよいだろう。

●註

*1 「インラン旅館」としての用法は『薔薇族』（一九八三年八月号）、『バディ』（一九九七年三月号）に、「男色宿」は『アドニス』（一九五三年八月号）、『薔薇族』（一九七三年九月号、一九八五年二月号）、「乱交旅館」という言い方は「現代ホモ風俗の最前線を行く」（『噂の真相』一九七九年八月号、九二頁）、伏見憲明『ゲイという［経験］増補版』（ポット出版、二〇〇四年、二九九頁）に、それぞれみとめられる。

*2 「ハッテン場」の語源は、筆者が『性的なことば』（井上章一・斎藤光・澁谷知美・三橋順子編、講談社現代新書、二〇一〇年、三七八〜三八三頁）で記した。

*3 「ゲイビジネス史——時代のながれと多様化」（『薔薇族』一九九七年一二月号、三二二〜三二八頁）。

*4 大塚隆史『二人で生きる技術』（ポット出版、二〇〇九年、四五頁）。

*5 『アドニス』（一九五三年八月号、四〇〜四一頁、傍点筆者）。「仕舞屋（しもたや、しもうたや）」とは、もと商家であったが、その商売をやめた家のこと、転じて商店でない普通の家を指すこともある（『広辞苑』第五版）。

*6 志賀直哉「性慾の地獄」一九一八年（大正七）一二月二五日（『志賀直哉全集 補巻六』岩波書店、二〇〇二年、二九八〜三〇〇頁）。古川誠氏のご教示に感謝する。

*7 伏見憲明「ゲイの考古学——インラン旅館篇（1）」（『バディ』一九九七年三月号。伏見、前掲書、二八八〜三〇一頁）。

*8 『風俗奇譚』『薔薇族』、一般雑誌記事については「戦後日本〈トランスジェンダー〉社会史研究会」（代表・矢島正見）が共同作業で収集した資料を用いた。

*9 「男だけのハレム〝東西〟同伴ホテルの凄い乱取り」（『週刊ポスト』一九七二年一一月一〇日号、七九〜八二頁）。

*10 「肛福だった肛事現場」（『薔薇族』一九七九年一一月号、四六頁）。

*11 稲垣足穂『少年愛の美学』（徳間書店、一九六八年、二四頁）。

*12 「ホモの窓（三都のホモ旅館）」（『風俗奇譚』一九六一年一〇月号、九〇頁）。

*13 「下町のハッテン場」（『薔薇族』一九七三年七月号、一八頁）。

*14 「吾妻橋にゲイ旅館誕生」（『薔薇族』一九七五年八月号、一〇三頁）。

*15 「怪人淫仮面お風呂流し」（『薔薇族』一九七六年二月号、一三〇頁）。

*16 『薔薇族』（一九七五年八月号、一〇三頁）。

*17 「ミニコミ 上野は国際的」（『アドニス・ボーイ』八号、一九七

三年七月、四頁)。「ザ・ヨミウリ」にくわしく出ていたと書いてある。

*18 「いま全国の ホテルでなにが起きているのか? 男たちの館の実態」(『アドニス・ボーイ』一〇号、一九七四年九月、八頁)。

*19 「〝ホモの館〟(上野駅前)大炎上! 男客23人がおっタマ消えた」(『週刊大衆』一九七三年五月一〇日号、一五四～一五六頁)。

*20 「別間では、雑魚寝とならずに、独立の一部屋があたえられる。それが、売買春の温床になっているというのである。さらに、そのての木賃宿では、『別間あり』という表示さえだしていたらしい」(井上章一『愛の空間』角川選書、一九九九年、一八四頁)。

*21 「一條旅館」と表記されることもある。たとえば『薔薇族』一九八六年一月号掲載の広告。

*22 「たまにはムードの違う夜はどう」(『薔薇族』一九八五年二月号、一〇九頁)。

*23 金益見『性愛空間の文化史——「連れ込み宿」から「ラブホ」まで』(ミネルヴァ書房、二〇一二年、一六頁)。

*24 『内外タイムス』一九五七年一月三〇日付広告。三橋順子氏のご教示に感謝する。

*25 『薔薇族』一九七七年一二月号掲載の広告。

*26 「この暗き淵の底の 13」(『風俗奇譚』一九六八年一二月号、二二四頁)。

*27 例外的に、『薔薇族』一九七五年七月号の読者投稿で、これらの旅館が「竹の家」や「砂川屋」などと並べられ、それぞれ宿主には個性があり営業方針も異なると述べられている。八七頁。

*28 『薔薇族』(一九八五年二月号、一〇八頁)。

*29 同前、一〇九頁。

*30 『薔薇族』(一九七五年七月号、八七頁)。

*31 『男街マップ'95』(海鳴館、一九九五年、六六頁)。「旅荘 泉」の広告は、『さぶ』一九七五年一月号から確認できる。『薔薇族』一九七五年五月号の広告では「皆さま同好の士にお役に立つべく旅荘〝泉〟を開設しました」「おひとりでも、ご友人と一緒でも、多人数でもOK!!」と謳っている。

*32 二〇一四年九月二七日確認。

*33 『さぶ』一九七五年一月号掲載の広告。

*34 「ノンケ紳士のゲイホテル潜入記」(『薔薇族』一九七五年一一月号、二五頁)。

*35 「全国男町十三番地 東京渋谷にゲイ・ホテル誕生!」(『薔薇族』一九七五年六月号、七一頁)。

*36 「旅館『千雅』満14年で終業。のべ百万人の客だから売上15億円?」(『薔薇族』一九八九年九月号、一〇八～一〇九頁)。

*37 「ノンケ紳士のゲイホテル潜入記」『薔薇族』(一九七五年一一月号、一六～二五頁)。

*38 『薔薇族』(一九八九年九月号、一〇八～一〇九頁)。

*39 『薔薇族』(一九七五年一一月号、二〇頁)。

*40 同前、二四頁。

*41 『薔薇族』(一九八九年九月号、一〇八～一〇九頁)。

*42 竹内正浩『地図と愉しむ東京歴史散歩 地形篇』(中公新書、二〇一三年、六六～七〇頁)。

*43 「ホテルのおばさん奮戦記」(『薔薇族』一九八〇年九月号、一一四～一一六頁)。

*44 一九九〇年代の大阪「竹の家旅館」も女性の経営者であったことを、伏見憲明は明らかにしている(伏見、前掲書、二三六頁)。

*45 『風俗奇譚』(一九七〇年六月号掲載の広告、二九九頁)。

*46 『アドニス・ボーイ』(五号、一九七三年四月掲載の広告、五頁)。

＊47 竹内、前掲書、六七頁。
＊48 三島由紀夫『禁色』(新潮社、一九五一年。一九六四年、新潮文庫、七七頁)。
＊49 竹内、前掲書、一八九頁。
＊50 「潜入ルポ 開店したホモ・ホテルの新メニュー——倒錯の大乱交パーティーを目撃!」(『アサヒ芸能』一九七五年六月二六日号、一五〇頁)。
＊51 同前、一五二〜一五三頁。
＊52 『さぶ』(一九七五年七月号)掲載の広告。
＊53 喜多村九寿子編『喜多村緑郎追慕』(演劇出版社、一九七三年、八頁)。
＊54 『内外タイムス』一九五七年一月三〇日。三橋順子氏のご教示に感謝する。
＊55 本稿では東京に限定したが、川崎の旅館「三ふく」のオーナーは、横浜・野毛に「童安寺」という淫乱旅館を創業しており、事実上の仕切り直しをしている。「〃童安寺〃に行って、極楽に旅立とう」(『薔薇族』一九七七年八月号、一七六頁)。
＊56 『薔薇族』(一九七五年七月号、六〇頁)。

〔付記〕東京以外の淫乱旅館の研究については、『薔薇窗《ばらまど》』二五号(書肆菫礼荘、二〇一四年)に掲載されている。

原と坂

——明治の東京、美少年のための安全地図

古川 誠

芝区三田四国町《しこくまち》薩摩原《さつまっぱら》
日本橋区呉服橋際の原
牛込区薬王寺前の原
麴町区永楽町二丁目の原
麴町区永楽町原
牛込区水野が原
芝区汐留町の原

さて、右記の地名に心当たりのある読者はおられようか？

それらの場所は、明治時代の東京で美少年が襲われた事件の発生現場である。

ここで急いでつけたしておくが、これが当時の美少年襲撃事件のすべてではない。報道されただけでも、ざっとこの十倍ほどはあった。そのなかのいくつかをピックアップしたものが、それらの地名である。

それと、もうひとつ読者がいだくであろう疑問にこたえておこう。それは、襲われたのは本当に「美」少年だったのか、という疑問である。筆者としても、じっさいに少年たちが美少年だったと言いきる自信はない。当時の新聞には、襲われた少年の顔写真がのることはない。それに、もし顔写真があったとしても、美少年かどうかの判別は難しいところだろう。それはともかく、ここで筆者が美少年襲撃事件とするす理由は簡単だ。当時の新聞報道では、多くの事件で被害者を「美少年」と記述しているからである。まあ、その頃の新聞では、女性の首なし

の死体が発見されても、「美人殺し」と報道するような時代だった。少年襲撃事件も、美少年だから襲われたというよりは、襲われたんだから美少年なのだ、という論理でもあるのだろう。

寄りみちはそのくらいにして本題にはいろう。

都心には原っぱがいっぱい

数多くの美少年襲撃事件のなかから右記の場所を選んだのは理由がある。

その理由については、もはや説明する必要もないだろう。それらは、明治の東京のあちこちにあった原なのである。そう、美少年は、原で襲われていたのだ。右記のリストはそれらの事件の発生順にならべたものである。最初の芝区三田四国町は明治二十六（一八九三）年、最後の同じく芝区汐留町の事件は明治四十二（一九〇九）年。明治後半の十数年間の東京の出来事である。

最初の事件を新聞記事で詳しくみてみよう。

芝公園内日本水産伝習所の生徒にて同区三田四国町二番地の西山徳太郎（十四）といふは薩摩の平田三五郎を生でゆく美少年なれば同生徒の内にてもせんべい殿〳〵と口笛を吹ながら徳太郎の後を追い廻す者があるなかで山田寅三郎（十九）前田保雄（十七）大澤光隆（十八）の三名は尤も執心にて我一に手折《たおら》んと心を悩ませしが徳太郎は常々爾《そ》んな事を毫《すこ》しも心にかけざれば何といはる、も打笑むのみなりしを三人は只管《ひたすら》もどかしがりて一昨夜の宵暗を幸ひ徳太郎を表へ誘ひ出し合図と共に手取り足どり担ぎ揚げ四国町の薩摩原まで行く途中其筋の人に見とめられたので一同徳太郎を其場へ打捨て逃去んとするを取押へられ愛宕町《あたごちょう》警察署へ拘引の上目下取調中なるが此等がやくざ書生の親玉なるべし

（『万朝報』明治二十六年十二月九日）

明治期の硬派学生の最大の愛読書であった『しずの小田巻』といえば、薩摩藩に代々伝わる物語であるが、その主人公が平田三五郎だ。薩摩の少年愛文化を代表する美少年であり、明治期の学生間にはひろく知られた名前だ。その平田三五郎に擬される少年が、薩摩原に連れ込まれそうになるというのは、あまりにもできすぎた話のような気もする。ちなみに三田四国町は慶應義塾大学のむかいにあり、薩摩

原は幕末に焼き討ちにあった薩摩藩邸の跡地である。

それはともかく、三田の水産伝習所、のちの東京水産大学（現東京海洋大学海洋科学部）の周辺では五年後にも、数名の書生が通りすがりの子どもを襲うという事件が発生している。美少年にとっては危険な地帯であった。

こうした美少年への襲撃は、三田のような東京のはずれの地域だけではなく、日本橋や丸の内といった東京の中心地でもおこっていた。

> 一昨夜九時過ぎ日本橋区呉服橋際の草原にて頻《しき》りに泣声を上げて助けを呼ぶ者あるより通行の人が駈付見れば年頃二十前後の書生三人草原の中より躍り出て、逃げ行きし跡に悄然として彳《たた》ずむ少年あるより仔細を聞けば此の者は日本橋区川瀬石《かわせこく》町《ちょう》十五番地浅井徳次郎の長男才蔵（十五）と云へる者にて呉服橋際を通行の際突然三人の書生が顕れ出て無理遣りに草原の中に連行き奇怪の挙動に及びしものと分り注意を与へて帰したる由なるが近頃到る処に評判ある書生の暴行、其の筋にても少し注意ありたきものなり
>
> （『万朝報』明治三十年十月十三日）

呉服橋［図1A、図2F］は、その下の堀の埋め立てによって、今となっては橋の形は全く失われているが、交差点の名前としてかろうじてその所在をとどめている。東京駅八重洲口を北に進んですぐの交差点がそれだ。当時の呉服橋は、東側の日本橋区と西側の麹町区を結ぶ主要な橋のひとつであった。被害者の少年の住まいは、橋から数百メートル東南にある。今の日本橋タカシマヤのあたりだ［図1B］。少年が、自宅へ帰ろうとしていたのであろう、麹町区から呉服橋を渡り、日本橋区にはいったあたりで襲撃され、草原に連れ込まれたのだろう。

明治のストーカー？

じつは、呉服橋の西側、麹町区の丸の内一帯も、美少年にとっての危険地帯であった。

> 本所区表町《おもてちょう》四十七番地小川芳之助方に止宿する高知県士族正則《せいそく》英語学校生徒西山実馬（二十四）と云ふは一昨日午前八時頃麹町区有楽町（筆者注：永楽町の間違い）永楽病院前の原中に於て商工中学校生徒日本橋区西河岸《にしがし》八号地田中順太郎長

男小太郎（十六）と云ふ美少年を捕へ怪しかる振舞に及びしを巡査が馳せ付け実馬を取押へ麹町署に引致し目下取調べ中
（『万朝報』明治三十六年六月二十六日）

朝の八時から美少年を襲ったりしたら、そりゃあすぐ捕まるだろう、というのは今の私たちの感覚なのだろうが、犯人にしてみれば、どうしても襲いたくなるような、とんでもない美少年だったのかもしれない。

じつは、この事件には不審な点がいくつかある。朝の八時という人目につきやすい時間帯という発

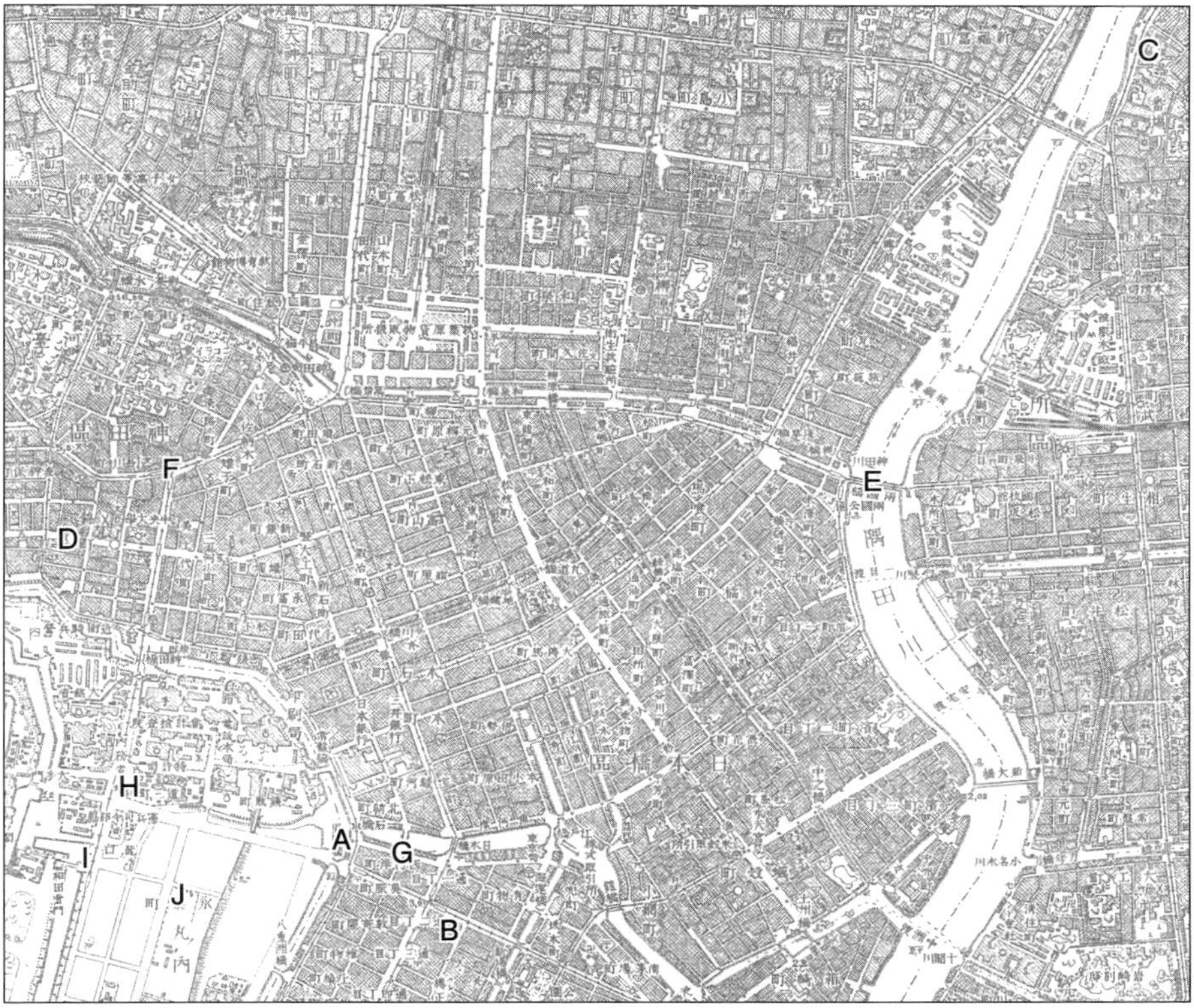

図1：呉服橋の事件と永楽町の事件にかかわる場所。永楽町の事件の、加害者の通学路（C～F）と被害者の通学路（G～I）が、南北にかけ離れていることがわかる（陸軍部測量局「正式二万分の一地形図・東京首部（1909＝明治42年調査）」による）。

生時刻がそのひとつ。そしてもうひとつは、犯行の場所と犯人の行動経路の関係である。

犯人は本所区（今の墨田区東駒形あたり、図1C）に下宿しており、神田区錦町の正則英語学校［図1D］に通っている。下宿から学校まで、大通りを通って最短経路で通学するとすれば、まず隅田川の東側を両国橋［図1E］まで南下し、両国橋を西に渡って市電に沿ってまっすぐ進み、神田小川町のあたり［図1F］で左に折れると、正則英語学校はすぐそこである。

ところが、犯行現場である麹町区永楽町（今の丸の内、大手町あたり）は、そのルートから大きく南にはずれてしまっている。それは何を意味するのだろうか。

ここで、被害者の通学路のほうを考えてみよう。襲われた少年の居住地は、日本橋区西河岸町［図1G］である。そこは、先ほどの事件があった呉服橋のすぐ北東にあたる場所だ。少年が通っていた商工中学校は麹町区の大手町一丁目、第一憲兵隊本部の向かいにある［図1H、図2G］。少年の家からは、呉服橋を渡って、和田倉橋［図1Ｉ、図2H］にかかる手前を北に曲がってすぐのところだ。通学の距離は一キロメートルもない。きわめて短い通学路だ。

事件が起こった永楽病院［図1J、図2C］は、そのちょうど中間地点、呉服橋と和田倉橋の間にある。現在の東京駅丸の内口の駅前広場北側のあたりだ。

この、加害者、被害者双方の通学路をみていくと、両者の通学路は、どこにも接点がないことがわかる。それぞれ東京の町を東から西へと、加害者は北側、被害者は南側を、平行線を描きながら通学していたはずだ。つまり、加害者と被害者は、たまたま毎日通っている通学路で出会ったわけではないのだ。

とすればこの事件は、被害者の少年の通学の途次を、加害者が虎視《こし》眈々《たんたん》と狙いさだめて襲撃した事件であると考えざるをえない。ひょっとしたら、あちらの町こちらの町と美少年を物色していた加害者の目に、たまたま通りすぎた被害者の姿が映ったのかもしれない。しかし、朝の八時という時間帯を考えると、被害者をはじめから待ち伏せ、あるいは追跡していたと考えたほうがよいかもしれない。勝手な妄想を許してもらえるなら、おそらく、何カ月も前から、犯人は被害者の少年をみかけていたのだろう。そして、朝の通学の経路と時間とを調べたうえで、計画的な犯行に及んだのではないか。

危険な丸の内

やや想像をふくらませすぎたようだ。この事件のストーカー的な解釈はともかく、丸の内が美少年にとって危険であることは、「堕落学生丸の内を荒す」という見出しの『万朝報』明治三十四（一九〇一）年七月二十九日の記事からも明らかになる。

この記事は、事件の記事ではない。記者の身辺の出来事から書き起こして、当時万朝報が社をあげて取りくんでいた、堕落書生非難のキャンペーンへと筆をすすめるものであった。記事は長文なので、かいつまんで紹介しよう。まずは、記者の通勤路にあたる丸の内、大手町のあたりの描写から始まっている。当時の風景を思い描くことができる文章である。

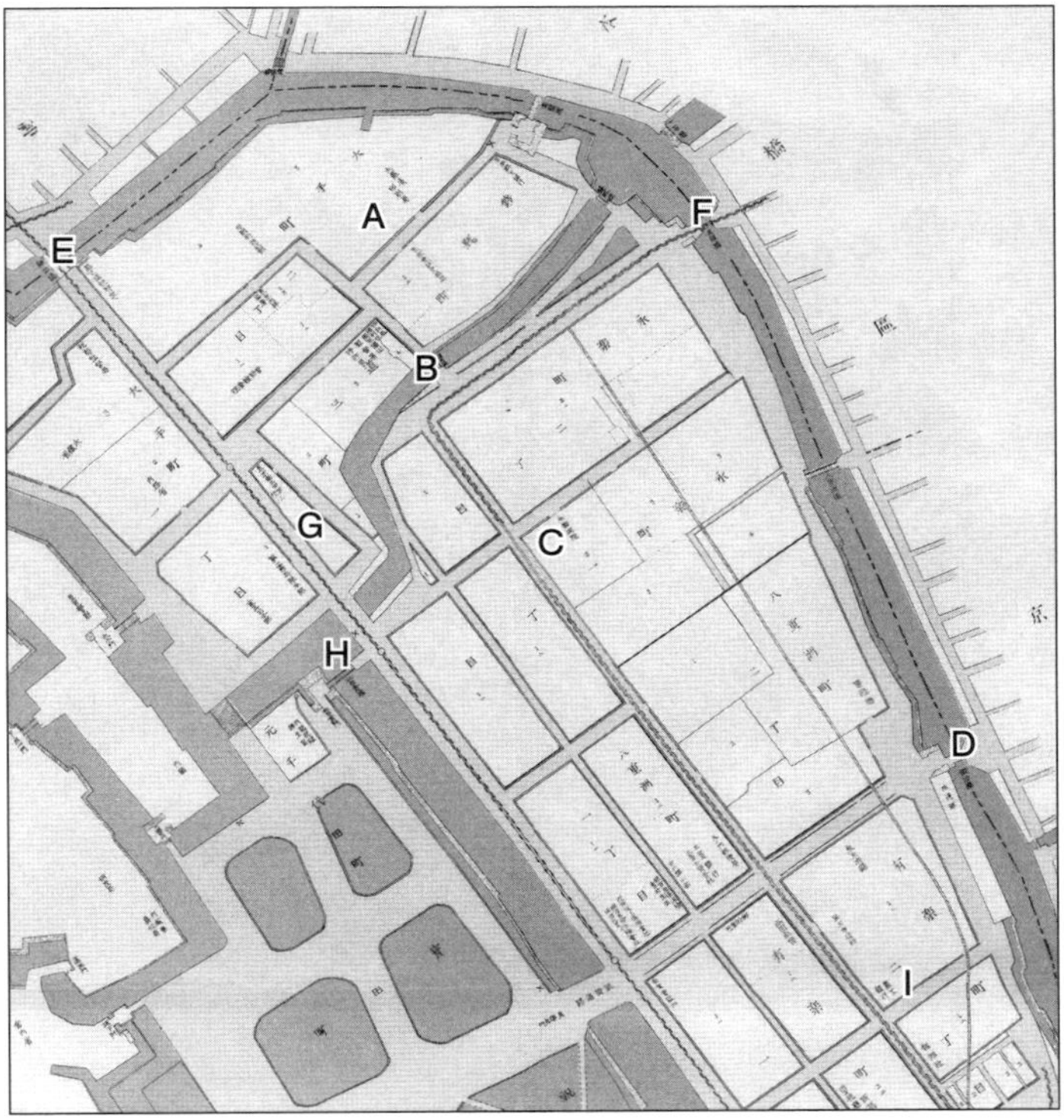

図２：永楽町付近（東京郵便局「明治四十年一月調査東京市麹町区全図」による。元図の縮尺は5000分の１）。

印刷局の傍より電話交換局の前を通り道三橋《どうさんばし》てふ木橋を過れば眼前に緑の毛氈《もうせん》を舗《し》き詰たるが如き平原に出べし平原の一隅より他の一隅に迄赭色《しゃしょく》なる一条の斜

線を描かれつゝあるはこれぞ鍛冶橋神田橋間を往来する人々が其路程を縮めんとの目的より何等の約束もなしに開きたるの捷径《しょうけい》なれ

この印刷局は、大手町二丁目にあった［図2A］。道三橋電話交換局は、道をはさんで南側にある。道三橋［図2B］はさらにその南に位置しているので、この冒頭の記述は、北から南へ足をはこんだ時の光景である。とすると、南へ道三橋を渡ると一面の草原になっているわけで、それは永楽町二丁目のあたりとなろう。永楽病院［図2C］前の原があるところだ。鍛冶橋［図2D］は、さらに丸の内を南へ下がった先にあるので、永楽町二丁目から一丁目、そして八重洲町二丁目にかけての原中に獣道《けものみち》とでもいうべき近道があったことになる。ここはまさに、現在の東京駅の丸の内口のあたり一帯である。

さて、夜十時頃、仕事を終えて同僚とともに神田区の自宅への帰宅の途についた記者は、電灯がないのがこの小道にとって玉にきずだ、と語りあう。やがて、自宅に着いた記者が井戸端で水浴びをしようとすると、近所の少年が裸足《はだし》に鼻緒が切れた下駄を下げてやってくるではないか。話を聞くと、

今印刷局の先の原で怕《こわ》い目に逢ツて来た

とのこと。詳しく様子を語ってもらうと、京橋区へ用たしに行った帰り、道三橋外の原で暗闇からいきなり三、四人の青年が現れ、少年を取り囲んだという。怖ろしくなった少年は、必死の思いでそこから駆けだし、神田橋［図2E］の派出所の灯りをみてほっとしたという。

記者によれば、少年本人はその青年たちが何の目的で少年を取り囲んだのかを知らないそうだ。硬派学生による美少年への鶏姦《けいかん》騒ぎを、藩閥政府とりわけ薩摩文化と結びつけて批判をくりかえし、自ら「血涙を揮《ふる》って『学生の堕落』を絶叫」してきた万朝報の筆鋒は鋭く、道三橋の外に巡査派出所を設けよ、との具体的な提案にまで至って論を終えている。

今となっては想像すらできないだろうが、明治三十年代の丸の内は、官庁や学校・病院などの建物がまばらに建つのみで、まだ広大な原っぱがあちこちにひろがっていた。そしてその草深い原に、舌なめずりをしながら美少年を狙う青年たちが姿をひそませていたのだ。美少年にとっては、丸の内はたいへ

ん危ない場所だったといえよう。

そしてまた丸の内以外に目を転じてみても、下宿の近所の美少年を、言葉巧みに誘いだし、道からすぐ坂をあがったところの原で襲った牛込薬王寺前事件（後述）であれ、同じ牛込の成城学校［図３A］の隣にある水野が原（現在の新宿区若松町あたり）にやってきた美少年を、隣接する月桂寺［図３B］に引きずり込んだ事件であれ、近所の遊び友達数人が、汐留原、愛宕公園、塩釜神社、仙台屋敷、そして自宅の二階と現在の新橋近辺のあちこちの場所を移動しながら、集団内で鶏姦しあうという、他に例のあまりない事件にしても、原は美少年を見つけ、襲う場所として重要な役割をはたしていたのである。

決闘の場所でもあった

さてここで、原には、もうひとつ別の大事な意味があったことについて指摘しておきたい。

それは、美少年をめぐる集団どうしの決闘事件の舞台という意味である。

そのもっとも大規模で、有名な事件について見ていこう。明治三十二（一八九九）年十月二十七日、場所は皇居の目の前、麹町区の有楽町である。

学生の決闘騒ぎ　一昨廿七日夜八時頃麹町区有楽町二丁目一番地（農工銀行の裏手）の原中に於て海軍予備校、修善館及び商工中学校の生徒十数名洋刀或ひは鉄棒を以て闘争を始めたりしが巡査直ちに出張して取鎮めたるにより幸ひに負傷者もなく主なる者共数名致され目下取調中なり

というのが事件の概要である。記事はつづいて、

原因は商工中学校の三田村といふが同校の石川栄達（十五）といふ美少年に対し無法の手紙を送りたるに石川がそれを予備校の高橋といふに訴へたるより高橋が石川に代りて三田村に決闘を申込み終《つい》に互に同勢を従へて闘争するに至りたるなり
（『万朝報』明治三十二年十月二十九日）

と決闘のいきさつを説明している。一種の三角関係が原因であった。この事件は、引用した『万朝報』以外にも、『都新聞』『読売新聞』『東京日日新聞』『毎日新聞』『東京朝日新聞』といった当時の主要新聞がこぞって報じた事件であり、明治三十年代

の鶏姦の時代の幕開けを告げる事件でもあった。当日決闘に集まったのは、『都新聞』によれば数十名、『東京日日新聞』では二十名以上、『東京朝日新聞』によれば四十余名と、数ははっきりとしないものの、かなりの人数の学生が集ったことは確かである。

　農工銀行裏手とは、現在の東京国際フォーラムのあるあたりだ［図2-1］。鍛冶橋の西詰めの南東寄りであり、先ほどの獣道にもほど近い場所だった。

　いわば東京のど真ん中といってもよい皇居の東側の空間で、学生どうしが、美少年をめぐって決闘をする、明治三十年代とは、そういう時代でもあったのだ。

坂で「発見」される美少年

　さて、明治の東京で原がいかに美少年にとって危険な場所であったのかを述べてきた。

　原は、美少年を見つける場所であり、また、美少年をそこに連れ込み、襲う空間であった。

　その原とは違った意味で、美少年にとって危険な空間がある。

　それは、坂である。

　坂は、そこで襲われるというよりも、そこで発見される空間であった。

　先ほど、牛込薬王寺前の原の事件について簡単にふれた。じつは、この事件は、襲われる場としての原とならんで、美少年を見つける空間としての坂が、重要な役割をはたした事件でもあった。この事件を、もういちど違う角度から眺めてみたい。

　事件は明治三十二（一八九九）年十月二十一日におこった。つい先ほど述べた有楽町の決闘事件のわずか六日前の出来事である。場所は、牛込区薬王寺《やくおうじ》前町《まえまち》（現在の新宿区市谷薬王寺町）である。

　去廿一日午後七時頃牛込区薬王寺前町六十六番地小畑方同居丸山好愛（十三）が其附近の原中を抜けんとせしに同町十四番地旧久留米藩子弟にして軍人志願者の寄宿所に在る高山辰次（十七）が駆寄りざま交際せよと迫り好愛が之を辞《いな》めバ腕力に訴へても義を結ぶべしと草叢《くさむら》の中へ引摺り行くに好愛は鷹に捉はれし小雀の声を限りに叫ぶのみ折から通行人のそれを知りて巡査に通告せしがありし為め巡査が早速駆付けたるにぞ辰次ハ逃去りたるも其処へ棄て置たる下駄に高山と記しありしより辰次ハ直ちに捕へられ厳しく説諭の上放還さ

れたり元来此寄宿所ハ陸軍歩兵大尉松浦寛威の監督の下にあれど松浦ハ妙に九州武士の粗暴なる事をのみ鼓吹《こすい》するより既に過般も所管の警察署より注目せられたる事ありたるが終に斯《かか》る馬鹿らしき悪書生を出すに至りしなり

（『万朝報』明治三十二年十月二十四日）

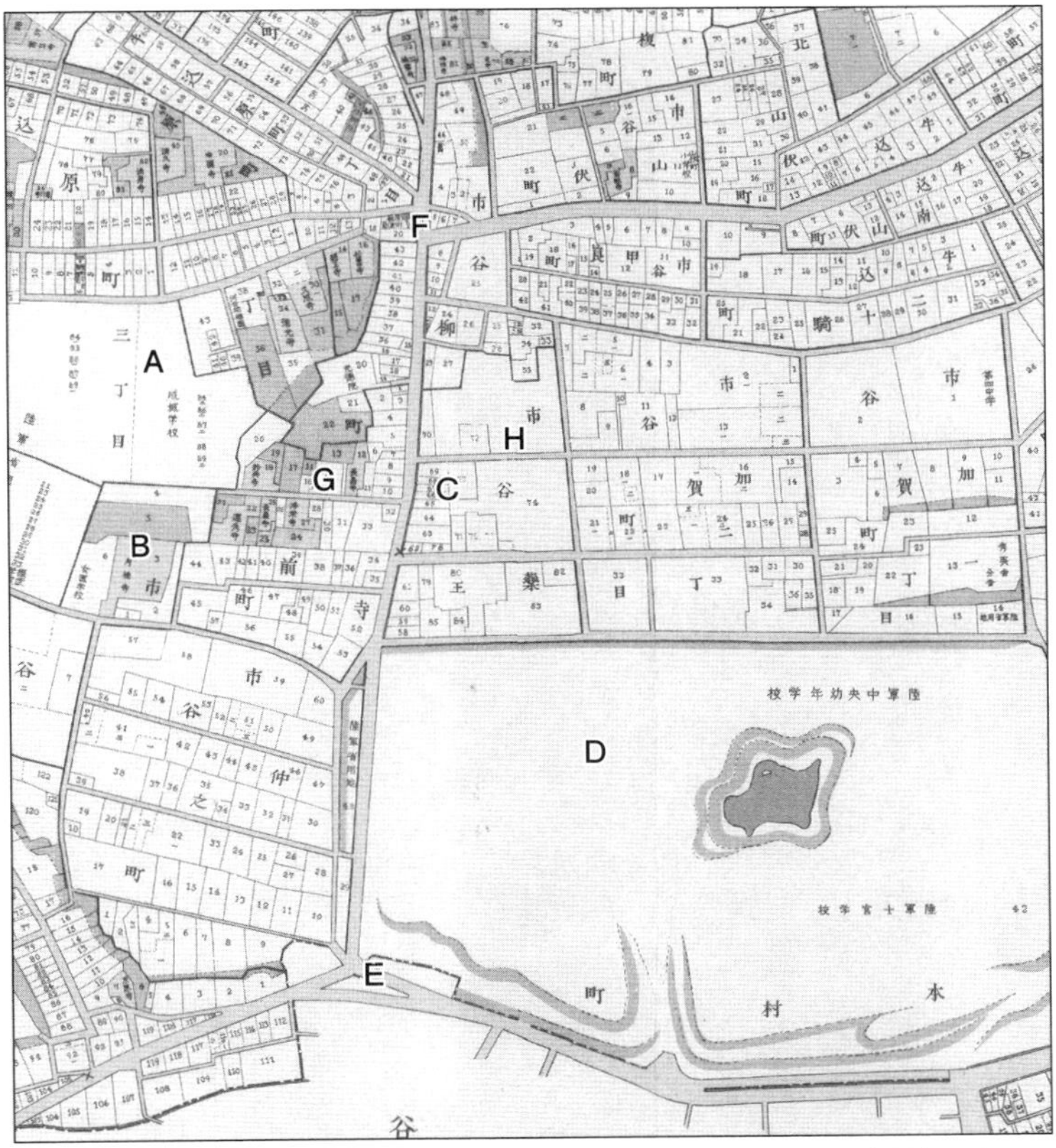

図３：薬王寺町周辺（東京郵便局「明治四十年一月調査東京市牛込区全図」による。元図の縮尺は5000分の１）。

記事にある通り、事件が発生したのは薬王寺前町の被害者宅［図３C］「付近の原中」である。

ここだけを読めば、典型的な原でおきる美少年襲撃事件であろう。しかし、加害者の寄宿先と被害者の住所との位置関係を確認すると、たまたま夕闇の原で出会った、青年と少年の事件ではないことがわかる。

被害者の住所は、現在の外苑東通り沿いにある。当時は、市谷の陸軍士官学校および中央幼年学校の敷地［図３D］の西側を南北にはしる通りであり柳町《やなぎちょう》通りと呼ばれていた。道の南端の合羽坂《かっぱざか》［図3E］と、道を北にすすんで先にある市谷柳町の交差点［図3F］のちょうど中間のあたりの、道沿い東側に被害者の住居があった。

いっぽう、加害者の寄宿先は、その被害者宅のほぼ正面から西へ入っていく薬王寺坂という小路の途中にある［図3G］。この小路は、両側を寺にはさまれ、突きあたりは成城学校の敷地［図3A］の南東角に接して、行き止まりとなっている。つまり、加害者はつねにこの小路を通って柳町通りに出ていくことになる。その、柳町通りとのT字路をなす突きあたりやや左側に被害者宅があったのだ。しかも、柳町通りは、市谷の高台のなかに切れ込んだ小川沿い、つまり谷に沿って通っている。したがって、この加害者の寄宿先へ向かう小路は、西へ行くほど高くなっており、東側の柳町通りにかけて下り坂をなしている。

もうおわかりだと思うが、加害者が毎日柳町通りに向けて薬王寺坂を下っていくと、ほぼ正面に被害者の家をずっと眺めながら、歩いていくことになる。

先にも『万朝報』の硬派学生批判のくだりで述べたが、明治期の学生文化において薩摩あるいは九州の硬派文化は隆盛をきわめていた。久留米藩の子弟である加害者は当然そうした九州の男色文化にどっぷりつかっていたはずだ。まして、寄宿所の監督も九州武士の粗暴さを鼓吹するような人物なのであるから。その、稚児愛《ちご》に燃える学生が、毎日坂をおりながら、突きあたりの家を出入りする美少年に目がいってしまうのは、いわば理の当然といえよう。

記事の表面的な記述からは、こういった加害者と被害者の関係をうかがいしることはできない。あたかも、たまたま原で出会って事件が起きたとしか読みとれない。しかし、加害者の日々の生活と行動を考慮に入れれば、毎日の下り坂での歩みのなかで、彼の視線のなかに、被害者の少年がちらちらと映っていたと推測するのは、あながち無理な話ではないだろう。

何しろ、先の原をめぐるもろもろの事件でみてきたように、その頃の東京の硬派の学生は、街中でも平気で美少年を物色し、襲おうとしているのであるから。

ちなみに、事件が起きた原は、柳町通りから東側へ向かう銀杏坂《いちょうざか》［図3H］という坂を少しのぼったあたりである。柳町通り沿いと、西側のお寺の密集地域は人家が建て込んでいるものの、東側の坂をのぼった先は、明治も後半に至るまで、人家がまばらで原がひろがっていたそうである。

なぜ牛込で事件が多発したのか

ところで、坂を舞台にした美少年の襲撃事件は、この薬王寺前町がある牛込区で多く発生している。理由のひとつは簡単だ。牛込区の地形が、台地とそこに入り込んだ谷間からなっているという特徴をもっているからだ。物理的な条件としての坂の存在である。

もうひとつの理由は社会的なものである。それは、牛込区が、陸軍の街であったこと、とりわけ、陸軍士官学校および中央幼年学校と、その予備校的存在である成城学校があったことにもとめられる。

江戸期の武士階級に存していた男色文化は、明治にはいると、武士との階級的なつながりと、文化的な継続性を有する軍隊や学生間へとゆるやかに受け継がれていった。成城学校はまさにそれらふたつの要素の重なりあう学校であり、当時から、学生の男色文化の根拠地のひとつとして、よくメディアに取りあげられていたのである。

さらに、三番目の理由としては、神楽坂という当時の山の手一の繁華街があったことをあげなくてはならない。もちろん神楽坂は芸者で有名で、花街として知られた盛り場であるが、それと同時に、早稲田を中心とする学生たちが遊びに行く若者の街でもあったのだ。

神楽坂という場所が、美少年を見つける空間として機能した典型的な事件をあげてみよう。明治三十三（一九〇〇）年二月九日の出来事である。

悪書生の団体なる白袴隊《びゃっこたい》は何時も怪《け》しからぬ迷惑を掛ける事なるが又も去る九日の夜十時頃牛込成城学校の生徒にて同区市ヶ谷柳町四番地高橋庸夫（十九）なる者神楽坂辺を散歩中同区東五軒町華族烏丸伯爵家の書生にて松平富平（十七）に行き逢ひ尾行して同区東五軒町十四番地の人通りなき処にて突然取ッテ押へ無法にも同所の電柱へ押し付て既に獣欲を遂げんとする処へ折よく巡行の警官に見認められ庸夫は直に牛込警察署へ引致され取調べの上未遂なるを以て十日の拘留に処せられたり

（『二六新報』明治三十三年二月十二日）

白袴隊とは、明治三十年代前半を中心に、東京市内に出没した硬派の学生団体である。その隊員の一人が、神楽坂を散歩中に、美少年を発見してその跡をつけ、帰宅途中の路上で強姦しようとしたところ、たまたま通りかかった警官に見つかったという事件だ。

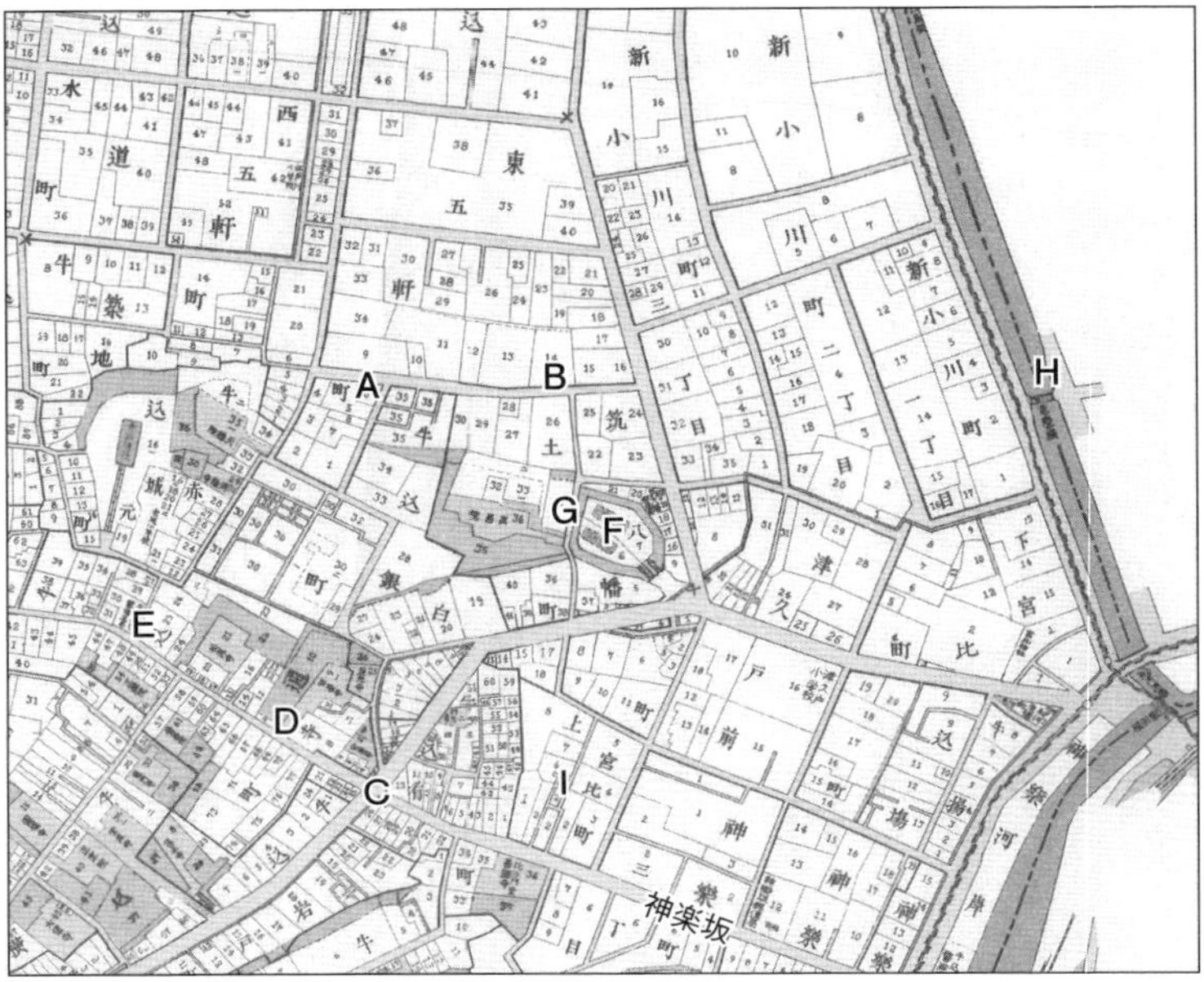

図４：神楽坂周辺（東京郵便局「明治四十年一月調査東京市牛込区全図」による。元図の縮尺は5000分の１）。

神楽坂のどのあたりから跡をつけたのか、また被害者がどのような道を通って帰宅しようとしたのか、その詳細は全くわからない。被害者の住所［図４Ａ］と事件の現場［図４Ｂ］の位置関係を考えてみよう。被害者が、神楽坂をお濠《ほり》のほうからのぼっていったならば、肴町《さかなまち》の交差点［図４Ｃ］をすぎ、通寺町《とおりてらまち》［図４Ｄ］のお寺のあるあたりか赤城神社の手前［図４Ｅ］を右に曲がってしばらく行けば、東五軒町の烏丸伯爵家はすぐである。ところが、事件の現場は、今の道筋にはない。

したがって、被害者は別なルートをたどって帰宅したに違いない。おそらく、神楽坂の途中から北へ横道にそれて、筑土八幡《つくどはちまん》［図４Ｆ］のある丘をまわって帰宅しようとしたにちがいない。事件の場所は、筑土八幡の西側を切りとおしのように南北に通っている御殿坂［図4G］という急坂をおりきって東五軒町の通りにぶつかったところである。

これも全くの推測でしかないが、帰宅を急いだ被害者は、神楽坂から東五軒町への近道である御殿坂を通ったはずだ。その被害者の後ろから、加害者が襲撃にふさわしい場所を探しながらついていったはずだ。しかし、御殿坂の細い急な坂道では、あまり相手に接近すると怪しまれる。東五軒町のやや広い道にでたところで、下り坂を一気に駆けおりて被害者との距離を縮めた加害者が、その勢いで被害者に襲いかかったのではないだろうか。

事件の現場と、神楽坂との位置関係、そして被害者宅の所在地を実際にたどってみて、被害者、加害者それぞれがどんな思いをいだいていたかを想像すれば、以上のような事件の経緯はひとつの仮説としてありうると思う。

その推測が真実かどうかはともかく、少なくともはっきりとしているのは、加害者が被害者を神楽坂で発見したこと、そして、事件の現場が、御殿坂という坂道と東五軒町の通りとがぶつかる、T字路の近辺でおこったという事実である。

神楽坂の坂そのものが現場となった事件もある。

> 牛込原町三ノ十七下宿屋福島館方浦野進助（十八）と云ふ悪書生は一昨日午後九時通り寺町辺にて通行の美少年を拉《らつ》し鶏姦せんとしたる処を少年の悲鳴を聞て駆け付たる密行の巡査に捕はる
>
> （『二六新報』明治三十五年八月八日）

この事件では神楽坂の通寺町［図4D］付近を通行中の美少年がいきなり襲われている。

また、神楽坂からは北東部にある隆慶橋《りゅうけいばし》［図4H］で夕涼みしていた少年を、神楽坂の空家［図4I］へ連れ込んで強姦しようとする事件もあった。

> 一昨夜八時頃牛込区新小川町二丁目住小池善吉（十四）が同区隆慶橋に涼み居りし処を十七八位の書生三名が無理に誘ひ行きて同区上宮比町の空家へ連れ込み今や鶏姦せんとする折しも善吉が泣き叫ぶ声を近所の者が聞附けて三人を取押へ巡査に引渡したので牛込警察署にて取調べると此書生は牛込区上宮比町に住む竹楽義方（十八）瀧野春吉（十七）麹町区三番町住相澤勘（二十）と解り厳重に処分せらるべしといふ

（『万朝報』明治三十一年八月三十日）

この事件では、数百メートルも離れた隆慶橋から、わざわざ人家の建てならぶあたりを通って、神楽坂まで少年を誘い込んでいる。おそらく、繁華街としての神楽坂の魅力が、少年をおとなしく、連れていくことを可能にしたのだろう。

いかがであろうか。

神楽坂を舞台として、その周囲にたむろする青年たちが、虎視眈々と美少年を狙っていることが、わかってもらえたろうか。

明治の後半の牛込では、坂こそが、美少年にとって危険な場所だったのである。

皇居をはさんで、東にある丸の内の原、そして、西側の牛込の坂。

明治の東京に暮らす美少年のための安全地図がもしあったならば、そのふたつのエリアが、もっとも色濃く危険地帯として塗られるべき個所であることは間違いない。

特集2

朝鮮半島の「性」

朝鮮社会への公娼制導入過程

——朝鮮社会における性売買取締り

朴貞愛《パクジョンエ》
Park Jung Ae
澁谷知美 訳

■解説——本稿の位置づけと訳出箇所について

以下の文章は、韓国の歴史研究者、朴貞愛《パクジョンエ》の博士論文『日帝の公娼制施行と私娼管理の研究』（二〇〇九年、淑明女子大学）の第二章第二節第一項の翻訳である。朝鮮社会にはもともと公娼制（国家が公認した売春制度）が存在しなかったが、日本の支配下で、それがどのように導入されたかを描いている。

このかんの事実関係を示した論文は、朴の論文以前にすでに存在していている。孫禎睦《ソンジョンモク》、山下英愛《ヨンエ》、宋連玉《ソンヨンオク》、姜貞淑《カンジョンスク》、藤永壮《たけし》らによる研究である。また、この論文のオリジナリティは今回訳出しなかった箇所——朝鮮における私娼にたいする政策はいかなるものだったか——にあり、訳出部分はオリジナル部分を理解するための前提知識を述べたものに過ぎない。しかし、あえて今回、翻訳するのは、法令関係の変遷と、その中でほんろうされる朝鮮の人びととの息づかいとが分かりやすくコンパクトにまとまっている点が目を引いたからである。先行研究は詳しく書かれている分、一般読者が読むのには難しい部分があった。

植民地朝鮮における公娼制度の確立について、主だった事項を年表形式で示せば、次のようになる。

一九〇四年　四月、大韓帝国政府が、朝鮮人の三牌《サムペ》

（売淫する遊女）などの集住政策を打ち出す。三牌は詩洞《シドン》（植民地期の笠井町、現・笠井洞《イプチョンドン》）という地域へ移転するよう命じられた。詩洞以外では売春はいっさい禁じられた。

なお、大韓帝国政府が日本の強い影響下にあった当時の状況をかんがみれば、この政策には日本側の意向が強く反映されていると考えられる。一九〇二年の日英同盟により英国の後ろ盾を得た日本は、脅威だったロシアを牽制《けんせい》しながら、朝鮮半島において拡張政策を進めていた。一九〇四年二月には日韓議定書、同年八月には第一次日韓協約を、大韓帝国に強要した。

六月、ソウルの日本人居留民団が、双林洞《サンニムドン》に「第二種料理店」（事実上の貸座敷）営業地域を定める。のちの新町遊廓である。ついで、一九〇六年には桃山遊廓（のちの弥生遊廓）が開設された。

一九〇五年　日本が日露戦争に勝利し、朝鮮を保護国とする（〜一九一〇年）。それにともない、日清戦争を背景に一八九〇年代からすでにいた日本人の売春業者の数がさらに増加する。当初、彼らは居留地内で商売をしていた。藤永壮によれば、この頃、日本内地とコンセプトを同じくする公娼制度が日本人居留地域で実施されはじめた（藤永、二〇〇四、一七〜一八頁）。

一九〇六年　警務庁（警察業務にあたる機関。当時はソウルだけを管轄）が、売春をすると考えられる朝鮮人女性たちの範囲を定め、彼女たちの性病検査に乗りだす。最初の検黴《けんばい》は同年二月で、受検者一三九名中四七名が罹患《りかん》者と診断された（藤永、二〇〇四、一八頁。『帝国新聞』一九〇六年二月八日）。

一九〇七年　警務庁の業務を、新設の警視庁が引き継ぐ。

一九〇八年　九月、警視庁が警視庁令第5号「妓生取締令」、第6号「娼妓取締令」を公布。はじめての朝鮮人を対象とした売春管理法であった（本文参照）。ここで妓生《キーセン》、娼妓《しょうぎ》を認可営業とすることなどが定められた。同年一〇月一日、ソウル在住の妓生、娼妓が召集され、警視庁第二課長の浜島尹松が諭告を行った。ここではじめて「妓生」「娼妓」の定義が示された（藤永、二〇〇四、二〇頁）。

一九一〇年　六月、日本が大韓帝国政府に「韓国警察事務委託ニ関スル覚書」を強要、朝鮮の警察権を完全に掌握、新たに警務総監部が設置された。同年八月、韓国

「併合」。日本は朝鮮を完全に植民地化する。

一九一一〜一三年　全国一三道のうち八道が料理店・飲食店、芸妓《げいぎ》・酌婦などにたいする管理法令を新たに制定。集娼政策の徹底、年齢下限の調整、検黴規定の整備などがおこなわれた。これら法令の効力は日本人・朝鮮人に等しく及ぶはずだったが、日本人営業者にたいする取締りが主な目的であったと見られる（藤永、二〇〇四、二二頁）。

一九一六年　三月三一日、警務総監部令第4号「貸座敷娼妓取締規則」公布（同年五月一日施行）。これまで植民地朝鮮において、地方ごとにばらばらだった規則が統一された。同時に、警務総監部令第1号「宿屋営業取締規則」、同第2号「料理屋飲食店営業取締規則」、同第3号「芸妓酌婦芸妓置屋営業取締規則」も公布された。植民地朝鮮における性風俗政策の根拠となる法体系が一通り整うことになった（藤永、二〇〇四、二七頁）。

今回の訳出箇所が主に扱っているのは、日清戦争を背景に日本人業者が朝鮮半島に進出しはじめた一八九〇年代から、朝鮮人を対象とした初の売春管理法である「妓生取締令」「娼妓取締令」が出された一九〇八年まで。日本が自国の売春管理システムを朝鮮半島に移入し、確立した時期である。そして、その時期の前段階についても言及がなされ、日本のシステムが移入される以前の朝鮮人「売春女性」の位置づけのあいまいさが描かれている。のちに「売春女性」として定義される彼女たちの一部は、「妓生」と呼ばれる歌舞音曲集団であった。そのうち下級の者は売春行為をしていたものの、アイデンティティはあくまで歌舞音曲家であり、「売春婦」という点に重きを置いていなかった。また、「蝎甫《カルボ》」「色酒家《セクチュカ》」といった売春女性がおり、売春行為じたいは処罰の対象になっていたものの、国家による組織的な管理を受けていたわけではなかった。そうした朝鮮社会における売春をめぐるあいまいな状況に、法による定義を持ちこみ、「売春者」を規定して管理をおこなったのが日本であった。

なお、訳出にあたっては、日本語としてなじみのない用語をあえて直訳している。それは「性売買」で、「売買春」と訳すべきか迷ったが、直訳している日本語文献があること（山下、二〇一〇）、直訳しても意味が推測できると思われることから、直訳を選択した。一方、既存の日本語文献では直訳されているものの、本稿ではあえて直訳しなかった用語もある。「団束」という用語がそれで、取締りの意味である。藤永（二〇〇四）は直訳しているが、意味が類推しづらいことから、「取締」もしくは「取締り」と訳出した。また、直訳すると「日帝」となる言葉は、「大日本帝国」を意味するが、「日本」と訳出した。

翻訳部分に入れた見出しは、読者の便宜をはかって訳者が挿入したものであり、原文のものではない。また、強調したほうがよいと思われる固有名詞には、訳者の判断で「　」を付した。〔　〕は訳者による補足である。旧字体の漢字の一部は新字体に改めた。資料の引用と本文の解説が重複している箇所について、一部改変した。註の中には紙幅の関係で略記するのにとどめたものがある。解説部分と翻訳部分の参考文献は、とくに言及がないかぎり、すべて韓国語で書かれている。

●参考文献（解説部分）

姜貞淑、一九九八「大韓帝国・日帝初期ソウルの売春業と公娼制度の導入」『ソウル学研究』一一号

宋連玉、一九九三「朝鮮植民地支配における公娼制」『日本史研究』三七一号（日本語）

――、一九九四「朝鮮『からゆきさん』――日本人売春業者の朝鮮上陸過程」『女性史学』四号（日本語）

――、一九九八「大韓帝国期の〈妓生取締令〉〈娼妓取締令〉――日帝植民地化と公娼制導入の準備過程」ソウル大学校国史学科『韓国史論』四〇巻

孫禎睦、一九八二「韓国居留日本人の職業と売春業・高利貸金業」『韓国開港期社会経済史研究』（ソウル、一志社）

――、一九八八「日帝下の売春業――公娼と私娼」『都市行政研究』三号

藤永壮、二〇〇四「植民地朝鮮における公娼制度の確立過程――一九一〇年代のソウルを中心に」『二十世紀研究』五号（日本語）

山下英愛、一九九二「朝鮮における公娼制度の実施」尹貞玉ほか『朝鮮人女性がみた「慰安婦問題」――明日をともに創るために』（三一書房、日本語）

――、二〇一〇「韓国における性売買政策の概観」宋連玉・金栄編著『軍隊と性暴力――朝鮮半島の二〇世紀』（現代史料出版、日本語）

（澁谷知美・記）

●「娼妓取締令」による性売買の公認

朝鮮半島では、朝鮮時代まで制度的に売春が公認されたことはなく、朝鮮政府は「淫《みだ》らな風俗は法で厳しく罰する」という方針のもと性売買を禁止していた。一四七

二年には、「淫らなふるまいをして利益を得ようと」した者を花娘《ファラン》や遊女《ユニョ》と呼び、姦通罪に相当する犯奸律《はんかんりつ》に一等級を加えて罰する意向を明らかにしていた。[*1] また、花娘と遊女だけでなく、性売買を見ていた者や仲介した者、きちんと取締らない官吏をも処罰すると明言しており、性売買厳禁の方針がかなりしっかりと実施されていたことがわかる。とくに仲介者については、詳細な事例をあげて検討している。[*2] 朝鮮中期に該当する一六世紀には、処罰の強化が議論された。[*3] 花娘と遊女が良家の子女なら、さびれた地域の奴婢《ぬひ》として生涯勤めさせ、身分の低い者の子女ならば、杖百打、島流し三千里の罰を与えるとした。[*4] 一八世紀に入っても、花娘と遊女の滞留を制限し、売春禁止の方針をつづけた。[*5]

朝鮮人を対象とした性売買管理の法令がはじめて制定されたのは、一九〇八年のことだった。この年の九月二五日に、警視庁令第6号として「娼妓取締令」が公布され、娼妓稼業の許可条件が規定された。[*6] 仮に大韓帝国政府が決定した措置であったとしても、当時、韓国の警察権は統監府〔朝鮮総督府の前身〕の指揮監督下にあったため、[*7] 日本の意図にもとづく法令公布だったと言える。これにより、永らく性売買を厳格に禁止してきた朝鮮政府の政策が試行錯誤するひまもなく、朝鮮半島に公娼制が導入されることとなった。朝鮮政府の性売買禁止政策は、内外法を根幹とした儒教倫理から始まったものであり、それゆえ女性にだけ強要された貞操イデオロギーを濃厚に反映したものだった。ところが、永らく儒教秩序下で性にたいして厳粛だった人びとは、公娼制により性売買が公認されるという、異例の政策にとつぜん接することになった。

〈娼妓取締令〉は同日公布された警視庁令第5号〈妓生取締令〉と一緒に施行された。全体で5条の簡単なもので、許可条件および義務事項を盛りこんだものだった。娼妓についても妓生についても、規定の内容は同一であった。[*8] 取締令施行に関する具体的な内容は、〈妓生及娼妓取締令施行心得〉、〈各警察署長及分署長ヘノ通牒〉、〈妓生（娼妓）組合規約標準〉、〈妓生（娼妓）ニ対スル諭告條項〉等に掲載されている。[*9]

●妓生と娼妓

取締令制定が持ったもっとも大きな意味といえば、この時はじめて妓生と娼妓の範囲が決められたという点だった。それぞれへの諭告条項で、妓生は「旧来官妓又ハ妓生ト呼ヒタルモノヲ総称」すると、娼妓は「賞花室《サンファシル》、掲甫《(ママ)》又ハ、色酒家《セクチュカ》ノ酌婦ヲ総称」するとして、その範囲が定められている。[*10]妓生と娼妓にたいする取締規定を別々にしたのは、両者の階級が違うからだった。妓生が一定の技芸を持つ高尚な存在だとすれば、娼妓は性売買のみを専門とする下等な存在であった。[*11]そして、「蝎甫《カルボ》」「二牌《イペ》」「三牌《サムペ》」「色酒家」などは娼妓を、「一《イル》牌《ペ》」は妓生を意味するとされた。

右で見たように、取締令は、当時存在した妓生および蝎甫、色酒家〔酌婦〕を対象とした。このうち、妓生は昔からいたが、色酒家〔酌婦〕などは近代に入って出現した。[*12]花娘や遊女など、近代以前に性売買者と見なされた人びとは、〔近代以降の〕法令や警察関連文献では見られなくなっている点が興味深い。

〔近代以降の〕一九二七年、李能和《イヌンファ》が『朝鮮解語花史』において、花娘・遊女に言及しているのを見ることができるが、[*13]これは、文献や当時の社会で見られた性売買関係者を総網羅する過程で言及されたものと思われる。すなわち、前近代の花娘・遊女などは、ある時点から蝎甫と呼ばれはじめ、公然と性売買をする者として新たに位置づけられたと見られる。厳しい処罰の対象だった花娘・遊女などが公然と性売買をすることになった時、もはや彼女たちは伝統的な存在ではなくなったということである。

だとすれば、蝎甫はいつから出現したのだろうか。李能和は甲午年である一八九四年以後だったという。

> 京城には、昔からもともと蝎甫はいなかった。ところが、高宗《コジョン》甲午年〔一八九四年〕以後、はじめて盛んになり、人びとが言うことには、世も末であると。[*14]

一八九四年、日清戦争が起き、日本人性売買業者と女性が急増する時期に、蝎甫の存在が目につきはじめたということだ。次の文〔一九二四年の新聞記事〕では、もうすこし直接的に日清戦争と性売買女性の出現を結びつけているのを見ることができる。

> 牙山《アサン》で豆を炒《い》る音が聞こえだしてもう三〇年が過ぎ

た。軍人の尻を追って玄海灘を渡ってきた「ニホンムスメ」の歴史も、いつのまにか三〇年になっているようだ。朝鮮といえば、老人たちは、妓生はいなくなったようだが、娼妓だか酌婦だかいう新しい名前の女が、おしろいの匂いとともに貞操を売り、酒宴でつくり笑いをして、男から金を巻きあげるのは、やはり甲午年以降のことだという。[*15]

妓生のさまざまな来歴

性売買女性とされた人びとの中には、一九世紀末に増加する性売買を背景として新しく出現した女性たちもいたが、従来の妓生から分化したり、妓生を自称し、「二牌」「三牌」と呼ばれた女性たちもいた。本来、朝鮮時代の妓生は、「女楽《じょがく》」として礼楽〔もてなしのための歌舞音曲〕の一部を構成し、掌楽院《チャンアグォン》〔宮廷楽団〕に所属して「官妓」と呼ばれた。非公式的には、個別に両班《ヤンバン》男性たちに私有されることもあったが、一九世紀中盤までは妓生の位置づけは官妓であった。[*16] 妓生社会に大きな変化がおとずれたのは一八九四年の甲午改革の時だ。公私奴婢制廃止で妓生が賤民身分から抜けだしたのである。彼女らは身分制から解放されると同時に、宮廷や官庁から追いだされることになった。甲午改革の時だけでも解雇された妓生は三〇〇人に及んだという。[*17] しかし、一九〇八年三月以後、〔掌楽院の後継機関である〕掌握課《チャンアッカ》に三〇人だけ官妓が残ったのちも、妓生の宮中行事参加はつづいていた。[*18] つまり、妓生は解体されたものの、宮中行事に呼ばれつづけ、女楽の命脈をある程度つないでいたということである。[*19] 彼女らと、その弟子として官妓の伝統をうけついだ妓生が、官妓解体以降に「一牌」と呼ばれたものと見られる。

一方、妓生を一牌、二牌、三牌で区分しようとする試みが常にあったことからわかるように、二〇世紀前後に妓生と総称された女性たちの位置づけは単純ではなかった。[*20] 李能和は、二牌は、「ひそかに体を売る女で、淫売女ともいったが、中には妾稼業《めかけかぎょう》をする人が多く、また、妓生出身が多かった」[*21] と説明している。官妓身分から脱けたものの妓生社会において競争力がなかった者が、生計をたてる手段としてこっそり性売買をしていたことも述べられている。三牌は一九世紀中盤以後、活動した妓生の亜流集団だった。当初は、雑歌類〔雅楽以外の歌の総称〕だけを歌い、歌舞にあまねくたけていた妓生とは比較にならない存在だったが、二〇世紀に入り、大衆公演や興行をしばしば行うことになり、「芸妓《イエギ》」の称号を与えられるまでになった。[*22] 三牌が芸妓と呼ばれ、妓生を自称する三牌が出現する一方、妓生が三牌とともに舞台に上がるなどし、妓生と三牌の区分はあいまいになった。妓生は官妓出身であることを前面に出しながら自分たちと三牌とを区別しようとし、三牌は妓生を模倣しながら公演芸術家として躍進していった。[*23] こうした中、日本が一九〇八年に取締令を制定し、妓生と遊女の範囲を分け、三牌を娼妓として位置づけたものと見られる。李能和が一九二七年の著書で、三牌は「売淫する遊女をいう」[*24] としたのも、この時の位置づけに端を発したものだった。

集住の試み

一方、取締令が公布される以前にも、大韓帝国政府の性売買取締りの試みはあった。一八九四年以後、性売買行為が公然となされるようになると、世論はその禁止を警務庁に要求した。[*25] 一八九四年ソウルにて、警務庁は「売淫行娼する遊冶女を一切厳禁する次」に基づいて「各地のいわゆる蝎甫」と「ごろつき」を数十人捕らえた。[*26] 一八九四年時点で、性売買を厳しく禁じる意思を見せているということだ。これは、近代以前の性売買取締方針をうけついだものだと言うことができる。

しかし二〇世紀に入り、警務庁の態度は変わらないわけにはいかなかった。一九〇四年から始まった日露戦争をつうじて、売春がまた急増し、その頻度が禁止できるレベルを越えてしまったのである。

さいきん巷《ちまた》で、淫売を買う弊風《へいふう》がひどい。外国人たちがしばしば村の家を探訪し、娼婦がいるかいないかを問うので、住民たちは驚いている。昨日、警務庁みずからが、各地の遊女の夫、五十余名を招集した。曰く、「お前たちは賤業ゆえに汚く、良家がはなはだ困っている。国の法律は当然〔性売買を〕禁じているが、多数の男女をいちいちしょっぴいて取り調べるのも不可能だ。かといって良民と混住させることもできない。お前たちが居住できる場所があれば、そこを居住区域とする」。該当者たちが便利な場所を選んで曰く、龍《ヨン》洞《ドン》および鐘峴《ジョンヒョン》、芋洞《ウドン》近辺が良いであろうと。四〇日以内に期限を区切り、そちらに移転するようにした。この命令ののち、ほかの町に混住しようとしても不可能で、今後、妓女は〔指定された居住区域をのぞいて〕いなくなるであろう[*27]〔一部意訳〕。

それから四十日余りが過ぎて後続記事[*28]が出、詩洞《シドン》に居住地を定めて一戸に六、七人あるいは四、五人ずつ住まわせるようにしたという。「賞花堂」という表札を掲げさせ、この地域以外ではいっさい性売買ができないようにした。この時、詩洞に移住した女性たちは、「各地で売淫していた、いわゆる三牌など」だったという。一九〇八年の取締令制定時、娼妓の範疇《はんちゅう》に入れられた「賞花室〔賞花堂に同じ〕」は、そのまま彼女らを意味する。

この時期、警務庁の取締りは、何より「風紀取締」を意味していたと見られる。大韓帝国政府は一九〇〇年に、当時の警務庁の分課を決定し、〈営業及風俗警察に関する事項〉を含む風紀取締りも警察の任務とした[*29]。そしてこの頃、性売買の増加で「弊風がひど」くなるやいなや、一般良家を「汚染」させない目的で、性売買女性を集住させたのである。

> 警務使・申泰休《シンテヒュ》は、遊女を集めて〔一般良家とは住む〕区域を別にして、生活させるようにした。旧制度では外国人男女と交姦した者は殺されることになっていたが、開港後、その禁制がやや解けた。……都市と田舎の各地の遊女は、朝は日本女の身なりをし、夕方には西洋女の身なりをして、ドアに寄りかかって客を待つのだが、見る者がいると顔を隠す。申泰休はこれを嫌い、遊女を一箇所に集めて住まわせることにより、一般人に混ざって住むことができないようにしたのである[*30]。

右の文でも警務庁時代の措置が、風紀取締りにあったことがうかがえる。これは公娼制再編の目的が、何よりも性病予防にあった近代日本と比較できる部分だ。

●弾圧的な性病検診

一方、この時期、性病検診の必要性から性売買取締りを求める声が、衛生論を主張する文明開化論者から出はじめた[*31]。官立漢城《ハンソン》医学校校長だった池錫永《チソギョン》は、「伝染病のうちにとくにひどいのが性病（楊梅瘡《ようばいそう》、梅毒）」と言い、潜伏期が長く、伝染性が強く、後世代にまで影響を与えるからだと述べた。そして、その伝染は「娼妓」から始まるので、「各国の法を使って妓籍〔娼妓の名簿〕を作り、日を決めて検査をし」、病の芽を切り捨てられるようにしようと主張した。[*32] 性売買女性を登録させて定期的な性病検診をしなければならないと主張したのである。

朝鮮人を対象に最初の性病検診が施行されたのは、一九〇六年に入ってからだった。ここには、「顧問」の名のもとに朝鮮の警察権を掌握し、機構を改編した日本の政治的介入があった。一九〇四年八月に締結された第一次日韓協約により、日本は日本人顧問官を派遣し、内政干渉を強化した。一九〇五年に警務顧問として派遣された丸山重俊は、衛生警察の仕事を強調し、自身が掌握した警務庁の所管に中央行政機関である衛生課を移そうとした。その結果、一九〇六年一月、内部官制が改正され、伝染病、風土病の予防と種痘、その他いっさいの衛生に関する事項などの衛生関連業務を警務庁が担当することになった。衛生関連の全般的な分野すべてが警察の所管となったのである。これとともに警務庁は、衛生事務だけを担当する衛生課を別途置いて、衛生警察の任務を強化した。[*33]

昨日の警務覚書によれば、城内各地の妓生と塔仰謀《タバンモ》利《リ》〔売春婦のこと〕を呼び、病があるかないか検査したところ、あわせて一三九人で……[*34]

韓国で衛生警察が誕生した直後である一九〇六年二月七日、警務庁はすぐに性病検診を実施した。検査の方式は「日本人の主張で、器具をもって下門〔性器〕を検査」したのだが、「このようなことははじめてだと、女が驚惶失色《きょうこうしっしょく》〔ひどく驚くこと〕して泣く者が多かった」という。[*35] 検査は警察署で選定した医師が行い、[*36] 場所は国立病院である広済院《クワンジェウォン》であった。[*37] 一九〇七年八月、私設検査所の賞花室梅毒検査所ができたあとは、そこと[*38]大韓医院《テハニウォン》[*40]で[*39]行った。強圧的な性病検診にたいする反発は強く、女性だけを対象にする性病検診は無用とする論[*41]も出てきたが、検診は一カ月に一度つづいた。[*42]

一方この時期、性病検診を目的に、対象女性たちを集住化させようとする試みがあった。

中署の所轄内では、売淫女たちがいろいろな地域に散住しているゆえ、毎月、検査をする時に脱落する者がある。したがって、検査の便宜をはかるため、承文《スンムン》洞《ドン》にいっせいに集めて居住させるという[*43]〔一部、意訳〕。

性売買女性たちが各所にいるので、性病検査から脱けおちる者があり、便宜をはかるため承文洞に集住させるという内容だ。しかし、取締令制定当時、娼妓の範疇にある者として「賞花室」女性のみが言及されていることを見ると、この時の集住化はまともに施行されなかった〔つまり、他の売春女性はとりこぼされた〕らしい。

詩洞の賞花室をのぞいては、対象女性たちの集住化が達成されないまま、一九〇八年に警視庁の取締令が公布されたのだった。このことは、日本および朝鮮の日本人居留地の売春管理政策が、遊廓（貸座敷）に集住させられていた女性たちを最初として実施された事実と比較される。外国人相手の売春女性が増え[*44]、衛生警察の業務が重視される中で、日本は体系的な性病検診のために性売買管理を急がなければならなかったのである。

当時、取締にかんする法令を集めて統監府がまとめた「妓生及娼妓ニ関スル書類綴」の「沿革」にも、性病検診の過程とその評価にかんする事項のみが記録されており、取締令制定の趣旨がどこにあったのかを物語っている。また、一九〇九年、各道の警察部長会議と警務局長訓示を含む一九一〇年発刊の『韓国警察一斑』でも、「取締りの主眼は、とくに衛生問題にもっとも重点を置くこと」が明らかにされている[*45]。

●娼妓とは誰か

この時期に問題になったのは、集住地もなく、売春専業者に対する社会的合意がない状態で、誰を性病検診の対象とするかということだった。日本では遊女を対象とした性病検診を基調とし、芸妓や酌婦にたいしても不定期的に性病検診を施行していた。また、朝鮮の日本人居留地では、性病検診が確実に施行されれば、その対象を芸妓や酌婦と呼ぶことは大きな問題ではなかった。

しかし朝鮮のように性病検診に対する反発が激しく、性売買者以外は性病検診を避けることができると思われている場所では、まずはじめに性売買専業者としての娼妓が誰であるかを確定する必要があった。取締令は、娼妓の範囲として、「賞花室、蝎甫又ハ、色酒家ノ酌婦ヲ総称」するとした。このことは、〔娼妓の範囲を広く取る〕性売買政策が、性病検診の対象としての娼妓を大量に生みだしたことを物語っている。蝎甫は論者によれば、当時の官妓まで含む広い概念であり、〔賞花堂、蝎甫に含まれていた〕三牌[*46]は当時、妓生とともに舞台に上がったりもするなど、性売買女性としてのアイデンティティがあいまいな女性であった。「妓生及娼妓ニ関スル書類綴」の「沿革」で、性病検診の対象を「賞花室、売淫隠女」と「売淫下類」に分けたことにも[*47]、三牌を性売買女性として位置づけることができなかった日本の苦悩ぶりがかいまみえる。以後、一九一六年に公娼制および私娼管理の体制が確立されたのち、三牌は甲種妓生として営業許可を得て、娼妓のカテゴリーから脱することになった。[*48]しかし、妓生は営業申請時、警察が指示するところで性病検診を受け、健康診断書を提出しなければならなかった。[*49]娼妓を対象とした性病検診が広まったあと、その対象を〔妓生を含む〕私娼に拡大しながら、三牌を妓生に位置づけたということである。

一方、妓生に対して露骨に性病検診をすることはできなかったものの、日本は妓生を「やはり売淫婦であるという点では同じ」と認識している。[*50]ただし当時、宮廷に出入りして官妓としてのプライドを持っていた妓生を性病検診の対象と見なし、性売買が可能な者として処遇することには、〔管理する側の〕負担感があったと考えられる。当時、尚房《サンバン》や薬房《ヤクバン》、掌握課の管理を受けつつ、妓生は依然として大韓帝国王室と関係を結んでいた。[*51]

〈妓生取締令〉の要点は、これら妓生の管理機関を警視庁に移すことだった。営業を申告した妓生に許可証を発行しながら、警視庁は妓生営業者の名簿を作成した。そして妓夫《キブ》〔客引きをする男〕との関係を切って組合を設立し、警視庁の認可を受けるようにした。妓生取締りを効率化するためだったが、抵抗を最小化し、妓生への性病検診を可能にするものでもあった。「妓生組合規約標準」を通じ、警視庁の指示による妓生の健康診断を組合の義務事項とした。[*52]しかし反発に備えてか、すぐには性病検診を実施しなかったようだ。妓生にも性病検診が施行されることを〔〈取締令〉が公布された一九〇八年に遅れること一年の〕一九〇九年に入ってから予告し、雰囲気を見ているからである。[*53]

●—「取締令」の意味

〔朝鮮における〕取締令の内容を、当時の日本と比較してみよう。朝鮮では娼妓と妓生になれる年齢はどちらも一五歳以上であったのにたいし、日本の場合、娼妓は一八歳以上、芸妓は一三歳以上だった。〔朝鮮において、日本より若い一五歳から娼妓になれる理由は〕朝鮮の結婚許可年齢が一五歳以上だったからということが指摘されているが、当時の日本も同じだったという事実[*54]を考えれば、娼妓になれる対象をできるだけ拡大するという意図が反映されていると見られる。一方、朝鮮妓生と日本芸妓に年齢差があることは、妓生を〔芸妓よりも〕娼妓と似たものとして見ていた日本の視線が反映された結果と思われる。

一方、日本は、妓生の「花債《ファチェ》」が時間に関係なく一回四、五円なので、「安くはなく、顧客にとって不便なので、一時間あたりの花債を決め」ようとし、そして、「組合は一時間あたり八〇銭以内に花債を決め」た。[*55]さらに「顧客が増加すると思われるので、収入が減ることはないだろう」と言った。しかし、妓生組合が「花債の証券」をむやみに発売したので、「無知で思慮分別のない者たちが色酒界で便利を受け」るようになり、財産を失うケースが多かったという。[*56]遊女の「花債」もまた、妓生と「同一に高価」なので「これを革新」し、新しく制定しようとする意図を〔日本は〕示したが、[*57]これも「顧客に便宜を提供」するという意味であった。

以上、見たように、一九〇八年の取締令などで一段落した朝鮮人性売買政策の方向は、これまで隠密裡《おんみつり》に成立していた性売買の公認化であり、三牌や妓生などを含んだ管理対象の拡張だった。そして「花債」と呼ばれた遊興価格を下げて、買う側のアクセシビリティを高めるということでもあった。その結果、妓生の性売買の可能性が開かれ、売春はよりいっそう増加することになった。

●註

*1 『成宗実録』一四七二年七月一〇日(http://sillok.history.go.kr/)。
*2 上記『成宗実録』。
*3 『中宗実録』一五一三年一〇月三日(http://sillok.history.go.kr/)。
*4 延正悦「大典後続録に関する一研究」『漢城大学校論文集』第二五巻一号、二〇〇一年、一一頁。
*5 一七四六年に発刊された『続大典』刑典禁制条項に花娘と遊女

の取締りにかんする内容がある。ソウル内の花娘、遊女は良家の子女であれば奴婢として永続させ、公私賤であれば杖百打を与える。国内のあらゆる都鄙《とひ》において、彼女らの長期滞在は許容されなかった（孫禎睦「開港期韓国居留日本人の職業と売春行・高利貸業」『韓国学報』第一八号、一九八〇年、一〇五～一〇六頁）。

*6 統監府警務第二課「妓生及娼妓ニ関スル書類綴」一九〇八年（山下英愛「朝鮮における公娼制度」『日本軍「慰安婦」関係資料集成』上巻、明石書店、二〇〇六年、五七二頁より。以下、『資料集成』と略記）。

*7 統監府は一九〇七年に韓国政府と〈日韓新協約〉を締結し、韓国の軍事権と警察権を掌握した。また、そのための法的根拠を用意するため、統監府は韓国政府と警察事務の執行に関する取《とり》極書《きめしょ》に調印し、韓国の警察を実質的に指揮監督した（金貞恩「大日本帝国支配下の警察組織と朝鮮人党政政策」淑明女子大学韓国史学科修士論文、一九九八年、九～一〇頁）。

*8 大韓帝国の官報によれば、次のような内容であった。

警視庁令　第5号（第6号）

妓生取締令（娼妓取締令）は左の如く定める。隆熙二年　九月二十五日　警視総監　若林賚蔵

妓生取締令（娼妓取締令）

第一条　妓生（娼妓）として為業する者は、父母やこれに代わる親族の連署した書面により、所轄警察官署を経て警視庁に申告し、許可証を受けることができる

第二条　妓生（娼妓）は、警視庁で指定した時期に組合を設け、規約を定め、警視庁の認可を受けることができる

第三条　警視庁は風俗を害したり、あるいは公安を紊乱《びんらん》する処があると認めた時は、妓生（娼妓）為業を禁止し、あるいは停止することがある

第四条　第一条の許可を受けず妓生（娼妓）を為業とする者は十日以下の拘留又は拾圓以下の罰金に処す

附則―第五条　現在、妓生（娼妓）として為業する者は、本令施行日から三十日以内に第一条の規定を遵行することができる

（内閣法制局官報課、『官報』第四一八八号、一九〇八年九月二八日）

*9 統監府警務第二課「妓生及娼妓ニ関スル書類綴」一九〇八年（前掲『資料集成』五七三頁、六六二～六八七頁）。

*10 統監府警務第二課、前掲文（『資料集成』六七三～六七四頁）。

*11 韓国内部警務局「第十三章　風俗警察」『韓国警察一斑』一九一〇年、二九二、二九八頁。

*12 朝鮮王朝実録には、蝎甫および色酒家、酌婦の用語を見つけることができない（朝鮮王朝実録サイト http://sillok.history.go.kr/）。

*13 李能和著、李在崑編『朝鮮解語花史』東文選、一九九二年、四四一～四五〇頁。

*14 李能和、前掲書、四四二頁。

*15 「女人虐待、公娼廃止を売笑婦自身が」『東亜日報』一九二四年五月一〇日、二面。

*16 ソ・ジヨン「植民地時代の妓生研究（Ⅰ）――妓生集団の近代的再編の様相を中心に」『精神文化研究』九九号、二〇〇五年、二六八～二七一頁。

*17 「京城の花柳界」『開闢』第四八号、一九二四年六月、九七頁。

*18 クォン・トヒ「二〇世紀官妓と三牌」『女性文学研究』第一六号、二〇〇六年、八六～八七頁。一方、掌楽院は一八九七年に「教《キョ》

坊司《パンサ》」に、一九〇七年に「掌握課」に縮小改変された（ソ・ジヨン、前掲論文、二七二頁）。

*19 ソ・ジヨン、前掲論文、二七二頁。

*20 ソ・ジヨン、前掲論文、二八八～二九〇頁。

*21 李能和、前掲書、四四三頁。

*22 クォン・トヒ、前掲論文、九九～一〇一頁。

*23 クォン・トヒ、前掲論文、一〇九～一一二頁。

*24 李能和、前掲書、四四四頁。

*25 「宜禁売淫」『独立新聞』一八九六年七月一一日、「強勧売淫」『独立新聞』一八九六年一〇月一三日。

*26 「売淫厳懲」『時事叢報』一八九九年八月一日。

*27 「娼女定区」『皇城新聞』一九〇四年四月二七日。

*28 「三牌合巨」『大韓日報』一九〇四年六月一二日。

*29 宋連玉「大韓帝国期の〈妓生取締令〉〈娼妓取締令〉——日本の植民地と公娼制導入の準備過程」『韓国史論』四〇巻、ソウル大学、一九九八年、二五五頁。

*30 『梅泉野録』巻四 甲辰 光武八年條（孫禎睦「開港期韓国居留日本人の職業と売春業・高利貸金業」『韓国学報』一八巻、一九八〇年、一一〇頁より引用）。

*31 パク・ユンジェ『韓国近代医学の起源』ヘアン、二〇〇五年、二九～三〇、六九頁。

*32 「寄書：楊梅瘡論」『皇城新聞』一九〇二年一一月一七日。

*33 以上の警務局改変と衛生警察については、パク・ユンジェ、前掲書、一六三～一六四頁参照。

*34 「娼婦調査」『帝国新聞』一九〇六年二月八日。

*35 「娼婦調査」『帝国新聞』一九〇六年二月八日。

*36 統監府警務第二課「妓生及娼妓ニ関スル書類綴―沿革」一九〇八年（『資料集成』六六二頁）。平壌では、平壌病院の医師で、かつ軍医の者が検診を実施したという（「平壌娼妓検黴」『大韓毎日申報』一九〇六年二月九日）。

*37 「診察妓生」『大韓毎日申報』一九〇六年六月二三日。「売淫検査」『大韓毎日申報』一九〇六年一〇月四日。

*38 統監府警務第二課「妓生及娼妓ニ関スル書類綴―沿革」一九〇八年（『資料集成』六六四頁）。詩洞での梅毒検査は〈娼妓取締令〉公布後、娼妓検査所での検査に変わった（「娼妓検査」『大韓民報』一九一〇年四月五日）。

*39 「酌婦検査」『皇城新聞』一九〇八年二月一九日。一九〇七年三月、広済院が廃止されたあと、その業務は新しい国立病院の系列である大韓医院に移管された。

*40 性病検診の方法は、「動物にたいする虐待（のような扱い）」とか、「人間にたいする対応とは言えない」ものとして受け取られた（「検黴無用」『大韓毎日申報』一九〇六年二月一六日）。この検診の対象になった女性たちは、たいへんに反発したり、店を閉鎖したり、性病検診の対象ではない妓生に転職したり、検査を避けて逃亡するなどした。一九〇八年、「今後、検黴の良い手段を探さなければ、混乱するであろう」と統監府が認識するほどであった（山下英愛『韓国近代公娼制度実施にかんする研究』梨花女子大学大学院女性学科修士論文、一九九二年、二三～二五頁）。

*41 「検黴無用」『大韓毎日申報』一九〇六年二月一六日。

*42 「売淫女合住」『皇城新聞』一九〇七年三月六日。

*43 「売淫女合住」『皇城新聞』一九〇七年三月六日。

*44 外国人がしばしば「娼婦」を探し求めていたという記事（「娼女定区」『皇城新聞』一九〇四年四月二七日）や、都市や田舎の各地の遊女たちが朝には和装をして、夕べには洋装をしていたと

いう『梅泉野録』の記録から、当時の主な性の購買者が誰であったかを推測することができる。
＊45 韓国内部警務局「第十三章　風俗警察」『韓国警察一斑』一九一〇年、二九八頁。
＊46 賞花室の三牌、あるいは蝎甫の範疇に含まれていた三牌は、「娼妓」と規定された。
＊47 統監府警務第二課「妓生及娼妓ニ関スル書類綴―沿革」一九〇八年（『資料集成』六六二～六六三頁）。
＊48 「妓生になるまで　なったあとがより大変」『毎日申報』一九一六年五月二一日。
＊49 一九一六年三月三一日に公布された警務総監府第3号「芸妓酌婦芸妓置屋営業取締規則」による。
＊50 統監府警務第二課「妓生及娼妓ニ関スル書類綴―妓生組合規約標準」一九〇八年（『資料集成』六七二頁）。
＊51 「警庁の倡妓句管」『皇城新聞』一九〇八年九月一五日。
＊52 統監府警務第二課「妓生及娼妓ニ関スル書類綴―沿革」一九〇八年（『資料集成』六六二頁）。
＊53 「妓生も検査」『大韓毎日申報』一九〇九年三月一三日。
＊54 宋連玉、前掲論文、二六一頁。
＊55 統監府警務第二課「妓生及娼妓ニ関スル書類綴―妓生組合規約標準ト妓生ニ対スル諭告條項」一九〇八年（『資料集成』六七二～六七三頁）。
＊56 「論説：所謂妓生組合所」『皇城新聞』一九〇八年一一月二一日。これにかんする説明は宋連玉、前掲論文、二六二頁参照。
＊57 「娼妓革新」『皇城新聞』一九〇八年七月一六日。

「男寺党」について

――朝鮮半島における性的マイノリティの伝統文化として

三橋順子

はじめに――ハ・リスのこと

河莉秀《ハリス》（하리수）という人をご存知だろうか？韓国初のＭｔＦ（Male to Female　男から女へ）トランスジェンダーのタレントである。一九七五年、韓国京畿道《キョンギド》城南《ソンナム》市に五人兄弟の次男として生まれ、男性としての本名は李慶曄《イギョンヨプ》といった。韓国の男性には兵役義務があるが、精神疾患（性同一性障害　Gender Identity Disorder）を理由に免除された。二〇〇一年、ドド化粧品のＣＭに出演して注目され、以後、女優、歌手、モデルとして大活躍する。

二〇〇二年一二月、仁川《インチョン》裁判所で、韓国で初めて戸籍上の性別変更が認められ、慶曄から慶恩《ギョンウン》に改名して法身分的にも女性になり、二〇〇七年、六歳下のラッパー・チョンと結婚してからは、実質、引退状態になっている。

日本では、二〇〇八年に写真集『ハリス・ビューティー』（竹書房）が刊行されたが、それほど話題にならなかった。

実は、私、二〇〇二年に韓国のテレビ局が制作したハ・リスの足跡を追う番組にコメント出演したことがある。ハ・リスは一九九〇年代後半に来日して、数年間、ナイトクラブで働いて生活費を稼ぎながら美容師になるための勉強をしている。その間、一九九八年に日本のどこか（おそらく大阪の「わだ形成クリニック」）で性別適合手術（造膣手術）を受けていて、日本との縁が深い。

韓国のテレビ局が日本に取材に来たのは、基本的

図1：ハ・リス

にはそうした足跡をたどるためなのだが、それだけでなかったようだ。コメント収録の前に、ディレクター氏に「韓国には他にハ・リスのような人はいますか？」と質問したら「いないです。オンリー・ワンです」という返事。さらに話しているうちに、どうも韓国におけるハ・リスの特異性の根源を日本に求めたいと思っていることが感じられた。つまり、韓国にはハ・リスのようなトランスジェンダー（性別越境者）が出現する文化的土壌はなく、それは日本の影響だ、という発想だ。

そこで思い出した。一九九〇年代初め、韓国に旅行したとき、東京女子高等師範学校（現：お茶の水女子大学）出身のガイドが「最近、梨泰院《イテウォン》という街に男が女の格好をして接客する店ができました。これは日本の悪い影響です」と断言していた。

韓国には、特異なもの、とりわけ社会にとって好ましくないものが出現すると、「日本の悪影響」と考える風潮があることは否めない。これもまたその一例なのかと思うと同時に、韓国（朝鮮半島）には、ほんとうにトランスジェンダーの文化伝統は皆無なのだろうか？　という疑問が浮かんだ。

「男寺党」についての文献

朝鮮半島には、トランスジェンダーの文化伝統は皆無なのか？　という疑問を私が抱いたのは、若い頃に、女装と同性愛（男色）をともなう放浪の芸能集団を取材した民族学のレポートを読んだ記憶があったからだ。

「性欲研究会」のソウル合宿で、韓国のセクシュアリティについて何か報告することになり、書籍の山の底の方からその文献を掘り出した。それは中村輝子「韓国の放浪芸一座——男寺党（ナムサダン）」という一九八四年に『季刊民族学』に掲載された報告だった（中村　一九八四）。豊富な写真で「男寺党」の芸能をイメージさせるとともに、集団内部での男色の慣習についても触れていた。

　私の記憶にあった男色をともなう放浪の芸能集団が「男寺党」と呼ばれていたことがわかったので、それをキーワードに関係文献を探したところ、志村哲男「背徳の男寺党牌――韓国の放浪芸能集団」（志村　一九九〇）が見つかった。民族音楽の視点から「男寺党」に注目したもので、「背徳の」という題名はいかにも差別的だが、メンバーの間での男色やピリ（稚児）の女装についても詳しく述べている。ただし、これは、一九七四年に韓国・ソウルで刊行された沈雨晟《シムウ ソン》『男寺党牌研究』（沈　一九七四）の部分翻訳でオリジナルなものではない。沈氏の『男寺党牌研究』は、「性欲研」のソウル合宿の際に仁寺洞《インサ ドン》の古書店で入手したが、私のように韓国語が読めない者には志村氏の紹介・翻訳はありがたい。

　また、安宇植《アンウ シク》編訳『アリラン峠の旅人たち――聞き書・朝鮮民衆の世界』に収録されている姜昌民《カンチャンミン》「放浪する芸能集団――男寺党の運命」（姜　一九八二）は、沈氏に紹介された男寺党生き残りの三人の老人へのインタビューをもとに構成されたもので、聞き書ならではのリアリティがあり資料価値が高い（以下「聞き書」と略称）。

図２：沈雨晟『男寺党牌研究』（同和出版公社、1974年）。

その他に、被差別民と芸能の視点から男寺党に注目している論考もあるが（金ほか　一九八五、久保　一九八五）、男寺党の男色集団としての側面には触れていない。

　このように男寺党について述べた文献のほとんどは、芸能、とりわけ漂泊の芸能集団という視点のもので、その特有のセクシュアリティに言及している論考はあっても、それを朝鮮半島における性的マイノリティの存在形態として積極的に評価した論考はまだないように思う。

男寺党の芸能

　まず、文献から芸能集団としての男寺党の概要をまとめておこう。

男寺党（남사당　ナmサダン）とは朝鮮半島における移動芸能集団である。数十人の集団で朝鮮半島各地を旅し、立ち寄った村で「男寺党ノリ（遊び）」と総称される芸能を披露し、村の発展と人々の健康を祈願して喜捨（布施）を集めることで生計を立てていた。名目は寺院の建立や補修のための勧進であり、寺を中心に活動したため「寺党」の名称がある。

男寺党は、コッドゥソエ（座長）、ゴルベンイソエ（副座長、企画・渉外）、トゥンソエ（各芸能分野の長、小頭）、カヨル（弟子、演技者）、ピリ（見習い）、ジョスンペ（冥土衆、元老）、ドンジムクン（担ぎ人夫）で構成されていた。

図3：1920年代の男寺党の公演。ピリ（女装の少年）による「肩乗り」の演戯（沈　1974、より）。

男寺党が村に入るときには、美しく着飾った女装のピリが行列の先頭で龍旗を持つ。演目は、プンムル（風物、農楽）、ポナ（皿回し）、サルパン（曲芸）、オルム（綱渡り）、トッペギ（仮面舞劇）、トルミ（人形芝居）の六幕で、音楽、舞踊、演劇、曲芸など多様な芸能要素を含んでいた。プンムルで舞童を務めるピリは一座の花形だった。

朝鮮王朝（一三九二～一九一〇）では、男寺党は「賤民」（非自由民）の中の「八般私賤」の一つ「広大《グワンデ》」（仮面劇や人形劇などの芸人）として、厳しい差別のもとに置かれていたが、朝鮮王朝末期には四〇近い一座が活動していた。しかし、二〇世紀に入り、日本統治下（一九一〇～一九四五）における近代化の過程で徐々に数が減り、さらに朝鮮戦争（一九五〇～一九五三）で構成員が四散して芸能の伝承も困難になった。

そこで一九五九年に男寺党の生き残りの南亨祐《ナムヒョンウ》を団長に「民俗劇会男寺党」が結成され、芸能の復興と伝承がはかられ、一九六四年には伝統芸能として韓国の重要無形文化財第三号に指定され、保護されるようになった。現在、ソウルの「伝授会館」に「保存会」がある。また、日本でも奈良県に「男寺党日本支部」があり、伝統の保存と普及に努めている。

男寺党のセクシュアリティ

男寺党は、構成員が男性のみであることに特色がある。ただし、その末期（一九三〇年代）には女性も加わるようになった。女性だけの芸能集団は別にあり、「女寺党《ヨサダン》」もしくは単に「寺党」と称していた（朝鮮王朝時代は禁止）。

男寺党の集団に新たに少年が入りピリ（見習い）となると、強制的に女装させられる。「聞き書」には「入れ髪をされたうえにチョゴリとチマを着せられたばかりか、化粧までされて……」（姜　一九八二）とある。「入れ髪」とは髢《かもじ》（付け毛）のことで、少なくとも舞台に出るときは完全な女装だった。

美しいピリが一座に入ると、コッドゥソェ（座長）以下カヨル（弟子）以上のメンバーの間で「ピリ争奪戦」が繰り広げられる。多くの集団では、ピリの数が全体の半数に至らないことが常態で、そのため、座長であってもピリは一人しか持てず、弟子たちすべてがピリを持てるわけではなかった。したがって、ピリの確保は重要で、集団内、あるいは他集団との間でピリの争奪戦は熾烈《しれつ》だった。「夫婦」関係が定まると、ピリは演戯《えんぎ》の練習をするかたわら、「女房づとめ」、つまり「夫」の身の回りの世話と性的な奉仕をしなければならなかった。ピリの女装は、演戯を習得してカヨル（弟子）になるまで続く。

ピリの役割はそれだけではなかった。「聞き書」は次のように語っている。

「稚児たちは仮面舞劇や人形芝居が幕を開けるころ観客たちの前に進みでて、チマの裾を広げて見料を集めてまわらなくてはならなかった」「夜は夜で、トゥンソェ（小頭）たちの女房づとめをするか、作男や、冠売りなどの渡り者の商人、白い髭を垂らした年寄りを相手に男色を売らねばならなかった」（姜　一九八二）。

男寺党の収入は、興行の後、村人から与えられる「布施」だけでは不十分で、それを補うために、日ごろ女性との性交渉の機会に乏しい渡り商人や下層の村人に、ピリをあてがって「花代」を稼ぐ男色売春が日常的に行われていた。そうした点でも魅力的なピリを数多く確保することは男寺党の集団にとっては重要なことだった。

さて、ここまで述べたことは、いずれも沈氏の系統の文献に依っているが、研究会のメンバーである石田仁さんから思いがけない資料が提供された。それは、『風俗奇譚』一九六二年（昭和三七）九月号の「ホモの窓」というコーナーに掲載された「ホモ用語字典④」にみえる解説だ。それほど長くないので、全文を紹介してみよう。

> 尻童《しりどう》　かつて朝鮮における、同性愛の相手となる美少年のこと。これらのなかには、数人もしくは十数人が一団となって、地方を回り歩きながら、色を売るものがあった。この一団を「男四堂」といい、尻童売りの一座ともいうべきもので、なかなか盛んであった。
>
> この一座は、適当な郊外の広場に粗末な小屋をかけ、その前にはちょうちんをつるして目標とした。そして、にぎやかに楽隊ではやしたてるので、男色好きの徒が四方から集まってくる。日本には見られない図だった。
>
> 舞台では、多くの尻童たちが、あるいは歌い、あるいは踊りながら、見物の男にさかんに秋波を送る。歌舞のおわったのち、それらの尻童を買おうと思う者は、外につれだして一夜のちぎりを結ぶわけである。

ここで「男四堂（ナmジャタン）」と言っているのは、発音・内容の類似から「男寺党（ナmジャダン）」の聞き誤りと考えていいだろう。一九六〇年代初頭に日本の男性同性愛の世界で、男色売春を行う男寺党の稚児が「尻童」という言葉で知られていたことは、とても興味深い。さらに時代状況を考えると、この知識は戦後に得られたものではなく、おそらく戦前、日本統治下の朝鮮半島で過ごした人が現地で見聞したものだろう。

男寺党のセクシュアリティは、男性のみの集団でありながら、ジェンダー的には男性としてのカヨル（弟子）以上の者と、女性ジェンダーを強制的に割り当てられたピリ（見習い、稚児）とによって構成された男と「女」の男色集団であったことに、大きな特色がある。

私は年齢階梯制とジェンダー転換（女装）の二つの軸によって男色文化の四類型化を行っている（三

橋　二〇一五)。

I　年齢階梯制をともない、女装もともなう男色文化
II　年齢階梯制をともない、女装をともなわない男色文化
III　年齢階梯制をともなわず、女装をともなう男色文化
IV　年齢階梯制をともなわず、女装もともなわない男色文化

男色文化における年齢階梯制とは、「年長者と年少者という絶対的な区分にのっとった同性愛」であり、「能動の側としての年長者と受動の側としての年少者という役割が厳格に決められている」点に特徴がある（古川　一九九六)。

ピリとして性的奉仕をしていた少年たちも、成長してカヨルになり、さらにトゥンソェに出世すれば、今度はピリの性的奉仕を受ける立場になるわけで、そこには年齢階梯制が典型的に機能している。

つまり、男寺党の男色の形態は、年齢階梯制と女装をともにともなう形態で、この分類のIに相当する。同じ類型のものとして、日本の中世寺院社会の女装の稚児や、江戸時代の陰間《かげま》(三橋　二〇〇八)、中国清朝の「相公《シャンコン》」(三橋　二〇一三）などがある。

また、私はトランスジェンダーの職能として、次の五つを挙げている（三橋　二〇〇八)。

①宗教的職能（シャーマン）
②芸能的職能
③飲食接客的職能
④性的サービス的職能（セックス・ワーク）
⑤男女の仲介者的機能

男寺党におけるピリの役割は②と④に相当する。前近代社会におけるトランスジェンダーの職能形態は、多くの場合②③④が三位一体である。中世寺院社会の女装の稚児や、江戸時代の陰間、清朝の「相公」などはそうだが、「男寺党」のピリは③を欠いている点が特徴的だ。これは男寺党が漂泊集団であり、陰間や「相公」のような定着した営業施設（茶屋）を持たなかったこと、そして、朝鮮王朝期の庶民の飲食文化の貧困に依るものと思われる。

男寺党の起源

男寺党の起源についてはほとんど史料がなく不明である。その芸能に着目すれば、人形劇（傀儡《くぐつ》）は統一新羅時代（六七六〜九三五）に遡る可能性があり、曲芸の中には「三層舞童」のように唐の散楽《さんがく》に源流があると推測されるものもある。

男寺党はその名称から仏教の寺院との関係が想定されているが、男性のみの集団の中で年少の者が女装して芸能を行い、上位の者に奉仕する（性的奉仕を含む）という形態は、日本の中世寺院社会の師僧と稚児の関係に類似している。稚児もまた芸能が必須だった。

こうした類似から、男寺党の芸能とセクシュアリティの在り方は、仏教が盛んだった統一新羅時代、高麗時代（九一八〜一三九二）の女人禁制の寺院文化に起源があり、それが朝鮮王朝の廃仏政策によって、寺院の保護を失い漂泊芸能集団化したのではないかと推測される。

もうひとつ指摘しておきたいのは男巫（バクスー）との関わりである。男寺党の公演で最初に演奏される打楽器曲「風物儀《プンムルノリ》」は、収穫を天に祈る農耕儀式でシャーマンが舞うときに奏せられるもので、巫俗《ムーソク》儀礼の音楽だった。また、「聞き書」が巫堂《ムーダン》（シャーマン）と男寺党の隠語に共通性が高いと指摘していることも興味深い。これらのことから、男寺党と巫堂との起源的関係が想起される。

朝鮮半島の巫俗は女巫が中心だったが、数こそ少ないが男巫もいて、しかもその男巫がしばしば女装したことが『朝鮮実録』に見える（柳　一九七六）。二〇世紀になっても、下着のみだが女装している男巫がいたことが報告されている（赤松ほか編　一九三八）。

先に述べたトランスジェンダーの職能が宗教的職能（シャーマン）をベースに芸能、飲食接客、セックス・ワークへと展開していく例がしばしば見られる（三橋　二〇〇八）ことを考えると、男巫と男寺党の関係も無視できないものがある。

しかし、いずれも史料的にたどることは難しそうだ。

まとめにかえて

女装の稚児ピリをめぐる男寺党のセクシュアリティは、朝鮮半島の歴史で確認できるほとんど唯一の男色文化である。個人の欲望としての男色はあったかもしれないが、システム（制度）的な男色文化は他に見当たらない。

ただし、それは社会の最底辺に位置づけられ農村を漂泊する芸能集団の中で行われたものであり、朝鮮王朝と時代が重なる江戸時代の日本の大都市（江戸・京・大坂）で陰間茶屋が繁盛し、また中国清王朝の都、北京で「相公」たちが貴顕の酒席や枕席《ちんせき》に侍《はべ》っていたような都市的な男色文化の華が開いた状況とは大きな相違がある。

「男女七歳にして席を同じうせず」（『礼記《らいき》』内則）と男女の別を重んじ、男系子孫を残すことを何よりも重視した教条的な儒教社会である朝鮮王朝においては、男女の別をあいまいにする異性装者や、基本的に子孫を残そうとしない同性愛者は、厳しく抑圧・差別された。また、朝鮮王朝では商品流通、貨幣経済の発展が大きく遅れていたことが、女色、男色を問わず都市的な買売春システムの成立を妨げた要因だと思う。

しかし、そうした厳しい社会状況下にあって、最底辺とはいえ、男寺党が同性愛者や異性装者にとっての数少ない生存の場になっていたことは、間違いないと思う。

韓国では、前近代の性的マイノリティの存在形態に触れた研究は、残念ながら日本や中国に比べて乏しいように思う。少なくとも日本には伝わっていない。しかし、そうした人々が存在しなかったはずはない。その意味で、男寺党の男色文化は、朝鮮半島の性的マイノリティの歴史の一形態として、一定の評価をすべきだろう。

今回の「ソウル合宿」で、韓国における性的マイノリティの現状は、欧米はもちろん日本と比べても厳しいものがあることを実感した。彼／彼女たちが韓国社会でより生きやすくなるためにも、今後こうした歴史的な視点の研究が深まることを、トランスジェンダーの当事者の一人として願っている。

●文献

赤松智城・秋葉隆編　一九三八『朝鮮巫俗の研究　下巻』（大阪屋号書店）

金在元・崔殷昌・南基文　一九八五「（インタビュー）男寺党――日帝の弾圧下を生きぬいて」（聞き手・沖浦和光、『部落解放』二二五号）

姜昌民　一九八二「放浪する芸能集団――男寺党の運命」（安宇植編訳『アリラン峠の旅人たち――聞き書・朝鮮民

衆の世界』平凡社）
志村哲男　一九九〇「背徳の男寺党牌――韓国の放浪芸能集団」（藤井知昭・馬場雄司編『〔民族音楽叢書Ｉ〕職能としての音楽』東京書籍）
久保覚　一九八五「朝鮮賤民芸能のエートス――流浪芸能集団『男寺党』をめぐって」（『部落解放』二二五号）
沈雨晟　一九七四『男寺党牌研究』（同和出版公社、ソウル）
中村輝子　一九八四「韓国の放浪芸一座――男寺党（ナムサダン）」（『季刊民族学』八巻四号、千里文化財団）
古川誠　一九九六「同性愛の比較社会学――レズビアン／ゲイ・スタディーズと男色概念」（『岩波講座現代社会学10　セクシュアリティの社会学』岩波書店）
「ホモの窓：ホモ用語字典④・尻童（しりどう）」（『風俗奇譚』一九六二年九月号）
三橋順子　二〇〇八『女装と日本人』（講談社現代新書）
三橋順子　二〇一三「中国の女装の美少年『相公』と近代日本」（井上章一編『性欲の研究――エロティック・アジア』平凡社）
三橋順子　二〇一五「『台記』に見る藤原頼長のセクシュアリティの再検討」（倉本一宏編『日記・古記録の世界』思文閣出版）
柳東植　一九七六『朝鮮のシャーマニズム』（学生社）

梶山季之の「京城《ソウル》昭和十一年」

――京城の歓楽街を歩く

光石亜由美

梶山季之と植民地朝鮮

一九三〇（昭和五）年一月二日、当時日本の植民地であった京城（現・韓国ソウル特別市）に生まれた梶山季之《としゆき》には、植民地期の創氏改名の犠牲となった朝鮮人地主を描いた「族譜」（一九六二年）や、妓生《キーセン》と日本人画家の悲恋を描いた「李朝残影」（一九六三年）など、〈植民地朝鮮〉を描いた作品が多い。

　梶山季之にとって朝鮮・京城は、生まれた土地であり、敗戦までの一六年間を過ごした青春の土地であった。そんな、朝鮮・京城の町で青春時代を過ごした梶山季之の小説から、一九三〇年代の植民地期朝鮮・京城の風景を浮かび上がらせてみたい。紹介したいのは、「京城《ソウル》昭和十一年」（『京城《ソウル》昭和十一年』桃源社、一九六九年所収）である。

「京城《ソウル》昭和十一年」の概要は次のようなものだ。主人公の阿久津は、妓生の崔錦珠《さいきんしゅ》と出会い、妓生の情夫として夢のような日々を送る。しかし、抗日闘士であった崔錦珠のたくらみにまんまと騙《だま》され、けがをさせられたうえ、抗日運動の嫌疑をかけられてしまう。阿久津という色男の悲惨な顛末《てんまつ》を、一九三〇年代の京城を舞台に描いたものである。「京城《ソウル》昭和十一年」が面白いのは、一種の〈京城案内〉として読めるところである。それも、繁華街、花街、遊廓などを紹介する〈京城歓楽街案内〉になっているところである。小説自体はフィクションであるが、実在の京城の町名や、カフェー、料理屋の店名、その値段や特徴などが事細かに描かれている。以下、

「京城《ソウル》昭和十一年」の内容をたどりながら、京城の歓楽街を歩いてみたい。

京城のカフェー・花街・遊廓

ある日、新聞記者の阿久津は馴染《なじ》みのカフェー「ミドリ」のマダム・赤堀緑から、息子・一郎が学校を休んでいることについて相談を受ける。カフェー「ミドリ」は京城の「明治町」にある。「明治町」は植民地期、日本がつけた町名で、今の明洞《ミョンドン》一帯にあたる。現在の明洞もソウル随一の繁華街であるが、当時も「東京の浅草や、大阪の新世界に匹敵するような歓楽街」であった。大通りには、証券取引所や株屋、小売店が立ち並ぶが、「いったん横丁や露地に入ると、カフェーや、喫茶店や、小料理屋が、思いがけない位の数に点在して」いた。小説では、京城のカフェーの数は一一六軒、女給は五四二名いたと紹介されている。

その「明治町」のカフェーで、有名なのは「丸ビル会館」と「菊水」であり、前者は「三階建で、女給も五十人を越え、開業以来すでに十五年という老舗《しにせ》」であり、後者は「かつて〈ビリケン〉という小さな店だったのを、女手一つで大カフェーに育てあげた……という曰くつきの店で、女給は白エプロン姿で、決して客席に坐らない上品さで売っている」というもの。このほかにも「長谷川町の〈花田食堂〉、旭町一丁目の〈山陽軒〉、鍾路の〈楽園会館〉」を加えた五軒が京城のカフェー界の大手であったと「京城《ソウル》昭和十一年」では紹介されている。カフェー「丸ビル」と「菊水」は、一九二九年に朝鮮毎日新聞社から発行された京城案内書である『大京城』にその名前が見える。

図1：日本人繁華街であった「本町」の入り口（『目でみる昔日の朝鮮（上）』国書刊行会、1986年、より）。

一九二〇年代後半になると、京城の繁華街にカフェーやバーが流行しはじめる。当時は、「ジャズ音楽の流行全盛期で、〈ミドリ〉でもジャズのレコードをかけ、客と女給がアメリカ式に飛び跳ねて踊っていた」（『京城《ソウル》昭和十一年』）。しかし、「非常時に男と女とが、手を組みあって踊り狂うなどとは、もっての外——という当局の見解からであろう」と作中で説明されているように、カフェー内のダンスは禁じられていた。カフェーの過剰なエロ・サービスが買売春の温床となることが危惧され、一九三〇年代になると当局はカフェーの取締を強化する。阿久津がマダムと親しくなったのも、カフェー「ミドリ」の女給と客がダンスをやっていたのを警官にとがめられ、それを阿久津がとりなしてやったことからだった。

阿久津は、カフェー「ミドリ」のマダムが住んでいる「南山町」の貸家に出向く。

南山町というのは奇妙なところで、花柳界と住宅街とが雑居していた。／旭町、南山町がいわゆる本券番と呼ばれる京城の〝新橋〟で、新町遊廓の東券番、竜山の弥生町遊廓の南券番の二つは、やや格が落ちるとされていたものだ。（中略）阿久津も商売柄、旭町の〈千代本〉だの、〈泉〉、〈千代新〉、〈幾羅具〉などへ行ったことはあるが、なかなか美人の芸者がいたことだけは記憶がある。

「南山町」は、京城のランドマークである南山《ナムサン》のふもとにある町で、「旭町」とともに京城第一の花街であった。開港以後、日本から多くの芸娼妓《げいしょうぎ》が朝鮮へ渡った。小説の舞台となった一九三六年の時点では、日本人芸妓が二二七一名、朝鮮人芸妓が四七一二名、日本人娼妓が一九二一名、朝鮮人娼妓が一六五三名、カフェーの女給では、日本人二六六一名、朝鮮人一三九九名がいた。[*1] 朝鮮にはそもそも「芸妓」という名称はないが、一九〇八年に制定された妓生団束令によって妓生が警視庁の監視下に置かれるようになり、許可制と組合への加入が義務付けられる。そののち妓生組合は日本式の券番[*2]へと組み替えられたため「朝鮮人芸妓」として統計にあげられている。

崔錦珠も「漢城券番」に属する「売れッ子の妓生」であった。法令上の呼称は妓生も芸妓であるが、「芸者と違って、妓生はすべて自前の営業で、自宅から店に通って来るのであるから、前借の苦しみもなく、客や店に義理立てする必要」（『京城《ソウル》昭和十一

図２：当時の新町遊廓。日本式の遊廓建築がたち並んでいる。（『目でみる昔日の朝鮮（上）』国書刊行会、1986年、より）。

年」）がない。

また、「新町遊廓」「弥生町遊廓」は、京城の二大遊廓であった。日清戦争以後、朝鮮各地にできた日本人居留地に遊廓や料理屋などが次々に現れる。一九〇四年には「大和町」の西側、双林洞《サンリムドン》に京城最大の「新町遊廓」が開設された（現在の中区奨忠洞《チュングジャンチュンドン》グランドアンバサダーソウル付近）。一九〇六年には龍山《ヨンサン》に「弥生町遊廓」（当初は「桃山遊廓」という名称）が開設される。龍山には陸軍が駐屯していた。これらの遊廓は日本人居留民団が財源確保のため、積極的に設置を進めたものだ。[3]

「新町遊廓」「弥生町遊廓」は日本人用の遊廓であったが、一九一〇年代末には、京城初の朝鮮人用の遊廓「東新地」が「新町遊廓」の東側の「西四軒・並木町」につくられる。また、龍山地区には「弥生町遊廓」に隣接する形で、「大島遊廓」がつくられた（一九三〇年代に「弥生町遊廓」と合併）。「東新地」は、一九一七年、京城府内に散在していた「色酒《セクチュ》家《カ》」「蝎蜅《ガルボ》」と呼ばれた私娼が集められて、日本人貸座敷業者の出資でつくられたものだ。[4]

さて、カフェー「ミドリ」のマダム・赤堀緑の頼みを聞いて、息子の一郎に学校をさぼった理由を問いただした阿久津だったが、その答えは意外なものだった。赤堀一郎は、梶山本人も通っていた京城中学の学生という設定だ。朝鮮王朝の離宮である慶熙《キョンヒ》宮《グン》の敷地に建てられた京城中学は朝鮮の名門校で、かつては小説家・中島敦も通っていた。京城中学は京城のメインストリート「太平通」の西側「西大門通」にある。そこから「南山町」の自宅まで帰るには、「長谷川町」「旭町」という日本人の多く住む町を通るのが早いのであるが、一郎は、「それでは面白くなくて光化門へ出て、仁寺洞からパゴダ公園あたりで右折し、黄金町通を横断し、本町通を突切って、南山町へ至る……という変化に富んだ道順」を選んで「少年らしいスリル」を味わっていた。一郎がわざわざ遠回した「仁寺洞」「パゴダ公園」のある鍾路《チョンノ》一帯は朝鮮人街であった。当時の京城は清渓《チョンゲ》川《チョン》を境に、北側が朝鮮人街、南側が日本人街であった。一九一三年には、京城の地名を日本式と韓国式に区別した行政区域再編が行われた。[*5] 支配―被支配という植民地構造によって、日本人街と朝鮮人街の地理的な境界線はひかれていた。

「京城《ソウル》昭和十一年」の少年一郎は、日本人側から見れば、貧しく、猥雑《わいざつ》で、妖しい鍾路の街にスリルを味わいにゆき、そこで魅惑的な妓生の崔錦珠に出会う。彼女と出会ったのが「鍾路の裏通り」にある「酒幕《スルチビ》」だ。「酒幕とは、日本でいう居酒屋のことで、鍾路だけでも二二〇軒あったという。／入ったところは土間になっていて、右手に番台みたいなところがあり、番台の片側に肉だの、野菜だの、魚だのの料理が並び、もう片方には炭火の熾《おこ》った竈《かまど》があった」。また、「酒幕」は「火酒《ファチュ》、薬酒《ヤクチュ》、濁酒《マッカリ》の三種類の酒」を飲ませる立ち飲みで、同じような居酒屋に「内外酒店」というのもあるが、「内外酒店」は「一軒に三、四人の若い女がいて、酌のサービスをして呉れる」というところが「酒幕」と違っていた。

その「酒幕」で、一郎少年は崔錦珠から紙包みを預かる。どうやら抗日運動にかかわる危険なものらしいが、そのことを知らない一郎は、崔錦珠に会いたいがため、彼女の言われるままになる。一郎の口から崔錦珠の存在を聞き出した阿久津は、崔錦珠の正体を突き止めたいと考える。しかし、今度は阿久津が崔錦珠の美貌と策略にはまってしまう。

赤堀一郎と崔錦珠が待ち合わせの約束をした「長谷川町から太平通に抜ける、支那人のチャンパン屋」に一人出向いた阿久津は、崔錦珠を問いただす。「事情を話すから、私の家に来て下さい」という崔錦珠に連れられ、「敦義《とんぎ》洞《どう》の彼女の家」に行く。「男女の仲の厳しい朝鮮である。芸を一応、売り物にしている妓生が、初対面の男をわが家に招くということは、それなりの決意が必要な」はずだし、一流の妓生は「恋仲となり、客を家に招いても、直ぐには

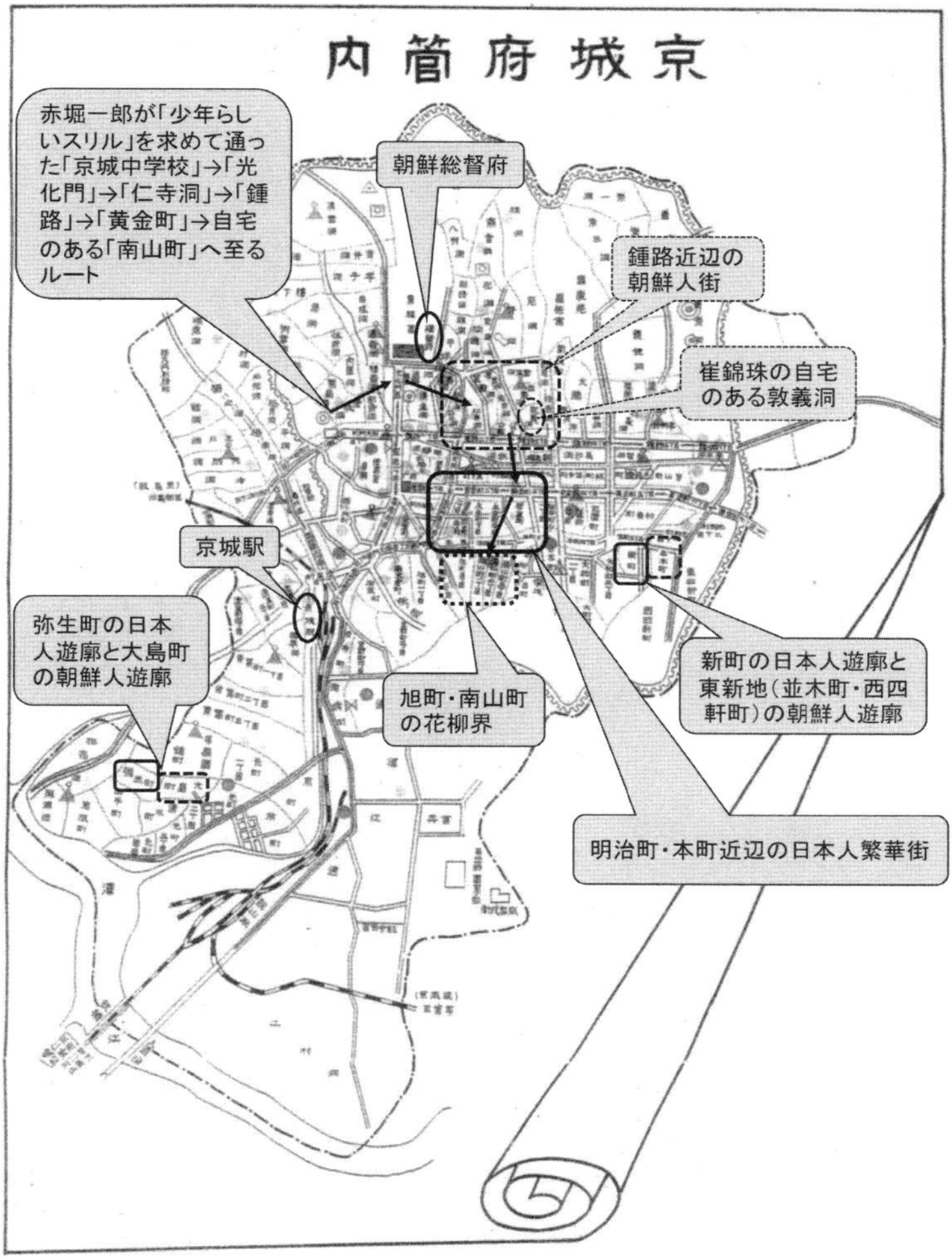

図3：京城の歓楽街。「京城府管内図（1931年）」（許英桓『定都600年서울地図』汎友社、1994年、所収）を元に作成。

肉体の関係を持たない」はずなのだが、崔錦珠は阿久津にあっさりと体を許す。

阿久津は、「よく先輩の記者に連れられて、並木町の蝎蜅や、弥生町の遊廓に、月に一度や二度は出かけ」ていたのだが、崔錦珠のような美人の妓生と恋人になって有頂天になる。しかし、それは崔錦珠の策略で、阿久津の身分証とネームの入った背広がほしいために、阿久津を暴漢に襲わせ、療養と称して彼を自宅に軟禁する。その間、抗日運動に従事し、「西大門刑務所」に入っていた兄・崔弘植を脱獄させ、阿久津の新聞記者という身分を使って兄をソ連へと逃がす計画を進めていたのだ。そのために、阿久津は抗日運動の嫌疑をかけられ憲兵隊に連行されてしまう。

　結局、崔弘植と崔錦珠の越境計画は失敗してしまう。ひどい目にあっても阿久津は崔錦珠を恨む気にならない。むしろ、兄を脱獄させる計画を実行したことを「立派」だとさえ感じる。盧溝橋事件（一九三七年）が発生して、阿久津は徴兵される。入隊の前日、拘置されている崔錦珠に会いにゆく阿久津。崔錦珠は「アンネニカシオ……」という朝鮮語の別れの挨拶を残す。戦地でも崔錦珠の最後の言葉が阿久津の脳裏に浮かぶ――というのが結末である。

夜の帝国主義

　敗戦を一六歳で迎えた梶山季之が、「京城《ソウル》昭和十一年」に描かれたような植民地期朝鮮の夜の街をすべて体験していたとは考えづらい。当時、見聞きした情報と、のちに文献によって得た情報で構成された〈京城歓楽街案内〉であろう。

　しかし、小説「京城《ソウル》昭和十一年」は、「明治町」「本町」を中心とした日本人の町と鐘路を中心とした朝鮮人の町の明るさと暗さ、豊かさと貧しさ、賑やかさと猥雑さの対比が、くっきりと描かれている。日本人の繁華街であった「明治町」「本町」には、カフェーや映画館、劇場が立ち並び、繁華街が形成される。「電灯の光が乱舞するソウルの夜の街には、妖精のような誘惑に満ちた微笑が地上の星雲のように凝集し、流れ、揺らめいているが、人々は洪水のように押し寄せている……武橋町、茶屋町、明治町、黄金町、カフェ、カフェ、カフェ……そうだ。カフェがある。」――朴露兒《パクロア》は、京城のモダン文化の象徴としてのカフェーを、このように描いている（「カフェーの情調」『別乾坤』一九二九年九月）。

　一方、「本町が日本人の銀座とすれば、ここ（＝鍾路）は朝鮮人の銀座である」と対比するのは田中英光『酔いどれ船』（一九四九年）である。「鐘路」の表通りこそ近代的なビルが立ち並んでいるが、一歩裏手の路地に入ると、「路は蜘蛛手のように四通八達。居酒屋《スリチビ》があると思えば、屋台のおでん屋、焼鳥屋もあるし、日本風のカフェがある隣に、純朝鮮式の、カルビ屋、ソロンタン屋がある」（『酔いどれ船』）というように、「京城《ソウル》昭和十一年」の一郎少年がさまよいこんだような路地が入り組んでいた。

明るく、賑やかな日本人の町と、暗く、猥雑な朝鮮人の町は、川村湊の指摘するように、「『前近代』的なものと、『近代』的なものとの境界線」[*6]であり、植民地の支配と被支配の構造が、地理上に投影されたものであった。

また、日本が植民地とした都市において、象徴的なシンボルは、軍隊と神社と遊廓であるといわれる。[*7]一八七九年の元山にはじまる開港以後、朝鮮各地に日本人居留地ができ、そこに日本人性売買業者が遊廓を設置するようになる。一九一六年、「貸座敷娼妓取締規則」の制定によって、それまでばらばらであった芸娼妓関連の法令が統一され、植民地朝鮮の公娼制度は完成した。植民地期以前、朝鮮には妓生《キーセン》（朝鮮王朝時代の官妓）、隠君子《ウングンジャ》（引退した官妓）、娼女《チャンニョ》（雑歌程度をたしなむ売春婦）、女社堂牌《ヨサダンベ》（放浪芸人集団）という歌舞音曲、飲酒接待をする接客業、あるは売春婦がいたが、日本の公娼制度のように国家権力が公認し、管理するような買売春制度はなかったといわれる。それが、日本の公娼制度の移入によって、彼女たちは、娼妓、芸妓に再編成される。それ以外に「蝎蜅」と呼ばれる私娼も市中に散在していた。それまた、カフェーの女給や、「内外酒店」のような居酒屋の女中など、グレーゾーンの女性もいた。

「京城《ソウル》昭和十一年」は、阿久津と崔錦珠の恋の顛末を描き出す一方、こうした歓楽街のようすを固有名詞とともに事細かに説明することによって、一九三〇年代、夜の植民地の様相を伝えてくれる。

崔錦珠との出会いによって、阿久津は、それまであまり行くことのなかった妓生の家や、鐘路にある「明日館」「食道園」「朝鮮館」などの「朝鮮料亭」に通うようになる。日本人男性と朝鮮人女性との恋愛が、日本人男性にとっての異文化体験となるのは植民地小説の一つのパターンだが、阿久津の場合は、崔錦珠との恋愛が、日本にない朝鮮特有の妓生文化という異文化体験となる。崔錦珠は、「李朝残影」の妓生・金英順のような誇り高き妓生ではないが、兄を助けるために、京城の街を駆け巡り、男性を翻《ほん》弄《ろう》する崔錦珠の姿は、当時、抗日闘士と共闘する妓生たちの姿をほうふつとさせる。

「京城《ソウル》昭和十一年」は、一郎少年や阿久津が、崔錦珠という魅力ある妓生の女性と出会ったことから、少年らしい冒険をしたり、抗日運動がらみの事件に巻き込まれたりするという通俗的な展開が物語の筋であるが、実は、京城の町そのものを描き出すことが、作者・梶山季之のねらいだったのではないだろうか。「京城《ソウル》昭和十一年」が描かれたのは、戦後ずいぶんと時間がたった時点である。自らが生まれ育った京城の町の風景を再現しようというノスタルジーもあったのかもしれない。

　しかし、「京城《ソウル》昭和十一年」という〈京城歓楽街案内〉は、同時に〈夜の植民地地図〉でもある。当時の植民地朝鮮を支配する力は、朝鮮総督府に象徴されるような法や権力だけではない。歓楽街や遊廓のように、娯楽や快楽を提供する場にも、植民地支配は及んでいるのだ。いや、夜の風景にこそ、植民地支配の矛盾と混沌が凝縮されているといえるかもしれない。

　「京城《ソウル》昭和十一年」——昭和十一年は日中戦争へと突入する時代の曲がり角である。阿久津も、昭和十二年、盧溝橋事件が勃発した直後、赤紙をもらって戦地に赴く。小説に描かれた京城の繁華街の賑わいは、そうした時代の転換点を背景に〈夜の帝国主義〉の最盛期の様相を描いている。

●註

＊1　宋連玉「日本の植民地支配と国家的管理売春——朝鮮の公娼を中心にして」『朝鮮史研究会論文集』三二、一九九四年一〇月、五八頁。

＊2　料理屋・芸者屋・待合の三業組合の事務所を「検番・見番」というが、植民地期の朝鮮では「券番」という漢字をあてている。

＊3　山下英愛『ナショナリズムの狭間から——「慰安婦」問題へのもう一つの視座』明石書店、二〇〇八年、六〇頁。

＊4　東新地遊廓の形成については、藤永壮「植民地朝鮮における公娼制度の確立過程——一九一〇年代のソウルを中心に」（『二十世紀研究』、五、二〇〇四年一二月）、ホンソンチョル『遊廓の歴史』（홍성철『유곽의 역사』 페이퍼로드、二〇〇七年八月）を参照した。

＊5　『ソウル歴史博物館　場所と記憶　常設展示図録』二〇一三年一二月、一六五頁。

＊6　川村湊『ソウル都市物語——歴史・文学・風景』平凡社新書、二〇〇〇年、一〇七頁。

＊7　橋谷弘『帝国日本と植民地都市』吉川弘文館、二〇〇四年、八一頁。

カバー写真解説

「原色の街」の原色の女

三橋順子

吉行淳之介（一九二四〜一九九四）の初期の作品に「原色の街」という短編小説がある。『世代』一四号（一九五一＝昭和二六年一二月）に発表され、一九五一年下半期（第二六回）の芥川賞候補になった。「ある脱出」と組み合わせて加筆し『原色の街』（新潮社、一九五六年）として刊行され、現在は新潮文庫の『原色の街・驟雨』で読むことができる。

この作品の舞台は東京都墨田区寺《てら》島《じま》町《まち》一丁目（現：東向島一丁目）の「赤線」地帯「鳩の街」であり、「原色の街」という作品名は「鳩の街」のイメージから名づけられた。では、なぜ「赤線・鳩の街」が「原色の街」なのだろうか？

吉行はこのように描写している。

細い路は枝をはやしたり先が岐《わか》れたりしながら続いていて、その両側には、どぎつい色あくどい色が氾濫《はんらん》している。ハート型にまげられたネオン管のなかでは、赤いネオンがふるえている。洋風の家の入口には、ピンク色の布が垂れていて、その前に唇と爪の真赤な女が幾人も佇《たたず》んでいる。人目を惹《ひ》くようにそれぞれの思案を凝《こ》らせた衣裳にくるまって、道行く人に、よく光る練り上げた視線を投げている。

「鳩の街」のような「赤線」は、どぎつい色、あくどい色が氾濫した街に、人目を惹くような衣裳の女たちが立っている、色が溢れた街だったのだ。

　しかし、「赤線」が「原色の街」だったことは、「赤線」の廃止（一九五八＝昭和三三年三月三一日）以降、時とともに忘れられていく。それには、当時の写真が、色の無いモノクロであったことがかなり作用しているように思う。まさに「モノクロームの昭和」のイメージである。

　次頁に掲げた写真は、一九五三年（昭和二八）の「鳩の街」のカフェー（実態的には娼館）の前に立って客を待つ着物姿の女給さん（実態的には娼婦）の姿をとらえたものだが、この写真から豊かな色彩をイメージすることは難しいだろう。

　ところが、木村聡『赤線跡を歩く——消えゆく夢の街を訪ねて』（自由国民社、一九九八年）の刊行をきっかけに、二〇〇〇年代に入り、「赤線」遺跡の探訪がブームになると、「赤線」のカフェー建築が、ブルー、ピンク、グリーンなど色鮮やかな豆タイルによって装飾されていたことが知られるようになった。

　私も、洲崎《すさき》、鳩の街、玉の井などの都内の「赤線」、あるいは横須賀（神奈川県）の安浦、五条楽園や中書《ちゅうしょ》島《じま》（いずれも京都府）などに残る当時の建物を撮影して歩き、「赤線」が色彩豊かな「原色の街」であったことを実感した。そして、この「原色の街」に人目を惹くように装いを凝らして立っていた女たちは、いったいどんなものを着ていたのだろうと考えるようになった。

　ところで、私は、かつて「銘仙《めいせん》の里」と呼ばれた埼玉県秩父に生まれた。銘仙は工場生産による大衆絹織物であり、昭和戦前期の女性衣料として大流行し、さらに戦後復興期にも広く用いられた。化学染料を用いた多彩な色柄に加え、堅牢《けんろう》で安価なことから、とりわけ働く女性たち、女教師から女給まで広く愛好された。出身地の縁もあって、私は色鮮やかでデザイン性に富んだ銘仙の魅力の虜《とりこ》となり、銘仙の古着を集めるようになった。

　ちょうどその頃、着物サークルで親しくなったＹＵＫＯも、銘仙の愛用者でありコレクターだった。お互いのコレクションの中には、「こんな派手な色柄の銘仙、いったい誰が

『日本観光新聞』1953年4月24日号より。

着たのだろう?」と不思議に思うようなものが何点かあった。二人でいろいろ考えるうちに、こうした派手な銘仙は、自らを客の目を惹きつける広告塔にするような職業の女性、すなわち娼婦が身につけたら効果絶大なのではないかと思い至った。

その前から、今に残されている「赤線」女給の写真に、モノクロではあるが明らかに銘仙と思われる大柄の着物が見られることには気づいていた。この頁の写真の女給さんが着ているのも大柄の模様銘仙だと思う。「赤線」の存続時期と戦後における銘仙の流行期はほぼ重なるのだから、彼女たちが銘仙を愛用したのは当然なのだ。

決定的だったのは、群青《ぐんじょう》の地に赤と緑で大きな椿を織り出した足利銘仙を着ていた私に、ある熟年男性が掛けた言葉だった。「懐かしいね。僕が学生の頃、(新宿)二丁目の『赤線』にそんな派手な色柄の着物のお姉さんがたくさんいたのさ」。「赤線」時代を知る男性には、派手な色柄の銘仙は「赤線」の女を想起させることがわかった。

では、実際にどんな感じになるか、やってみようということになった。本書カバー表4の写真がそれである。場所は「鳩の街」の旧「銀座通り」に残る、青を基調にピンクを交えたモザイクタイルで化粧した太い円柱と、ピンクとクリーム色の市松模様の豆タイルで壁面上部を、白が入った濃緑のタイルで腰壁《こしかべ》を装飾した、「赤線」時代のカフェー建物。そこに赤を基調に白・黒・金茶をパッチワーク風に織り出した銘仙を着たYUKOに立ってもらった。

いかがだろうか? 建物の派手な色調に遜色ないどころか、そこから女が浮き上がるような効果がある。吉行が描写した原色の街に人目を惹くような色鮮やかな衣裳で立つ「赤線」の女の再現実験としては、まずまず成功だったのではないか、と思っている。

　さて、こうした派手な色柄の銘仙を身にまとった女たちが、客の男を自室に誘い込む。女が帯を解き、着物が肩から滑り落ちるとき、銘仙の幾何学的な色柄が緩《ゆる》み撓《たわ》んで、それまでとは違った艶《なま》めかしい表情を見せる。そんな「赤線」の女が着物を脱ぐ風情に性欲を掻きたてられた男たちも、きっといたに違いない。

　しかし、現代では、そうした着物がもっていた「色気」「艶《つや》」「粋《いき》」などの記号性を読みとれる男性はほとんど絶滅しつつある。カバー表1の写真は、日常に着物があった時代、男たちが胸をときめかせた女の仕種《しぐさ》や、着物という直線的な布が女の身体に添う様を再現すべく撮影されたYUKOのポートレート「いろまとう」シリーズから提供してもらった。

　白地にグレーの不規則なドット柄が縞模様になり、それを切り裂くように赤のラインが走る直線的で鮮烈な色柄の銘仙が、女の曲線的な身体にまとわれたときに現れる「色香」を感じていただけたらと思う。

　昭和の女たち、とりわけ「赤線」の女たちは、けっしてモノクロームではなく、色鮮やかな「原色の女」だった。それでこそ「原色の街」で自己を主張できたのだ。そして、彼女たちは色鮮やかな銘仙のもつエロスを十分に意識し利用していた。

　この二枚の写真を「性なる場」と銘仙着物との関係を再認識する実験として理解していただけたら幸いに思う。

風営法とダンス

永井良和

人は、性的な欲望を制御することができないのだろうか。

いや、そもそも制御できないものを「欲望」と呼ぶのだと考える立場もあろう。「欲望」は、「欲求」とはちがう。何かが不足していて、それが満たされることをねがうのが「欲求」。これに対し、充足されたとしても満足を得られない、天井知らずのねがいが「欲望」。――そんなふうに区別しなければならない、と戒める論者もいる。

生物として個体を維持し、種を残すために必要なのが食欲と性欲である。だが、人間は「欲求」が充足されても満足しないではないか。最低限の栄養素やカロリーを摂取するだけでは飽かず、大量に食べ、食べられないものまで食べる。食べなければ死ぬから食べるという「欲求」をこえ、おいしそうだから食べたいという「欲望」は大きくふくらむ。人間は、消化器で食べるのではなく、脳で食べている。

そのような説明が、性についてもおこなわれる。ヒトは過剰な性を生きる。発情の時期はかぎられず、種の維持のために必要とされる回数をはるかにうわまわる性交渉がなされる。妊娠にむすびつかない方法がこのまれたり、妊娠の可能性がないあいだがらにおける性的な関係がみとめられたりもする。性的な「欲望」は、これで満たされるという上限がなく、「性欲」が向かう対象も不定であり、何が望みなのかがわからないばあいさえある。〈ヒトは本能が壊れた生物である〉という見解は、人間のもつ「欲望」を制御不能なものだととらえるとき、説得力がある。

そのいっぽうで、人間は「欲望」を制御するために、精神修養につとめ、肉体を鍛錬《たんれん》する道をえらぶこともできる。「欲望」を捨て、「欲求」の水準を下げる。結果として得られる心身の平穏。しかし、その心身の平穏を得るための道は、きわめてきびしいものであるにちがいない。その過程のすべてを、自分の精神力、体力だけで乗りこえることは、凡人には困難である。また、その境地を求めることは別の「欲望」なのかもしれないのだ。

誰かに止めてもらいたい。自分ではどうすることもできない「欲望」を、抑えこんでほしい。それ以外に手だてはない。他律は誇らしいことではないが、そのほうが楽だ。

自分の「欲望」は、他者に何とかしてもらうしかない。——そのような自己認識あるいは諦念《ていねん》は、人間観としてひろく採用される。人間の「欲望」は、誰かが止めなければ暴走する。暴走するはずだ。暴走するにちがいない。

この想定が、人間の社会的活動を制限する前提になる。

●—ワクをはめること

人間の「欲望」があふれだし、とりかえしのつかない事態をまねくようなことを避けるために、どうすればよいか。

ひとつの方法は、型をつくり、そこに人の行動をおしこめることだ。

暴力も、人間にとっては制御するのがむずかしいしろものだが、これを一定のルール、形式のもとでおこなうようにすれば、スポーツになる。拳《こぶし》以外の武器をつかわせず、グラブをつけさせ、四角いリングのなかでのパンチの応酬《おうしゅう》をレフェリーが裁くかたちにすれば、それは殴りあいではなくボクシングなのだ。

男女が惹かれあい、手をとりあい、抱擁《ほうよう》する。その先にある行動に制限をもうけ、一定の音楽のもとで、ある型にしたがって身体を動かす。それが、社交ダンスだといえよう。着衣のままで、キスもしない。行動の自由度は低いが、その制約のなかに独特の楽しみや美しさが見出されるようになる。

こういった「型」におしこむことができれば、「型の体系」の商品化も可能だ。型にふさわしい楽しみのありようを洗練させる。よりよい音楽、きらびやかな衣裳。上達するための教授法。モノやサービスの消費というかたちにおしこめることで、男女の出会いの先に見こまれる「欲望」の暴走を制限する。人それぞれの購買力によって、どこまで楽しむことができるかにはおのずと限界が生まれる。放縦《ほうじゅう》な「欲望」に、経済的なブレーキがかけられる。

さらに、この商業化された「欲望」充足の方法に対して、警察的な作用で制限を付加することがおこなわれる。法令をととのえ、関係者に守らせる。違反者をとらえ、罰を与える。このしくみをこしらえることで、社会は人間の「欲望」が暴発するのを抑えてきた。

くりかえすが、その前提となっているのは、「欲望」は誰かが止めなければ暴走するにちがいない、という人間観なのである。

●—ペア・ダンスに対する制限

近年の社会現象のなかに、その具体例をみておこう。

二〇一〇年以降、東京・大阪などの都市で、クラブの摘発があいついだ。クラブでは、客が音楽にあわせて身体を動かす。これが、風営法（「風俗営業等の規制及び業務の適正化等に関する法律」）に違反するという見解による警察の対応だった。複数の摘発のうちのひとつ、大阪のクラブ「NOON」の事案については、経営者が風営法によってクラブのダンスが取り締まられることはおかしいと考え、裁判で争う道をえらんだ。後述するように、筆者はこの裁判で証人として意見を述べることになった。本稿は、その経緯についてまとめたものである。

若い世代の「居場所」のひとつであったクラブが警察の取り締まりで次々と閉店した。それに対し、クラブにかかわる人びとが声をあげはじめる。二〇一二年には、署名を集める運動もはじまった。

しかしながら、今回のクラブ規制問題に関して若い世代が主張した要望のなかには、事態を単純化しすぎるものがあった。権力がダンスをつぶそうとしている。踊る権利をみとめよ、と。

もとより、ダンスという身体表現を権力がみとめない、などという事態は受けいれがたい。いや、権力のありようにかかわらず、人は踊るだろう。権力の発生と、音楽やダンスのはじまりとのいずれが古いかを問うても実証のしようがない。が、警察制度や司法手続きが整備されるよりもずっと古くから、音楽とダンスはあったにちがいない。

では、いったい何が制限されているのだろう。私は、いまのクラブの文化にはあまりなじみがない。社交ダンスと呼ばれるような古いタイプのペア・ダンスをとりまく事情から考えざるをえないのだが、それなりの見取り図を描くことはできるだろう。

まず、男女のペアで踊られるダンスは、性的な「欲望」を何ほどか充足させる手段である。性的なコミュニケーションには、見つめあい、会話をするところから、身体接触や性交渉までがある。濃淡といってもよいし、時間の経過による段階とみてもよい。先にしめしたとおり、ペア・ダンスは、露骨なかたちでの性的「欲望」の充足をさしひかえるためにつくられた「型」のひとつだ。その結果、踊ることそのものに別の価値が与えられ、親子や友人といった関係で楽しむこともできる文化になった。ペアは適齢期の若い男女にかぎられない。ことばが通じなくても、いっしょに踊ることができる。人間交際の手だてとして工夫され、洗練されてきたのである。

社交ダンスの「型」がととのえられたことで、ダンスホールという場も用意されることになる。ペア・ダンスは、一定の要素（踊り場という空間、音楽、それに照明などでつくりだされる雰囲気などをふくむ）をパッケージにしたサービスとして提供される。パートナーとなるべき相手がいない利用者に、その紹介をするしくみも補われた。客は、ダンスホールで遊ぶことにより、ペア・ダンスの楽しみかたを学び、男女間のコミュニケーションのありようを身につけ、性的な「欲望」を抑制したかたちで充足することになる。だからこそ、子どもや高齢者にとってもリスクが低い性的コミュニケーションなのである。

けれども、男女の出会いの場である以上、売買春や暴行など「よくないことが起こる可能性がある」と心配する人もいよう。じっさいに、踊り場を舞台にした不祥事、たとえば女性ダンサーが男性客と店外で関係をもつようなことがあると、それは踊り場のせいだといわれやすい。風営法（当初の名称は「風俗営業取締法」）が制定された一九四八（昭和二三）年ごろには、そういった見かたが支配的だった。

サービス業としてのダンスホールには、営業にかかわる面について警察的な力がおよぶことになる。法令によって規制されてきたのは、この営業としてのペア・ダンスであり、そのようなかたちでダンスをさせる施設である。いまの法律では、風営法で定められた許可をとらなければ、客にダンスを踊らせることがみとめられない。

ただし、自宅に設けたフロアで、金銭を介さずに男女が踊ることについて、いまの法令は何の制限もつくっていない。あたりまえのことだが、この点は再確認しておこう。規制をよしとしない人たちも、いまの法令が人間のあらゆるダンスをすべて禁じているなどと大きく見積もるのが誤りであることをよく知ってほしい。いっぽう、規制があったほうがよいと考える立場の人についても、風紀の乱れを心配するあまり、学校教育や舞台での表現活動など営業ではない場のダンスまで制限しようとするのであれば、それは度をこしている。

●クラブの摘発と「NOON裁判」

二〇一二年の四月、大阪のクラブ「NOON」が摘発された。風営法に定められた風俗営業のうち第3号にいうナイトクラブ営業、すなわちダンスをさせる飲食店の許可を受けずに、店舗内で客に酒を提供し、ダンスを踊らせていたとの理由である。

このクラブの経営者は、なぜ、自分の店が風営法によって規制されなければならないのか、その理由をはっきりさせたいと思った。クラブで流される音楽にあわせ、客が身体を動かす。それは、風営法に定められた「ダンス」にあたるのか、と。そして、摘発が不当であると主張した。

じゅうらいであれば、摘発された業者は、営業停止を受けいれたり、罰金を支払ったりして対応していただろう。一日も早く仕事を再開するのが、生き残りのために必要な方途だからだ。こういった事案は大手メディアがとりあげるべき問題とは見なされず、扱われることがあっても小さな記事にすぎなかった。狭い業界と警察のみが当事者であり、大きな問題とはならなかったのである。私がしらべた社交ダンスを主とするダンスホールの規制反対運動も、世間の注意をひいたことはなく、業界外へのひろがりをもたなかった。

対照的に、今回の裁判によって問題は顕在化し、マス・メディアの大きな関心を呼び集め、報道をつうじて多くの若者たちが「ダンス規制反対」という方向性をもつ運動にくわわることになった。NOONの経営者が裁判で争う道を選択したことは、行政書士くらいしか「プロ」がいなかった風営法という法律に光をあて、音楽やダンスを楽しむ人びとの多くに問題の存在をアピールし、国会議員までをもまきこんで、「社会を変える」気運をつくりだした。それが、被告となった一個人の決断によってもたらされたことは、まずもって記憶されてよい。[*1]

風営法とダンス営業の規制についてのこれまでの経験――それはおもに社交ダンス教師・教室の適用除外運動の経緯――がクラブ関係者にとって継承すべき教訓となっていなかったことも明らかになった。たとえば、規制される側がみな、規制を不当だとみなしているわけではない。規制があって業者の数がしぼられたほうが競争相手が少なくなる。警察とうまくやっていけば、市場を少ない業者で分けあうことができる。規制反対などきれいごとにすぎない。――そういう考えも根強い。そして、取り締まる側は、取り締まられる側が一枚岩でないことにつけこんでくる。利害が相反する業者を分断し運動の力を弱める戦術をもちいるのだ。規制される側にも〈規制の枠のなかにいたほうが自分たちの利益が守られる〉という意見が成りたちうるという点は、見のがしてはならない。

これまでの経緯が見失われていたせいもあって、かなり単純化されたかたちで運動がもりあがってしまった、という反省があろう。過去の事実関係についての誤った認識、それにもとづいての風評、不毛な議論なども誘発された。SNSなどをもちいた運動の「拡散」は、「Let's DANCE 署名推進委員会」による署名十六万筆という数字を可能にしたが、いっぽうで、少なからぬ人たちに問題がよく理解されないまま終わる可能性もある。

だが、裁判という場での意見の交換は、それを文書資料として記録させる効用がある。あとにしるすとおり、風評やつぶやきではないかたちで、関係する個人、団体、組織の正式な意見が表明され、書き残された。

このような蓄積がなされたのも、裁判をえらんだNOONの経営者と弁護団、その支援をした人たちの決意と努力のたまものであろう。ここに敬意を表しておきたい。

●フィールドワーカーの意見書

私がダンスについての研究をはじめたのは、修士論文を書き終えたあと、二十三歳のときだった。裁判に証人として出廷した二〇一三年は五十三歳になっていたから、三十年の時が経っていたことになる。

三十年前の調査のきっかけは、シカゴ学派都市社会学の思潮のなかで書かれた一冊の本を読んだことだった。ポール・G・クレッシーというシカゴ大学の大学院生が、自分の調査をまとめて出版した『タクシー・ダンスホール』という本である。一九三二年に出されたこの本は、いまも都市研究、移民研究の古典として読みつがれている。

当時の私は、この本でしめされた調査の成果にふれ、自分も日本のダンスホールについてしらべてみたいと簡単に考えたのである。学部学生時代に民俗学や人類学に接し、フィールドワークを研究のまんなかにおきたいとねがっていた。当事者に話をきき、モノグラフを書くというスタイルにあこがれた。ただただ未熟な院生が、無謀にも大きなテーマにとびついたのである。

そのダンスホール研究については、いままでに何冊かの本を出版してきた。[*2] 残された課題についても、このあと世に問うていきたい。他方、ダンスに限定せず、よりひろく人間の日常生活や娯楽にかかわる社会統制についてもまとめておきたいと考え、風俗営業の統制に関する研究もつづけた。それを『風俗営業取締り』（講談社選書メチエ、二〇〇二年）という本にまとめたのだが、これを出版していたことと、ダンスホールの歴史とその規制についての資料を収集してきたことが、弁護団の目にとまったようだ。

一通のメールが私のもとに送られてきた。裁判の証人になってほしい、との要請だった。

若いころ、ダンスホール研究をはじめたおりには、調査方法論についても勉強した。参与観察、すなわち「現場」に出向いて対象者のなかにはいっておこなう調査でもっとも回避すべきは「オーバーラポール」（対象者への過剰な同調）だという。調査先にのめりこみ、相手の立場をとって、客観性を失ってしまう。それが研究にとって致命的なことだというのだ。常識的なテキストには、そう書かれている。また、理論的な研究姿勢を重んじる人たちも、そういう意見をくれた。

しかし、フィールド帰りの調査屋たちからは、現場ではそんなことは通用するものかときかされた。対象と仲よくなり、関係をつづけることのたいせつさが強調された。世界観を知り、価値を共有する。報告書とは、協力者と調査者との共同作業の成果だとおしえられた。

若い私は、こちらの考えかたを無反省に受けいれるほど青かった。犯罪者集団を調査した人のモノグラフを読み、協力者がもとめるならば、あえて共犯者となり法をおかす覚悟はあるかという挑発的な問いに、スリルを感じた。

じっさいに私がたずさわった調査では、修羅場を見ずにすんだ。運がよかったのだろう。ダンスホールは、当時まだ一部は夜の世界だった。しかしすでに斜陽産業でもあり、悪いやからが「魅力」をみとめ、先を争うような市場ではなくなっていた。たしか、警察に話をききに行ったときだったと記憶する。担当者は「ダンスホールなんか、もう取り締まることなど起こしていない。ほかに悪いものはいっぱいある」と言い切っていた。それが、いまから三十年ほど前のことである。

その後は、ダンスホールにかかわる歴史を再構成する作業に集中した。おもな聞き取り調査の相手は、ダンスホールにたずさわったことのある人たちで、高齢者ばかり。だが、そのときに戦前の規制のようすや、第二次世界大戦後の混乱期、風営法制定のころの事情、さらには社交ダンス教師による風営法適用除外運動などについて貴重な話をきくことができた。しかし、それも過去のことだった。

本を出版したあとは、じょじょにフィールドから遠ざかるものだと思っていた。が、いったんむすんだ関係は切れるものではない。社交ダンスは若者向けではないが、高齢者の健康維持や増進にはこのうえなくよいものだった。お世話になった方がたの誘いを受け、社交ダンスの歴史を説明したり、ペア・ダンスの意義について講話したりする機会を与えられた。

とくに湘南地区の高齢者ダンスサークルのみなさんにはいろいろな場で接した。そして、これが私の調査者としての貢献なのだろうと思った。地味ではあるが、おちついたかたちでの社会還元だったとふりかえることができる。

調査に協力していただいた方がたも、故人が多くなった。いまはそのご家族との関係がつづいているていどだが、そういうかたちであってもできるだけ長くつきあいをつづけることこそ、フィールドワーカーのつとめなのだと思っている。

かつてにくらべれば、フィールドへの過剰な関与を避けるべきだという意見は弱まったようだ。いや、客観性の確保など研究者の身勝手であり、調査をする以上、対象のなかにとりこまれ、あるいは対象に何らかの影響を与えてしまうのは無理のないことだという考えかたのほうがひろがってきていると思う。

地方自治体では、公務員である職員が意見や案を出しづらくなっている。かわりに審議会を設置して、学識経験者や地域代表を委員として参加させることが多い。研究者が請われてそのような審議会のメンバーになり、意思決定に加担することもまれではなくなった。大学の教員は、これまで、研究業績や教育実績で評価されてきたが、近年は競争的資金をどれくらい多く獲得したかにくわえ、社会貢献をどのていど果たしてきたかでも採点される。学問は中立的であれ、研究者は客観的な立場を守れという要請は、いまや空文になっている。

話がそれた。私のばあい、高齢のダンス関係者とのおつきあいが、フィールドワーカーとして残された社会貢献のかたちだった。と、思いこんでいた。それも、歳をとるにしたがって、相手が減るという状況だった。

弁護団からのメールは、そのようなときに届いたのである。

社会と学問との関係が変化した。そのことだけが、私を証人の席につかせたのではない。

ながくつきあっていただいた方がた、とくに戦前、社交ダンスの普及に尽くされた世代の恩人は、ほぼ鬼籍に入られた。いまのクラブ規制について、若い人たちが先人の経験や意見を参照しようとしても、話をきくことはできないのだ。

代理を引きうけることは、その方がたに直接会って話を記録した私の役目だろう。

ただ、意見書を書くことは、むずかしい課題ではあった。弁護側の証人ということは、被告人に寄り添う立場なのだろうか。弁護団からは、自説をまげることは絶対にしないでよいし、被告に有利なことだけをえらんで書くようなことはない、といってもらっていた。裁判で研究者が証人となるのは、もとより客観性の高い情報をもっているはずだと期待されているからだろう。したがって、意見書には、特定の立場の人について各別に配慮するような記述はしていない。ただ、これまでに得た知識を整理し、戦後の風営法制定時の社会のようすを示し、当時のダンスがどのように受けとめられていて、現在は当時の状況とどうちがっているのかを淡々と記載した。以下が、その全文である。

平成24年（わ）第1923号
風俗営業等の規制及び業務の適正化に関する法律違反被告事件
被告人　〔略〕
意見書
平成25年6月　日

大阪地方裁判所第5刑事部3係　御中

関西大学社会学部　教授
永井良和

（1）はじめに

幕末の開国から明治にかけて、この社会には新しい文明や異なる文化が流入した。その過程で、両性が組んで踊るかたちの西洋風のカップル・ダンスは、いわゆる「異文化」としてあつかわれてきた。

いっぽう、現在、社交ダンス（ボールルーム・ダンス）をはじめとするカップル・ダンスは高齢者にまで普及している。それらは、とくに大きな社会問題を起こしておらず、平穏なかたちで、多くの愛好者によってたのしまれる日常的な娯楽になった。

社交ダンスを軸に、カップル・ダンスの受容過程をふりかえると、その途中には、さまざまな社会的反作用がみられた。しかし、社会的な評価は大きく変化した。この意見書では、異文化として輸入された社交ダンスが風俗営業取締において、どのようなあつかいを受けてきたのかを整理し、記載する。なお、関連する法令の名称や、制定施行の年などの具体的詳細については、記述をいたずらに煩雑にするので、この意見書では省略する。

（2）開国とダンス

開国とともに、それまであまり知られることがなかった欧米の生活習慣が、国内にもちこまれる。欧米人が交際の手段あるいは娯楽としてたしなんだカップル・ダンスは、当初、区画された地域に外国人を居住させる「居留地」や、開港した都市の宿泊施設などにおいてのみ見られた。やがて外国人の活動範囲がひろがると、ダンスを踊る習慣が文明開化期の人びとに知られるようになる。

欧米に由来する文化は、おおよそ先進的なものであるととらえられた。したがって、交際術としての社交ダンスは、たとえばテーブルマナーなどと同じく、紳士淑女が身につけておくべきものとされた。条約改正をめざす政府高官らが鹿鳴館のような社交施設をもうけ、外国人をまねいて日本が文明国であることをアピールしようとしたのも、欧米の文明を先進的なものとする考えのあらわれといってよい。

（3）明治期におけるカップル・ダンスの評価

他方で、欧米の生活習慣のもちこみに対しては、この社会に古くからある道徳に合わないという理由で批判する意見が少なくなかった。とくに、日本の性行動に関する規範には、公衆の面前で身体を接触させて踊ることへの忌避がふくまれていた。

ただし、誤解をさけるために付言すれば、日本の社会の全体が、長らく、性について厳格な規範をたもっていたということではない。江戸期以前の社会においては、多くの人びとが奔放な性行動をとっていたとする研究もある。それを、開化期の状況や現在の状況と比較して、いずれがより道徳的であるかを評価するのはむずかしい。ただし、「公衆の面前」で男女が身体接触をすることにかぎっていえば、それは、明治期から昭和戦前期にいたるまで、忌避されるべき行動だとみなす価値観は存在した。

そのような価値観にもとづく行動規範に照らせば、欧米で社交術あるいは娯楽として定着していたカップル・ダンスは、かなり挑発的なものに映ったであろう。そのことは、鹿鳴館の時代や、それにつづく時代に、社交ダンスを踊る人びとに対して、厳しい目が向けられていたことによってうかがい知ることができる。

もっとも、そのような批判の根拠になっているのは、儒教的な倫理観とでもいえるもので、武家社会の伝統からうまれ、明治期に教育制度などをとおしてひろまった心性である。学校を男女別学に区分したり、劇場の客席を性別で分けたりするなどの対応は、明治期をつうじてひろがった。のちには、若い男女が並んで歩いていると警察官に呼び止められ、きょうだいであるなどの釈明ができなければ叱責されるといった事態もおこってくる。このように、公共の場で男女の接触を回避させる考え方は、明治以降に強力に制度化されていった。カップル・ダンスの輸入と普及は、まさしく、そのような時代の流れのなかで起こり、ために、特別のあつかいを受けることになった。

（4）社交ダンス（ボールルーム・ダンス）の普及

世界には、さまざまなダンスがある。群舞もあれば、ひとりで舞うものもある。組んで踊るものであっても、男女が対になりつつも離れて踊るものや、同性のふたりが男女の役を割りあてて演じるものもある。そのような意味で、衆人環視のなか、両性が身体接触をともなうかたちで踊るという形式は一般的とはいえず、特殊な一形式にすぎない。

しかしながら、先進国として力をつけた欧米列強は、そのような特殊なダンスを生活習慣としてもっており、追随する諸国は、その習慣をすすんだ文明として受容せざるをえなかった。また、欧米をモデルとして発展することをめざす社会では、かりに伝統的な道徳と相いれないものだとみなされても、外国人と交際するためには必要な教養であると意識するようになる。開化の時期以降、社交ダンスの踊り方を指南するテキストブックが刊行されたことは、欧米追随の事情を物語る。

やがて、このような風潮は、外交官や商社員といった、じっさいに外国人と交際する必要を有する人びとの範囲をこえて、ひろがっていく。都市部で生活し、比較的裕福な階層には、めずらしいもの、また新しいものを尊ぶ気もちがあり、欧米風の社交ダンスを踊ることが一種の流行となった。

富裕層の邸宅にもうけられたダンス室（ボールルーム）でダンスが踊られるばあい、それは営業ではないし、取締の対象とはならない。だが、愛好者がふえるにともない、ダンスの場は、社会的に見えにくいところから、じょじょにホテルや公会堂といった貸会場へとあふれだしていく。

（5）取締の変遷

このような貸会場におけるダンスは、参加者から参加料を徴収し、それを会場費、あるいは楽団の人件費や飲食費などに充てるというかたちをとった。愛好者たちによる、メンバーシップが閉じられた会員制の企画であれば、営業活動とはみなしにくい。けれども、参加料を支払いさえすれば誰でも参加でき、定期的に開催されるかたちになれば、それは営業とみなされうる。さらに、男女が組んで踊る姿を、参加者以外の利用客が目にする可能性が高いことも、問題を複雑にした。

つづく時代には、汎用的な空間を臨時でダンス・パーティにつかうのではなく、専用のホールをそなえ、常時ダンスを踊らせることを前提とした施設が登場する。

この時点で、警察が対応を開始する。その際、古くからある風俗営業（たとえば、貸座敷や料亭など）の規制とのあいだで、バランスをとる必要もあった。旧来型の営業が法令で規制され、許可を要するのに対し、目新しい業態が放任されることは望ましくない。くわえて、男女が接触することは風紀を乱すおそれがあると考えられていた。大正期に営業として社交ダンスを踊らせる場が風俗営業の取締対象にくわえられた背景には、このような事情もあった。

昭和戦前期においては、取締がいっそう緻密なものになっていく。社交ダンスを踊らせる営業、すなわち舞踏場（ダンスホール）では、酒類を提供することが認められなかった。営業所の構造設備に関する条件も課され、利用者が身体接触をともなうかたちで踊る姿は、外部から見通せないような構造によって隠すことがもとめられた。

もともと、一般の男女がカップルとして社交場面に出ることをしなかった当時の社会では、男女の客が同伴で舞踏場を利用することもかぎられていた。さらに、米国の諸都市で移民のために開発されたチケット制度のダンス（職業的女性パートナーが常駐し、時間単位での対価を受け男性客の相手となって踊るしくみ）が、この社会にも導入され、営業の基本スタイルとして定着した。

そのため、「ダンサー」という職業につく女性は、尖端的な流行の担い手としてもてはやされるかたわら、風俗営業にたずさわる者として、警察からライセンスを受ける義務をおわされ、そのことによる否定的なイメージを引き受けざるをえなくなった。小説などのフィクションや煽情的な報道などでは、あたかも放埒な素行をもつように描かれることもあった。

そのため、ダンスホールという場を、またダンサーという職業を、伝統的な性道徳に敵対するかのようにみなす人びとがいた。しかしながら、現実には厳しい警察の監視下におかれていて、酒の提供が許されないホールでは、比較的良好な風紀が維持されていたといえる。たまさかダンサーがスキャンダラスな事件にまきこまれることがあっても、それが舞踏場内の出来事であることはまれであった。

舞踏場は、戦時下でも一定の条件のもとで営業が認められていた。しかし、やがて英米との関係が悪化すると、欧米由来のダンスや音楽は敵性娯楽として排撃される。１９４０（昭和15）年をもってダンスホールの営業は禁止されたが、理由は、風紀を著しく悪化させたからではなく、その時点で敵になる可能性が高いと予想された欧米の娯楽にかかわる空間であったからだといえる。

（6）第二次世界大戦後のダンス

戦後の混乱期においては、いくつかの問題がダンスと風俗営業取締の関係を複雑化した。

ひとつは、深刻な生活苦のなかで、多くの女性たちが、本人や家族の暮らしのために、飲食店や社交業で働かざるをえなくなったことである。結果的に、金銭のために接待や性的サービスをふくむ仕事に従事するケースが生じた。

　ダンスホールは、最初、占領軍の将校や兵士のための慰安施設として整備された。したがって、ここでは米兵の圧倒的に優位な立場のもとに女性が不本意な行動をとることもあった。それは、ときにまったく弁護されず、その女性じしんの誤った選択として非難された。個別の事情がそれぞれにあったはずだが、報道や論評などにおいては、ダンスホールの危険性あるいはダンサーの堕落としてひとくくりにされる傾向にあった。


　また、日本人の利用者を対象とする風俗営業が復活すると、ダンスホールの統制は困難になった。とりわけ戦前の法令が失効し、新しい法令が制定されるまでのあいだ、取締の空白期間が生じたことによって戦前期までとはまったく異なる状況が引き起こされた。戦中まで酒類の提供をせず良好な風紀をたもっていたダンスホールが、酒類の提供や女性従業員による接待をともなうキャバレー営業と混交してしまったのである。

　戦後社会で男女交際の自由を享受できるようになった世代は、当然のように、この機会を活用した。だが、欧米の文化におもねるようなふるまいは、古い価値観をたもっていた世代には「堕落」と映った。ダンスホールあるいはキャバレーが「売春の温床」であるという認識は、こういった混乱状況のなかで醸成される。

　ダンスのみが売買春の元凶であるとはいいがたい時代であった。にもかかわらず、若い世代の行動を諫める際に、ダンスを名指しすれば槍玉にあげやすいという事情から、ダンスを悪役にする言説が社会的に受けいれられていったと解釈できる。取締のための法令の必要性が議論されたのは、このような時期であった。

（7）風俗営業取締法の制定

　上に示した法令の空白期間の混乱に対応するため、風俗営業については、取締の根拠となる法律を制定施行することがもとめられた。

　ダンスについては、これが、ばあいによって売買春につながる可能性があるとして規制対象にふくめられた。本来であれば、売買春は、それを直接処罰する法令によって取り締まられるべきところだが、のちの売春防止法に相当するものを、すぐに整備することはできなかった。そのため、便宜的に、営業にかかわる場所や事業者・従業員を監視するかたちで対応したのである。

ダンスを踊らせる営業は、このあともひきつづき風俗取締の対象でありつづけるが、やがて、とくに大きな問題に関連づけられることはなくなった。売買春の形態も大きく変化し、ダンスを踊る場所が犯罪の温床であるという感覚は、時代遅れのものとなった。

（8）ダンスのトレンド

くわえて、この間、人びとに愛好されるダンスの種類も変化している。戦前期には、男女が組んで踊る、おもにヨーロッパ起源のダンスがこのまれたが、占領期には米兵たちがジルバをさかんに踊ったことをきっかけに、ホールでのダンスは、男女が身体を接するタイプのものから、離れて踊るタイプのものへと移行していく。

昭和30年代になると、男女が対にはなるものの、接触の少ないマンボが流行した。さらにダンスの主流は、ツイスト、モンキーダンス、ゴーゴーというように遷移し、男女がペアになる必要もなく、新しい音楽にあわせて個人が自由に踊るスタイルになっていく。この結果、ダンスそのものが男女の濃厚な身体接触を促すものといったとらえかたや、そこから売買春のような犯罪へと展開するという危惧も、ほとんどなくなった。ダンスは、男女が多種多様な娯楽のひとつとして選択できる項目ではあるが、売買春などの犯罪に結びつくていどは著しく低くなったといえる。性的サービスを提供する他の風俗営業（のちに「性風俗関連特殊営業」に類型化されるような業態）が成長したことにより、「犯罪の温床」も、そちらのほうに移っていったと解釈できる。

ダンスのトレンドは、個別に踊るものになった。また、犯罪は、ダンス場から遠ざかっていった。古いタイプのダンスホールには、カップル・ダンスが残されたが、かつてのように多くの利用客が群れつどうこともなくなり、むしろ斜陽産業とみなされた。

そういった認識が共有されていたからこそ、１９９８年の法改正においては、一定の条件でダンスを教授するダンススクールについて、法の適用が除外されるかたちに変更されたのである。認められたダンススクールにおいては、未成年であっても両性が組んでダンスを踊ることができるとされた。

ボールルームダンスには、国際的に標準化された技術があり、それにもとづいて競技会を開催したり、審査によって個人の技量を評価したりするかたちが確立した。また、現在、その他のカップル・ダンスとしては、中高年の愛好者が健康増進あるいは交流のために楽しむもの（公民館などを利用するサークル活動）や、世界各地の多様な音楽やダンスを楽しむもの（近年になって愛好者が増えたラテン系のダンスのレッスンや公演）などが主であり、それらはいずれも健全で、手軽な娯楽として普及している。

この社会のカップル・ダンスに対する評価は、およそ1世紀の時間の経過のなかで、ほぼ逆転したといえる。

（9）まとめ

現代は、カップル・ダンスを踊ることが売買春などの犯罪の誘因になるとはいいがたい状況にある。文部科学省も、ダンスを学校で教育する方針をきめている。100年以上の歳月を要したが、ようやく洋風のダンスは、この社会の趣味あるいは娯楽、表現活動として定着した。

いまの状況で、ダンスを踊る場が犯罪や非行の温床になるといった言いかたは、大きく的を外している。なるほど、ダンスを踊る場、あるいはその周辺で犯罪が発生することはあるかもしれない。しかし、それは他の娯楽施設においても、あるいは他のきっかけによっても起きうることであろう。

〈カップル・ダンスは多くの人びとの面前で男女が身体接触をするから「異文化」である、したがって、そのようなふるまいをさせるダンス場は道徳的に許容されない。〉——そういった主張は、いまでは意味をもたない。

現代では、カップルは電車のなかでさえ抱き合い、キスを交わす。それを咎めだてするようなこともない。高齢のカップルでも、手をつないで街を歩いている。それは、警察官が制止すべきことだとは見なされていない。

　ダンスが何か悪いものであるにちがいないという価値観がまだ残っているとすれば、それは、幕末の開国のころの感覚をひきずっているといえる。その変化に気づかないとすれば、それは、ひろい意味での社会規範の変化を検証しない怠慢のゆえである。

以上

　二〇一四年四月に大阪地方裁判所が出した判決は、「無罪」。被告の店で客が踊っていたダンスは風営法が想定しているようなものではなく、ＮＯＯＮは3号営業にはあたらない、という判断だった。判決文には、「歓楽的、享楽的な雰囲気を過度に醸成し、わいせつな行為の発生を招くなど、性風俗秩序の乱れにつながるおそれが実質的に認められる営業が行なわれていた」とは「認めることができない」とある。

　検察側は控訴し、裁判はつづいている。また、クラブ関係者の要望などを受けて、国会での法改正を検討する場もつくられた。警察庁は、「風俗行政研究会」を設置して、関係者からのヒアリングをすすめるとともに、インターネットなどによってパブリック・コメントの集約をおこなった。この問題は、これからも動きつづけていくので、本稿が終着点ではない。

　これら「討議」の場で述べられている意見は、立場によってさまざまである。規制を維持すべきだ、むしろ強化すべきだという見解もある。他方、緩和のしかたも具体的に提示されている。「ダンス」という文言を、法律から完全に削除してほしいという要望もある。

　立場のちがいがあるにせよ、共通しているのは、人間の「欲望」は制御しきれない、それは誰かが抑えなければならないという前提だ。それにしても、現行の法令は古い。新しい時代の状況においついていない。人間の「欲望」の暴走を抑えることが必要だとして、その制御のしかたとして適切な方法（そこには、費用と効果の評価もふくまれる）を、考えなおす時期にきていることはまちがいない。

　ほかの機会にも述べたことだが、現行の風俗営業規制は、営業所を対象として「場」を監視することで成りたっている。だが、情報化の進展は、営業を「場」から自由にした。さまざまな商取引が、実店舗を離れてインターネットを媒介したものに置き換わっている。それは、風俗営業にも多大な影響を与えた。

男女を出会わせるようなサービスは店舗を必要としなくなった。携帯通信機器があれば、店を構える必要はない。いっぽう、飲食店営業などではまだ「場」が必要とされる。音楽を買うためにレコード屋に行く人は減っているが、ライブ空間に身をおくことに楽しみを見出した人は、音楽バーやライブハウスに行くだろう。飲食と音楽・ダンスがむすびついたクラブは、古いかたちの「ハコ型」の営業ということになる。

性風俗関連営業に分類されるような業種が実店舗から撤退したあと、クラブは、古い取締りの方法によってターゲットにされやすいかたちで残ってしまった。そういう見かたもできるだろう。

けれども、今回のクラブ規制反対運動は、想像をこえた数の動員に成功した。聞きかじった情報だけで情緒的に動いた人たちがふくまれていたにせよ、その活動のひろがりは、注目に値する。

若い世代がかかわった活動のひとつに、映画『SAVE THE CLUB NOON』の制作と上映がある。監督・編集は宮本杜朗《もりろう》、企画は佐伯慎亮《しんりょう》と山本陽平で、カンパをもとにつくられ、自主上映をふくむ小さな劇場での公開というかたちで観客をあつめた。

この映画を、私は京都の立誠《りっせい》シネマで見た。会場は、元・京都市立立誠小学校の建物をイベントスペースに転用したものだ。京都の繁華街、四条河原町からほどちかい、木屋町《きやまち》や先斗町《ぽんとちょう》の飲食店がたちならぶなかにあった学校である。この学校が一九九三年に廃校となると、近辺にたくさんの「いかがわしい店」が出現した。風営法には「保護対象施設」という考えかたがあり、学校や図書館、病院などのちかくに、風紀を乱すような店を開けないように定めている。自治体が定める条例には保護対象施設からの一定の距離がしめされ、その範囲では営業ができないというしくみだ。

立誠小学校が廃校になり、風俗営業取締りの拠点が失われた。そのため、古いたたずまいを残していた京都の街並みにそぐわない店があらわれた。対応をせまられた市は、ここを文教施設にもどそうとしたのである。同様の例として、新宿歌舞伎町の風俗規制のなかで、区役所内に図書室をもうけることで出店に歯止めをかける工夫がなされたことがあげられる。

ともかく、そのような規制する側・される側のかけひきのなかであらわれたのが、立誠シネマという場だったのである。いわば、風俗取締りの砦《とりで》だ。そして、風営法の意味を問い、クラブの規制反対を訴える映画が、その砦のなかで上映されるという、興味深い現象が起こった。放任すれば暴走する「欲望」を制御するための、新しい制度をつくることは、はたして可能だろうか。

【追記】

本稿校正中の二〇一五年一月、控訴審の判決が出た。大阪高等裁判所も「無罪」(控訴棄却)の判断を下したが、検察側は最高裁判所に上告した。また、国会での法律改正が近いという報道もあったが、二〇一四年末の衆議院の解散のため実現しなかった。改正の議論は継続中である。

●註

＊1 東京・大阪などのクラブの摘発と、それに対する社会的な反響については、磯部涼編著『踊ってはいけない国、日本――風営法問題と過剰規制される社会』(河出書房新社、二〇一二年)、おなじく磯部涼編著『踊ってはいけない国で、踊り続けるために――風営法問題と社会の変え方』(河出書房新社、二〇一三年)の二冊にくわしい。後者には、筆者が磯部のインタビューを受けた際の記録を文章化した「他業種から学ぶ、クラブと風営法の在り方とは」(構成・渡辺文菜)が収録されている。

＊2 社交ダンスと風営法に関するものは、拙著『社交ダンスと日本人』(晶文社、一九九一年)、同『にっぽんダンス物語――「交際術」の輸入者たち』(リブロポート、一九九四年)など。また歴史的資料を集成したものとして、永井良和編・解題『川北長利社交ダンス評論集 1932-1995』(関西大学学部共同研究費による出版、一九九五年)、川北長利著、永井良和編・解題『川北長利社交ダンス評論集続集――高齢社会における「共生」をめざして』(湘南グッド、二〇〇二年)、組織とネットワーク研究班編、永井良和編『植民地都市の社交ダンス――大連での勃興期を中心に』(関西大学経済・政治研究所「調査と資料」第九二号、一九九九年)、永井良和編『コレクション・モダン都市文化　第4巻　ダンスホール』(監修・和田博文、ゆまに書房、二〇〇四年)などがある。社交ダンス規制の過去の経緯について関心のある向きは参照されたい。

日中おまた事情

——性器から読み解く理想像　女性器編

梅川純代

●——はじめに

セックスは万国共通。ならば理想の性器像に違いはない。

こうしたくだらない予断に端を発した前稿「日中おまた事情——男性器編」。

しかし、予想に反して、日中理想のペニス像には大きな違いがあった。いかなる「広膣《こうちつ》」の女性であっても満足させうる「巨根」を理想とする中国。対して、あらゆるタイプの女性器にフィットする「麩《ふ》まら」をベストとする日本。

こうした異なる理想像の背景には、「房中術」と呼ばれる性愛技法の存在があった。中国人にとって、「女性に性的な満足を与える」という房中理念はセックス観の核となっていた。一方、遅くとも平安時代には「房中術」の流伝《るでん》をみた日本。しかし庶民層にまで一気に浸透したのは、風流人をターゲットとした江戸期の「性愛指南書」を通じてのこと。日本において「房中術」は「色好みの技」と化したのだ。

中国におけるセックスには男性側に相手を性的に満足させる義務が課せられるが、日本におけるセックスにはそれがない。そのため、日本人にとってのセックスは男女共に楽しむものであり、性的な満足は性器同志の相性によるものとされたのである。[*1]

では、女性器はどうなのか。

セックス観の相違は、理想の女性器にも影響したのであろうか。はたまた、「絞まりの良さ」のような共通項が求められるのであろうか。

こうした世の中の役には全くたたない愚問を、再び真面目に検討しようというのが、本稿の主旨である。

ここでさっそく問題が持ち上がる。

そもそも「女性器」というのはどこからどこまでを言うのか。膣のみを意味するのか、大陰唇《だいいんしん》、小陰唇、クリトリスなどを含む外陰部まで含むのか、恥丘《ちきゅう》をはじめとする陰毛の生《は》える下腹部全域を含むのか。

本稿が取材するのは前稿と同じく前時代書物であり、必ずしも現行の医学的定義が当てはまるとは思えない。そこで、本稿はざっくりと「おまた」という言葉で女性器を表す。同時に、前稿では局部褻視《せっし》*2的であった視野を少し広げてみたい。理想の性器は理想の異性像の一端を担うと仮定するならば、理想の異性像には理想の性器像が投影されているはずだ。つまり、理想のセックスパートナーとしての女性像から、おまたの理想を追跡しようというのである。

以下本稿では順次、(一)おまたという未知の性器に対する好奇心、(二)セックスパートナーの条件、(三)性的な快楽という三点から、日本と中国のセックスにおける理想の女性像およびおまたを考察していく。なお、中国におけるセックスパートナーとしての女性観には、房中術の土台となる気の思想が大きく影響している。そこで、気の思想について概観してから本論に移りたい。

1「気」の思想

およそあらゆる中国の文化思想芸術を理解する上で絶対的に重要な概念の一つが「気」である。アニマル浜口氏が叫ぶ「気合い」の「気」であり、『ワンピース』のルフィがまとう覇気《はき》の「気」である。文字にこだわらないのであれば、『ドラゴンボール』の「かめはめ波」や、「元気玉」も「気」みたいなものである。

そんな風に、我々は「気」というものを「知っている気」になっている。

しかし、「気」とは何かという問題は、実はすごく難しい。本家本元の中国人でさえ端的な説明ができない。当然筆者にはこの問題をきちんと論ずる力はない。しかし、これをスルーすると本稿が破綻してしまうので、簡単に「気」の特徴をさらっておきたい。ここでは疑問を提示しつつ、坂出祥伸氏に倣い、[*3]日本語の中にそのヒントを見出していこう。

まず、「気」は視覚的に捉えうるのか。

「大気」「空気」は目に見えない。見えないが現代科学の申し子たる我々は、それが存在することを知っている。つまり、「気」は見えなくとも存在する。一方、「天気」は見て判断することができるし、温泉の「湯気」も見える。つまり「視覚的に捉えうる気」も存在する。ただし、「天気」はこれと特定できない。「今日は天気悪いね」と指しているのは雲か雨であって、「気」ではない。対して「湯気」は触れることはできなくとも特定ができる。つまり視覚的に存在を認識できる「気」には「特定できる」ものと「できない」ものがある。見えないから、特定できないからといって「ない」わけではない。空気は存在するし、天気の善し悪しは確実にある。

では、「見える気」と「見えない気」は別物なのか。「湯気」とは、液体が暖められて気化したものが冷却されて煙状になったものだ。これが拡散すると、再び「空気」やら「大気」といった「見えない気」になる。ちなみに、気化した瞬間を「蒸気」と言うが、これは見えない。つまり、液体は、「見えない蒸気」から「見える湯気」になり、再び「見えない空気・大気」になるのである。いわば、「見える・見えない」は時と場合によるのである。

以上の「気」はすべて体の外側にある。では、「気」とは体の内側にはないのか。

「元気」や「病気」は我々の体の内にある。ちなみに、犬や猫だって「病気」になる。つまり「気」は生物の内側にもあることになる。さらに言えば、「雰囲気」という言葉は生物、非生物、加えて空間にも使われる。「雰囲気の変わった彼女」もいれば、「雰囲気のある岩」もあり、「雰囲気の悪い店」も存在する。店の雰囲気は時として店外に漏れいずる。つまり、「気」は生物・非生物に内包され、しかも空間を超越するのである。

では、「気」が超越するのは空間だけなのか。

「邪気」は祓《はら》われない限りそこにありつづけ、「運気」に至っては生死という時間軸さえ超越する。統計学的占いでは、生きているかどうかわからなくても、百二十歳の「運気」を算出できるし、やろうと思えば、生まれる二十年前の「運気」すらはじき出せる。

つまり、「気」とは、(一)見えたり見えなかったりするもので、(二)生物の中にも非生物の中にもあり、(三)空間も時間軸も超越して存在しているものだということになる。

少々古代中国の「気」の概念を付け加えよう。

一つ目は、「いのち」と「気」の関係である。古代中国人は「いのち」と「からだ」は不可分のものであり、どちらも源はこの「気」であると考えていた。つまり、体内に「気」があるうちは「生」であり、「気」がなくなると「死」なのである。[*4]この「気の概念」に立脚するならば、不死も理論的に可能となる。永遠に「気」を補給しつづけられるならば、死なないことになるからだ。また「気」の有無が「いのち」と係わり、「いのち」と「からだ」が不可分であり、「気」が生物、非生物問わず内包されているのならば、世の中すべてのものは「気」で出来ていることになる。つまり、(四)「気」はすべての源なのである。

二つ目は、「気」の運動律だ。「気」は「感応」ないしは「相感」と呼ばれる法則に従って動く。これは、池に石を投げたから水がはねたというような因果律とは少し違っている。敢えて言うならば、池に石を投げたら、東の岸に波がたち、西の岸で水面がゆれたという関係性を表している。少々説明しにくいこの運動律を、ユングは「共時性」[*5]と名付け、ニーダムは「共鳴」[*6]と訳した。ここで翻訳論的問題にまで踏み込むつもりはないが、「感応」や「相感」は必ずしも「共時」的であるわけではない。ゆえに、いずれかを選択せねばならないのであるならば、ニーダムの「共鳴」がより近いのではないかと思う。

いずれにせよ、この「感応」とか「相感」と呼ばれる「気」の法則は、(五)マクロとミクロが呼応しあうとい[*7]う特徴へとつながっていく。例えば、天候が乱れると不調を起こしやすい人がいる。低気圧が来ると頭痛がするといったようなケースだ。低気圧というマクロの「気」

が、「わたくし」というミクロの「気」と「感応」するのである。

三つ目は、「気」の種類である。「気」は万物の源であるわけだが、ではなぜ、男性にはペニスがあり、女性にはないのか。同じ「気」で出来ているのに、なぜ違いができるのか。理由は「気」に種類があるからだ。それが陰陽《いんよう》である。[*8] ざっくり言えば、陰は女性的な要素であり、陽は男性的な要素となる。ゆえに、世の中のすべては陰か陽におおむね分類できることになる。月が陰で太陽が陽、水が陰で火が陽、女性が陰で男性が陽という具合だ。

ただし、陰と陽は二極対立するものではない。むしろ、相互扶助的ないしは相互補完的な関係にある。例えば太極図として有名になった陰陽魚という図がある［**図一**］。黒い勾玉《まがたま》のしっぽの部分から成長した陰は、一番成熟した時に体内に白い陽の卵をはらむ。この卵から白い陽の勾玉のしっぽが生まれ、一番円熟した時に体内に黒い陰の卵をはらむ。つまり、陰は陽がなくては生まれず、陽は陰なくして存在しない。

図一：陰陽魚

また、陰陽は「気」の種類であるから、こうした陰陽図は究極的には「気」が宇宙万物を構成していることを表している。例えば陰だけが大きかった場合、そこから生み出された陽は成熟しきれず、新たな陰の卵をはらめない。その結果、陰から陽、陽から陰という生成のプロセスは途絶え、宇宙は存続しえなくなる。つまり、陰と陽は、同等のバランスで調和してこそ宇宙を成立せしめ、また存続させうるのである。専門的にはこの調和を「和合」と呼ぶ。ともかく（六）陰陽という二種類の「気」は、和合をすることで新たな「いのち＝気」を生み出すのである。

以上六つの「気」の特徴をみてきた。「気」とは、（一）見えたり見えなかったりし、（二）生物の中にも非生物の中にもあり、（三）空間も時間軸も超越して存在し、（四）すべての源である。さらに、（五）マクロとミクロが感応・相感し、（六）違う種類が和合することで新たな一気を生み出すのだ。

2 未知なる性器——おまたの名前

多くの男性にとっておまたは未知なる性器であり、ゆえに探究心をそそるものであったに違いない。理想のセックスパートナーたる女体の秘密を知るために、いにしえの男性陣がまず行ったのはおまた各所を命名することであった。

　おまたの呼び方としてすぐ思い浮かぶのは、「数の子天井」や「巾着《きんちゃく》」などといった、いわゆる「名器」の名称ではないだろうか。管見の限り、こうした女性器の名称のほとんどは、江戸時代にあらわれている。

たとえば「土器《かはらけ》」「毛開《けぼぼ》」「核長《さねなが》」「前膝《まえたれ》（または前垂）」「関木《くわんぬき》」「茄子《なすび》」「巾着」「蛸《たこ》つび」「饅頭《まんじゅう》」など。いずれも江戸期の性愛指南書によくみえるものである。

　このうち「開《ぼぼ》」という言葉はいわゆるおまた的なニュアンスで使われる一般名詞である。対して「土器」以下の用語は、一定の特徴をもつおまたを指し示す固有名詞として扱われる。

「土器」は「けなしぼぼ」[9]であり、陰毛のないおまた。対して「毛開」は陰毛が毛深いおまた。「核長」は小陰唇の長い女性器で、「前膝」はそれが非常に発達して「のびさがる」[10]状態になったもの。『色道禁秘抄《しきどうきんぴしょう》』によれば似たようなものに「長挺孔《ちょうていこう》」というものがあるらしい。[11]「関木」は「門の上辺、横骨すり下り居たる」[12]というので、おそらくはペニス挿入時に恥骨《ちこつ》ないしは骨盤近辺の骨が当たるのであろう。「茄子」はクリトリスが突出して長大なものであるが、いわゆる半陰陽は「半釈迦《はんしゃか》」[13]として区別されている。「巾着」と「蛸つび」は吸引力や締まりのよい膣を指し、「饅頭」は恥丘が非常にふっくらとしているおまたを指す。

　こうしたおまたの固有名詞化は、博物学的興味に加えて、「名器」をはじき出すための行為であったと考えられる。一つには男性器の場合と同じように、上、中、下の三品《さんぼん》を基本とするランク付けがしばしば行われていること。それに加え、「核長は堅きゆえしまりよけれどあぢなし」[14]といった具合に、セックスの際の特徴が記されている場合が多いこと。以上の二点からは、セックスの善し悪しは性器同志の相性という江戸期日本男児の、より上質なおまたへの渇望が窺《うかが》われる。「あぢなし」とわかっている「核長」よりは、「開の左右満面はへれど味よき物也」[15]とされる「毛開」の女性とセックスをしてみたいと思うのが人情であろう。少々時代は遅れるが、昭和初期に出版されたと思われる龍王山人の『桃源華洞《とうげんかどう》』には、「上品開《じょうぼんぼぼ》」に加えて「下品開《げぼんぼぼ》」の固有名詞が列挙されている。「広開《ひろぼぼ》」「関木」に似ているという「戸立《とたて》」「茄子」や、穴が浅いという「皿開《さらぼぼ》」などである。[16] ここからも、膣の固有名詞化は単なる分類ではなく、ランク付けが意図されていたことが窺えよう。

以上から、江戸期のおまた分類はつきつめて言うならば名器の選出を念頭においたものであったと考えられる。この際、重要となるのは、セックスの際の善し悪し、つまり性交中のペニスが膣内で感じる快感であったろう。たとえば『好色訓蒙図彙《こうしょくきんもうずい》』には、「上開」と「下開」のおまたの詳細が記されている。

上開の相、第一生まれつき有るところ高し。……御さねの割れ、両方よりうち合い、御内陣温かにましまして、内に肉《しし》ありて、れきを挟むように締まるなり。
……下開の相、第一有所下段なり。境内広く、そこばかりなくして、武蔵野のごとく、矛先に当たる海原も無く。うちあたたげなし。[17]

ここでは、膣の存在する場所がいわゆる「上付き」なのか肛門に近い「下付き」かという点から始まって、膣内の温度、締まり具合、広さ、深さといったものに焦点が当てられている。膣内の肉付きがよく、締まりがよく、広さ深さも適度であり、高温な膣が「上開」とされていることからは、やはりセックスの際にペニスが得る快楽に重点がおかれていることがわかる。

しかし一方で、その固有名詞化には、ペニスの快楽という命題を無視した興味深い傾向もみえる。おまたを命名する上で、外陰部に重きをおいているもの、恥丘など下腹部に重きをおいているものがあるのだ。

たとえば前出の『桃源華洞』にみえる「皿開」などは膣の深浅が問題となっており、ペニスが感じる快感という命題に直結している。しかし、「土器」や「毛開」は陰毛の濃淡に、また「饅頭」は下腹部のふくよかさに焦点が当てられている。江戸期の日本人が「良いおまた」を判別するにあたって、膣のみを重視したわけではないことは確実である。膣以外の外陰部および下腹部全体にも関心が高かったのである。

『醫心方』の膣名称	石原明による同定	馬伯英による同定	『素女妙論』にみえる膣名称の対応	『素女妙論』に基づく李零の同定
玉門	膣	膣入り口・処女膜		
赤珠	小陰唇	膣円蓋・膣入り口		膣入り口
麦歯	小陰唇	処女膜・膣入り口より二寸	麦歯	膣入り口より二寸
穀実	陰核亀頭	膣入り口より五寸	谷実	膣入り口より五寸
愉鼠	陰核亀頭	膣入り口・小陰唇	妥谿	膣入り口より三寸
臭鼠	陰核亀頭	膣入り口・小陰唇	愈闕	膣入り口より六寸
琴弦	クリトリス	処女膜・膣入り口より二寸		
嬰女	大前庭腺	膣円蓋・膣入り口より三寸	玄珠	膣入り口より四寸
昆石	大前庭腺	膣入り口より四寸・子宮付近	昆戸	膣入り口より七寸
中極			北極	膣入り口より八寸

表一：膣名称および対応箇所

この点から、江戸人がこだわった「セックスの味」たるものが、必ずしも膣の機能だけを注視したものではなかったという可能性が窺える。事実、「名器」の中には、分泌液の多い「練《ね》り開《ぼぼ》」に「汁沢山《しるだくさん》」といった膣の機能や性能に係わるものに加え、湯上りの女性のおまたである「湯ばば」、若い人のおまたである「青田《あおた》」などが含まれる。もし、ペニスが得る快楽のみを「セックスの味」として考えているのであれば、「湯ばば」や「青田」は「名器」たりえない。これらが珍重される理由は、それが湯上りである、若い人のおまたであるというシチュエーションによるところが大きい。江戸期の風流人たちは、昨今の女性のようにムードやシチュエーションに性的興味や興奮を左右されたのかもしれない。[*18]

さて、房中術の本場中国においても、未知なるおまたへの興味は存在した。ただし、中国には、どのような膣であっても技術（と時にサイズ）によってそれを満足させることが男性の役割であるという房中思想が蔓延《まんえん》していた。よって、中国人の興味は、おまたそのものを選《え》り好みするようなセコイ方向には向かわなかった。むしろ、どのようなおまたにも共通する「攻めどころ」を把握しようとしたのである。

その結果、おまたの類別としての固有名詞化ではなく、膣内（ないしは外陰部を含むおまた）の要所を固有名詞化するという姿勢があらわれる。多少の異同はあるが、房中書にあらわれる「おまた要所」の名称は、表一のようになる。[*19] 管見の限り、石原明氏、馬伯英氏が場所の特定を試みている。[*20] また明代の『素女妙論《そじょみょうろん》』では、それぞれの要所を膣内深度に照らし合わせて説明をしており、[*21] 李零氏はこの説をとっている。[*22]

図二：「虎歩《こふ》」の体位

図三：「龍翻《りゅうほん》」の体位

筆者は多くの名称は基本的に挿入可能な膣内部位の名称であったのではないかと考えている。房中書の中には、特定の性交体位でペニスが刺激すべき「おまた部位」として、これらの名前を載せているものがあるからだ。例えば『玄女経《げんじょきょう》』が紹介する図二の体位で刺激すべきは「中《ちゅう》極《きょく》」であり、[*23] 図三の姿態で刺激すべきは「穀実《こくじつ》」である。[*24] つまり、図二と図三では挿入可能深度が明らかに違う。つまり、こうした中国的「おまた要所名」には、基本的に膣内深度を表す目的があったと思うのだ。

一方、体位ごとに挿入可能深度が違うのは、当たり前といえば当たり前である。ということは、膣内の深度にいちいち名称を付け、摩擦ポイントを指定する理由が他にあるはずだ。

ここで思い出したいのが、房中術の根本理論である。男性は、（自分がメリットを得るためではあるが）あまねく女性を性的に満足させねばならない。つまり、古代中国人が膣内深度に高い関心を抱いたのは、それが女性の性的満足につながるものとされたからではなかったろうか。

事実、「麦歯《ばくし》」と「琴弦《きんげん》」の間への刺激こそが女性の性的絶頂につながるという言説が房中書に散見する。現代風に言うならば、そこにいわゆるGスポットが存在していることになる。しかし、「麦歯」と「琴弦」の間だけが性的快楽を増長するものであるならば、その他の名称は女性の性的満足という観点から、さほど必要がない。

しかし、『玄女経』のように性交体位ごとに異なる刺激ポイントが指定されている例をかんがみると、古代中国人は姿態ごとに性的興奮を増長する膣内ポイントが変わると考えていた可能性があるのではなかろうか。

この推測は、『玉房秘訣《ぎょくぼうひけつ》』があげる「七損八益」[*25]という治病や健康促進のための性交体位に傍証される。**表二**に表したように、「八益」は健康な男性がより健康になるために実践する八種類の性交体位。対する「七損」は男性の七種類の体調不良を回復するための性交体位である。[*26]ともに男性が射精しないことが前提となるが、前者の場合、女性のオーガズムは必ずしも必要とされていない。

一方、後者は、体調不良回復が目的であるから、女性がオーガズム時に排出する最上の気を必要としている。ただし、自身が「女性を性的に満足させる」のは難しい。この矛盾する条件をクリアするため、「七損」の性交体位は男性に負担がかからないものになっており、また女性が自主的に絶頂に達するよう構成されている。この時重視されているのが、各体位ごとの挿入深度なのである。

つまり、「七損」からは、それぞれの姿態によって女性が達しやすい深度があるという考えがみえてくる。

態勢によって女性に性的満足を与えうる膣内スポットが変わるのであれば、**表一**にみえるような膣内要所名はやはり女性の快楽に直結するがゆえに区別された可能性が高い。加えて、こうした膣内要所は『素女妙論』にみえるような膣内深度に対応していた可能性も高くなる。

もちろん、房中書にみえる態勢と挿入深度の組み合わせがどこまで現実に有効なのかは定かではない。しかし、少なくとも、古代中国人のおまたへの興味が、膣内部へと集中していたことは確かである。加えて、彼らの未知なるおまたへの探求心は、あらゆる膣を対象とした、性的興奮を高めるスポットの割り出しへと向かったのである。ここにも、セックスとは女性というスポンサーをエンターテインするものという房中思想が色濃く反映されていると言えよう。

3 「おまた」のための「こまた」

セックスパートナーとしての理想像に、感度や陰液の多少など膣機能を含むおまた要素が大きく反映されてい

七損名		体位
1	絶気	
2	益精	
3	奪脈	
4	気泄	
5	機関（＝厥傷）	
6	百閉	
7	血竭	

表二：『玉房秘訣』にみえる「七損八益」体位表

八益名		体位
1	固精	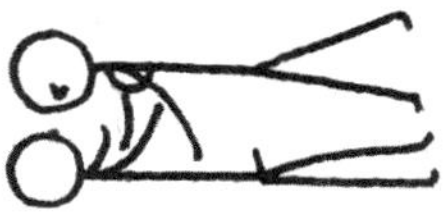
2	安気	
3	利蔵	
4	強固	
5	調脈	
6	蓄血	
7	益液	
8	道体	

たであろうことは想像に難くない。しかし、ここで再び大きな問題が立ちふさがる。

性交相手を選ぶため、男性は「おまた見せて」と言えるのか。

まず言えない。

つまり、おまた要素は、おまた以外のところで判断しなくてはならないことになる。

ここでヒントとなるのが、「小股の切れ上がった良い女」という表現である。これはずばりセックスパートナーとして理想的だという意味合いをもつ。では、果たして「小股」とはどこか。

過去、様々に論じられてきたようだが結局のところ「小股」がどこかは定かではない。[27] しかし、「小股」がおまたを知るためのものであることは確かであり、また、それは外見から判断できるのである。

そこで、当節ではおまたを知るための外的要素を仮に「こまた」とし、日中の「こまた」あれこれを概観してみたい。

●—3・1 中国「房中書」にみえる「好女」と「悪女」

中国の房中術は、セックスを通じて自身の気を維持し、パートナーの気を摂取し、二種の気を体内に循環させることで「高み」を目指す。当然、パートナー選びも重要だ。よりメリットの得られるパートナーのほうが、目的達成に近づくからである。

例えば『醫心方』には「好女」「悪女」という項目が立てられ、パートナー選びの指針を提示している。

セックスパートナーとして理想的な女性はこのような具合だ。

中背でぽっちゃり気味。艶やかな柔肌《やわはだ》で骨細、黒目と白目がくっきりしている。髪は黒々しているほうが良いが体毛、特に腋毛と陰毛はないほうがよく、ある場合には薄ければ薄いほど良い。膣は高い位置にあるほうがよく、前向きに付いているほうが良い。ガラガラ声や低い声、また大声の持ち主ではないもの。年齢は胸が膨らみきらないくらいの少女がベストだが、三十歳までの非経産婦ならよし。[28] ざっくり言えば、ぽっちゃり体型で体毛の薄いペチャパイ女性が良いということになる。

一方、セックスパートナーにしてはいけないのは以下のような女性だ。

髪がボサボサ、ブツブツのある顔、太い首や大きな喉仏、黒い歯、大きな声のもの、口が大きかったり鼻が高いもの、目が淀《よど》んでいたり、髭《ひげ》のような毛が生えているもの、節ばっていたり骨太のもの、赤茶髪や巻き毛、痩《や》せているもの、陰毛がゴワゴワしていたり逆毛《さかげ》のもの、毛深いもの、肌が荒れているもの、食べ過ぎたもの、四十歳過ぎのもの、腹の調子が悪いもの、また半陰陽のもの。[*29] 敢えて言うなら、ソース顔の脱色染毛女性は避けよ、ということになろうか。

いずれの場合も大部分は視覚的に判断できる外見的なものである。ただし、この基準はあくまでも「房中術のパートナー」として理想的か否かであるから、美醜が問題にされているわけではない。「瞳」だの「髪」だのは、性交相手の気の状態というマクロを知るための、ミクロの指針なのである。そう考えると、房中術の理想のセックスパートナーには一定の傾向が浮かび上がってくる。

まず、「腹の調子が悪い」といったような、一過性の「気」の不調を避ける姿勢がみられる。この場合、腹下しの状態がいけないのであって、その女性がダメなわけではない。「食べ過ぎ」や「肌荒れ」も同様だ。また、「髪がボサボサ」だの「顔にブツブツ」だのも一過性のものを含むであろう。

一方、その女性がダメだという指針もある。中国の「気」の概念では、男性は陽、女性は陰の気に分類される。つまり、男性向け房中術が女性から摂取したいのは、陰の気ということになる。しかし、大きな喉仏や髭など は、一般的に男性に多くみられる身体的特徴だ。ミクロの「気」はマクロの「気」を反映するのだから、男性的特徴をもつ女性は、体内の陰の気が少ない、ないしは陽の気が強いと見なされたのであろう。陰の気を摂取するためのパートナーとしては相応しくないのだ。声質や骨格への関心も、同様の問題意識から出てきたものと思われる。

体毛へのこだわりにも同様の観点が絡んでいると考えられるが、ここにはもう一つ別の背景がある。腋毛と陰毛はないほうが良い、と房中書は言う。だが、三十近くで陰毛も腋毛もない女性のほうが珍しいに違いない。それでもなお、腋毛と陰毛にこだわるのはなぜなのか。

この疑問に答えるために注目したいのが、「胸が膨らみきらないくらいの少女」という体毛とは全く関係ない指針である。これを年齢指針というのであれば、単に「少女」で足りる。しかしわざわざ胸の発達具合まで指示しているのには、それなりの意味があるはずだ。実は、中国の春宮画に描かれる女性には、小胸が多い。[*30] 男性の中年太りっぷりは妙に写実的であることが多いから、画力がなくて小胸になってしまっているのではない。わざわざ小胸に描いているのだ。つまり、理想のセックスパートナーは小胸という認識があったのである。ではなぜ、中国人は小胸を嗜好《しこう》するのか。

実は、ここにも「気」の思想が控えている。

「気」が集まることで生まれた「いのち」は、一定年齢までそのパワーの源とも言える「気」を増大させていく。「天癸《てんき》」と呼ばれる時期に到達すると、そこからは気の増大が横ばいとなり、女性は三十五歳くらいから、男性は四十歳くらいから体内の気が「死」へ向かって減りはじめる。この「天癸」は生殖機能が成熟したことを意味し、生殖を司る腎臓の気と関係していると考えられている。具体的には、男子の精通、女子の初潮をもって、「天癸に至った」とするのだ。

「天癸」に至ったばかりの少女は、いわば、人体の気が最高潮に高まった状態である。つまり、陰の気を摂取するパートナーとしては、まさに理想的。そして、この年頃の少女が持つもう一つの特徴こそが、胸が膨らみはじめるなどの第二次性徴なのである。

中国人は性的な嗜好から小胸派になったわけではない。第二次性徴期の少女たちが理想的な気の供給者であるから、小胸を求めたのだ。

もちろん、第二次性徴期の少女をパートナーとするのがベストなわけだが、なかなかに難しかったのであろう。「気」の満タン状態が続く三十くらいまでの女性が候補に含まれる。とはいえ、なるべくベストな状態に近いほうが良いと思うのが人情。そこで注目されたのが、第二次性徴期の少女たちの身体的特徴であった。膨らみきらない小胸、まだ体毛のないツルツルの脇や下腹部、ないしは生えはじめの薄い体毛。何しろ「ミクロ」と「マクロ」は相感しているのである。だから、第二次性徴期の少女たちと同じような身体的特徴をもつ年増女性の「気」は、「天癸に至った」ばかりの「気」と似たような質であるに違いない。古代中国人はおそらくそういう結論に到達したのだ。その結果、セックスパートナーとしての女性は、小胸で、腋毛や陰毛がない、または薄くあるべしという理想像が形成されていったと考えられる。

なお、「好女」の条件には、膣が上付きで前向きのものが良いという文言がみえる。中国人はおまたにこだわらないのではなかったかと疑問に思う向きもあろうから、この点について一言付け加えておきたい。

膣の差異はあるのだろうし、それを中国人が全く認識していなかったとは思わない。ただし、「好女」に集められているのは、男性が房中術を通じてメリットを得やすいパートナーである。よって、上付きだの前向きだのと言うのは、イカせやすいとか、陰液を多く分泌するとか、そういったものと関連してあげられているのではないかと考えられる。少なくとも男性にとって気持ちの良い膣という視点ではなかったはずだ。だからこそ「悪女」には、半陰陽以外、膣に関する条件がないのである。

●―3・2 日本の性愛指南書にみえる「外相」

いきなり「おまた見せて」と言えなかったのは、日本も同じである。しかも、日本の場合、おまたをランク付けしていたのだから、「小股」の観察のみならず、「こまた」からおまたの実態を推測する技もより強く希求されたに違いない。

例えば『男女狂訓《だんじょきょうくん》 華のあり香――一名千開万交《いちめいせんかいまんこう》』には「陰茎《いんきょう》 陰門相《いんもんそう》 考《のかんがへ》」という考察があり、「女上品相」として上品の膣をもつ女性の外見をこまごまと記している。[31] 背の丈や肉付きから始まり、肌や頬《ほお》や髪の色、生え際の状態、目、耳、鼻の形に鼻毛の量、歯並びに乳の形、乳首の色に臍《へそ》の大きさに至るまで詳細だ。パターンとしては、房中術の「好女」と同じで、以上の条件をそろえた女性の膣は上品であるという。

一方、耳目や背丈といった一定の外見から、おまたの状態を窺い知ろうという八卦見《はっけみ》的なものも登場する。『艶《び》道日夜《どうにちや》女宝記《じょほうき》』の「七表の相」「八裏の相」がそれに当たる。例えば、鼻が高くとがっている女性の膣は冷たく、低い赤っ鼻の女性の膣は臭く、唇の薄い女性は淫乱なので膣が広いなどといった具合だ。[32]

様々なおまた分類をした日本人であるから、膣へのこだわり、また「セックスの風味」への関心は大きい。太りすぎの女性の膣は味気なく、逆に痩せすぎの女性は膣の締まりが悪い。色黒な女性の膣は締まりが良い。髪が黒くて柔らかく、少し縮れている女性は良い膣である。背中の様子から膣が下付きであることを見抜けるという内容も存在している。*33

ただし、日本の場合、膣機能だけが良いおまたの条件ではない。うなじに毛が生え下がっている女性は毛深いとか、逆にうなじが高く上がっているものは肌が荒いなどといった内容も多い。また、色好みの道を突き進む上では、ほどよく遊べる女性の存在も重要であったのだろう。垂れ目の女性は助平であるとか、眉毛が濃い女性は朴訥《ぼくとつ》としているが、眉毛が薄い女性は情が薄いなどというものもみえる。*34

背丈、肉付き、髪質などにおまた具合の指針を見出すという姿勢は、房中術と共通する。中肉中背を良しとする点など、房中思想の影響も考えられるだろう。一方、房中術の場合と違い、江戸時代の外見的「こまた」判断には明確な根拠が窺えない。どういった理屈でそういう結論になっているのかがさっぱりわからないものも多いのだ。下手をすると、作者の個人的経験に基づいて書かれている可能性すらあろう。ここには、技法として発達し受け継がれた中国における房中術と、色好みの技法として大衆に浸透した日本の房中術の質的な違いを見出せるように思われる。

4　快楽を求めて

日本におけるセックスは男女ともに楽しむものであり、中国における房中術的セックスは、男性が女性を性的に満たすことを矜持《きょうじ》としている。そこには、たとえ女性限定であったにしても快楽という軸が存在する。日本では性器の相性に、一方の中国では男性側のテクニックやサイズに、快楽の有無がゆだねられていた。では、おまたと快楽の間にはどのような関係が認識されていたのか。これが本節の課題である。

4・1　中国の性交体位と媚薬

前述したように、房中術では態勢ごとに適切な膣内スポットを刺激することが、女性の性的快楽と関係付けられていた。その結果発達したのが、挿入リズムと性交体位である。

前者は挿入の深浅をリズム化して指示したもので、一番有名なのが九回浅く挿した後に一回深い挿入をするというリズムを繰り返す「九浅一深」であろう。これには様々なバリエーションがあり、深い挿入から浅い挿入へ移るものもある。

興味深いことに、この挿入深度は、しばしば性交姿勢の違いに応じてバリエーションを変えている。たとえば、『玄女経』が記す**図二**では、「深く頻繁《ひんぱん》に」「五と八の数で[35]」「中極」への刺激を行うよう指示されている。ここでは最初の五回が深いのか浅いのか定かではない。しかし、同じテキストが記す**図三**では、「穀実」というスポットへの刺激を意識しながら「八浅二深の方を行う[36]」としている。よって**図二**のものも挿入リズムを示しているのであろう。少なくとも『玄女経』においては、快楽という視点から、各性交体位に有効な膣内スポットと挿入リズムがあると考えられていたに違いない。

また、「七損八益」をかんがみると、男女双方の状況に応じて、より有効に女性を性的快楽に導く姿態があると考えられていた可能性がみえてくる。健康な男性が行う「八益」には男性上位の態勢が多いのに対し、不調の男性が行う「七損」には女性上位の体位が多いからだ。

これを傍証するのが『洞玄子《どうげんし》』に列挙される三十種類の性交体位である[37]。『洞玄子』の性交体位は、それぞれの体位にどういったメリットがあるかを述べているものが多いのだが、そのうち「鳳将雛《ほうしょうすう》」[38]と名付けられた体位は、肥満女性とガリガリ男性のペアに適しているとされる。おそらく、そういったカップルにおいて肥満女性を性的絶頂に導きやすいのがこの態勢だということなのではなかろうか。

快楽とおまたに関して、もう一点付け加えておきたいことがある。

中国の房中術は宋代を境にいくつか重要な転換を果たす[39]。そのうちの一つに、「快楽」の重視があげられる。その結果、女性をもっと楽に快楽に導きたい、ないしはテクやサイズで劣っていても快楽を与えたいといったニーズが出てきたと思われる。それが如実に反映されたのが、閨房《けいぼう》補助薬、ざっくりいうと広義の媚薬《びやく》であった[40]。

宋代以降になると、性的な昂揚《こうよう》感や興奮を可能にする補助薬がたくさん登場するようになる。中には惚れ薬的なものや、性的快楽の増長を約束するような薬もあらわれる。つまり、男性側のテクやサイズ、また体位ごとの刺激スポットや挿入リズムに頼っていた女性の性的快楽が、おクスリ一つで手軽にお求めいただけるようになったのである。[*41]

この媚薬の発達は、おまたと快楽の関係を無効化するだけではなく、もう一つ重要な変化を房中術にもたらす。それは、長らく「女性の快楽」のために尽力してきた男性陣に、自身の「性的快楽」を許容する姿勢の出現である。媚薬と快楽、および房中術の変遷については稿を改めたいが、さしあたって強調しておきたいのは以下の点だ。

媚薬の発達により、宋代以降の中国におけるおまたと快楽の関係は、ほぼ無視できるものとなっていく。結果、もともと存在したおまた選ばず的なセックス観は増長されていく。テクがないのならばクスリに頼れば良いのだ。また、明代以降の艶情《えんじょう》小説類で強調されていく巨根信仰の背景にも、このおまたと快楽の無効化の影響があったのではなかろうか。テクもある、クスリもある。その上の快楽を目指すなら、あとはサイズだと。

男性向けのものしか現存していないとはいえ、中国の房中術においてはつねに女性の心身が暗に意識されてきた。ところが快楽の重視は房中術における女性の存在感を変えたといえよう。一面では、それまで明文化されてこなかった女性の性的快楽の存在を声高に喧伝《けんでん》することとなった。その結果「高み」を目指す条件としての意味しかもたなかったであろう女性の快楽は、女性が「楽しむべきもの」と認識されるようになった。房中術における、性を楽しむ女性の誕生である。一方、快楽の重視は女性の体の存在感を薄くした。女性の快楽は、もはやおまたとの関係をすっとばして、クスリと巨根に集約されてしまったのである。

●4・2　日本独自の展開——三玉説と四十八襞説

セックスは男女の共同責任において楽しむべきものとされていた日本では、快楽の探求において独自の展開が起こる。膣内部に注視したこの展開の中で巷間に広く流布《る　ふ》していたと思われるのが、「三玉説」と「四十八襞《へき》説」であった。

ここで仮に三玉説と呼ぶのは、女性は性的に興奮すると膣内に玉状の突起ができるという言説である。「鰡《いな》の

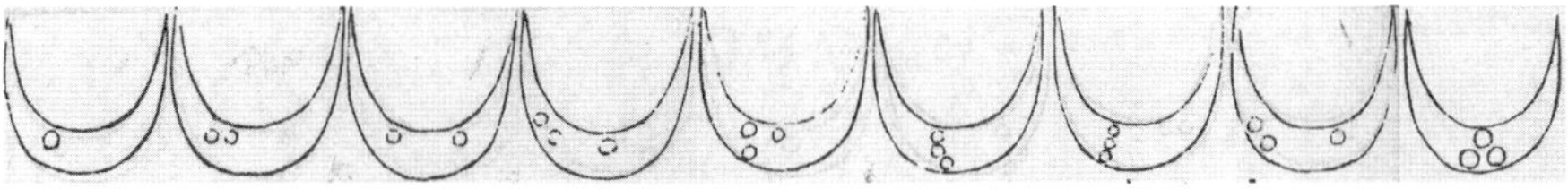

下の下　下の中　下の上　中の下　中の中　中の上　上の下　上の中　上の上

図四：『業平戯草』三玉の図説

臍」、「半裁《はんさい》の鶉《うずら》の玉子のよう」、「算盤玉《そろばんだま》のよう」[42]などと表現されるこの突起は、最大で三つあるらしい。突起の数と浮き出てくる場所によって膣の善し悪しが分類される。こうした言説は日本の性愛指南書以外では寡聞《かぶん》にして聞かないが、江戸期の複数の指南書に登場する。

　管見の限り、三玉説の初出は『ぼんない書』という書物で、[43]寛永年間（一六二四～四四年）に出版されたと思われる。「ぼんない」という表現からは、『醫心方』巻二十八の「房内」が想像され、医学的伝統において継承された前期房中術の存在を思わせる。同系統の内容を持つものに『業平戯草《なりひらたわむれぐさ》』という書物である。手元のものは寛文三（一六六三）年に出版されている。事実、両書には「じゅつ」や「ひじゅつ」という表現が散見しており、おそらくは房中術を指している。「天ぎょく」など中国的表現も多くみられ、戦国時代に抄訳された『黄素妙論《こうそみょうろん》』が先駆となった後期房中術的媚薬も挙げている。しかし、神仏を絡めた文脈など、かなり独自のものも見受けられる。例えば時期を前後して出版され始める江戸期の性愛指南書類と同じように、おまたの善し悪しは論じているが、おまたの位置やら毛深さやら締まり具合ではなく三玉の有無一点を根拠としているのである。また、いずれも、在原業平が多くの女性をコマすことができたのは「ひじゅつ」を知っていたからであるという趣旨となっているが、主眼は女性の三玉の話のように思われる。在原業平を挙げているのでもしかすると江戸期より前の性愛思想なのかもしれない。いずれにせよ、この両書に現れた三玉説は、その後のおまたランキングに大きな影響を与えた。

『ぼんない書』では、三玉を「天ぎょく」「ようぎょく」「いんぎょく」と呼び、[44]『業平戯草』では「せん玉」「ほう玉」「ひょう玉」と呼ぶ。[45]図四のように、これらの玉が出てくる場所と出てくる数で、膣は九種類に分かれる。[46]

　この玉が浮かぶメリットには二つあるらしい。一つは

「(女)あしにておとこのあしをしめて九十九度のきをもらす也」[*47]などというように、良い場所に多く玉が突起する女性ほど、性的感度が良くイキやすいとされている。ちなみに、『ぼんない書』で「下ほんの下」とされる「ようきよく」が一つしか浮かび上がらない膣の女性は、ほぼ不感症である。房中術に通暁している人ならば、一回くらいはイカせることができるかもしれないというレベルだ。[*48]つまり、玉の浮き出る位置と数は、女性側の性的快楽と連動していることになる。

もう一つは男性側の気持ち良さである。例えば『ぼんない書』で「上ほんの上」とされる膣とのセックスは「いろいろにむくむくとまとひしたしむ事かきりなし、男心よき事大かたならす」[*49]であるらしい。また、『業平戯草』では三玉うちそろう女性は「陰液多く、心をすめ、男の心喜ばしむる」[*50]という。双方かんがみると、性的興奮にともなって膣内に多くの突起が出来る女性は、女性自身も感じやすくイキやすい上、男性側の快楽も大きいということになるのである。

この、男女双方の快楽を約束する三玉説は、男女共同責任でセックスを楽しみたい江戸の風流人たちにとってよほど魅力的であったのだろう。後代の江戸好事家たちは、三玉説をさらに発展させていく。[*51]例えば『百入一出《ひゃくにゅういっしゅ》拭紙箱《しょくしはこ》』では、一つ一つの玉状突起を心臓、肺臓、脾臓と関連付けて論じ、さらに、三玉と膣内の襞《ひだ》の数を連動させ、おまたランキングを付けるようになっていく。曰く、上品は三玉プラス四十八襞ある膣、中品は二玉と三十六襞ある膣、下品は一玉と三襞しかない膣だと。[*52]

膣内の襞の数を重視したものは、おそらく「数の子天井」的なおまた分類と連動したものである。これが、三玉説から発達したものであったかどうかはわからない。しかし、膣内状況を主軸にしておまたランキングを付けたいとなれば、当然注目すべき二点だったのであろう。膣内に襞が四十八本あるのは上品であるという四十八襞説は、三玉説とならんで広く流布したものであったらしい。

興味深いことに、江戸期に空前のヒットを記録した『閨中紀聞枕文庫《けいちゅうきぶんまくらぶんこ》』では、三玉、四十八襞説のうち、四十八襞説のみを取り上げ否定している。ここでは、『解体の書』を根拠に襞を処女膜と同定し、処女膜は「年増」になるとなくなってしまうし、だからといって「年増」の膣がよろしくないわけでもないので、四十八襞があるという言説そのものが眉唾《まゆつば》なのだと結論付けている。*53

●おわりに

ここまで理想のセックスパートナー像に理想のおまたを探ってきた。日本でも中国でもおまたに対する関心は高いものの、興味の方向性は違っていた。女性に共通する膣内刺激スポットの割り出しに向かった中国。おまたを分類し、ランキングを付ける方向へ動いた日本。

ただし、直接おまたを観察することができないジレンマは共通であった。どちらの国でも、女性の外見からそれを判断しようとした。中肉中背のぽっちゃり気味の女性が好まれた点は同じである。しかし、中国における理想のセックスパートナー像の核は、おまたそのものではなく、房中術を通じて質の良い気を大量に与えてくれる相手であった。その結果、気の概念に基づいて、薄毛のぽっちゃりペチャパイ女性が理想となった。一方の日本ではあくまでも良いおまたを見つけることが命題であった。セックスの味が良ければ毛深くても構わなかった。その結果、外見からの判断基準は曖昧《あいまい》になってしまった。

中国的影響もありながら、経験的蓄積、場合によっては筆者の嗜好すら加味されて理想のおまた像が構築されていくこととなる。

中国では女性の性的快楽は長らく重視されてきた。そのために性交体位や挿入法が発達する。しかし宋代を境にクスリによる快楽増大の道が開かれた。その結果、皮肉なことに女性の快楽とおまたの関係は霞んでいく。女性の快楽はクスリと男性器のサイズに集約されてしまうのだ。一方、男女双方の快楽を重視してきた日本では、更なる快楽のために見えざる膣内の探求が進んでいく。その結果、性的興奮と共に膣内に浮かび上がる三玉という言説が広く流布するのである。

中国の理想のセックスパートナーは、最良最上の気を提供してくれる人であった。日本の理想のセックスパートナーは、自身がイキやすい上に男性に快楽を与えてくれる三玉をもつ人であった。

これをおまたに還元しよう。女性の快楽に尽力した中国のセックス観ではおまた不在となり、女性に共同責任を課した日本ではおまたファンタジーが広がったとでも言うべきだろうか。

なお、三玉の実在、ないしは性的興奮にともなう膣内突起物の有無について、正確なところはわからない。[54] ただ、講義を聴講された方などから、そういう女性とのセックス経験があるという話などが報告されることがある。もし、事実性的興奮にともない膣内に突起が起こるのだとするならば、江戸期の日本人は性医学的見地から世界に先駆けて一大発見をしていたことになる。ぜひ専門的調査研究をしていただきたい。

●註

*1　日中ペニス観については拙論「日中おまた事情——性器から読み解く理想像　男性器編」（井上章一編『性欲の研究——エロティック・アジア』平凡社、二〇一三年、所収）八九〜一〇九頁、参照。

*2　褻視とは、中野美代子の造語で、局部へ集中的興味を抱くといったような意味で使われている。中野美代子『肉麻図譜《ろうまあ》——中国春画論序説』（作品社、二〇〇一年、七、一六〜一八、三六頁）

*3　坂出祥伸「気の自然観・生命観」『中国文化研究』（二〇〇一年）二〜六頁。

*4　「人之生、気之聚也、聚則為生、散則為死」『荘子』「知北游」。なお気の身体観、生命観については以下も参照。葛兆光著、池平紀子訳「道教の生命哲学——宇宙・身体・気」（三浦國雄ほか編『道教の生命観と身体論』〈野口鐵郎編『講座道教』第三巻〉雄山閣、二〇〇〇年、所収）一七〜一八頁。拙論「媚薬——中国性技法における〈食〉」（鈴木晃仁・石塚久郎編『食餌の技法——身体医文化論Ⅳ』慶應義塾大学出版会、二〇〇五年、所収）一九三〜二一六頁。

*5　ユングには“Synchronicity: An Acausal Connecting Principle”など中国の相感を扱った論文が数本ある。Jung, C.G. 1972. *Collected Works of C. G. Jung*. Vol. 8. Princeton: Princeton University Press を参照。

*6　Needham, Joseph. 1956. *Science and Civilization in China*. Vol. 2. section 8-18. Cambridge: Cambridge at the University Press. p.216.

*7　坂出前掲論文、三〜六頁。

*8　「道生一、一生二、二生三、三生萬物」『老子道徳経』第四十二章。「易有太極、是生両儀、両儀生四象、四象生八卦」『周易』「繋辞上伝」。ここでいう「二」や「両儀」が陰陽とされる。

*9　月岡雪鼎画『艶道日夜女宝記』（宝暦天明年間〈一七五一〜八九年〉）「七開之図並註」十二葉裏〜十三葉表。

*10　同前。

*11　兎鹿斎先生『色道禁秘抄』（天保五〈一八三四〉年版。高橋鐵評釈、伏見冲敬校註、あまとりあ社、一九五四年）二七頁。

*12　同前。

*13　龍王山人『桃源華洞』（一九三三〜三四〈昭和八〜九〉年頃？）では「半釈迦」は「ふたなり」とは違うという説を展開している。また「茄子」に関してもクリトリスではなく前庭玉の肥大なのではないかとしている。ここでは『定本桃源華洞考異』（太平書屋、一九八二年）を参照。一〇二〜一〇七頁。

*14 前掲『艶道日夜女宝記』「七開之図並註」十三葉表。

*15 同前。

*16 前掲『桃源華洞』二三九〜二四四頁。

*17 吉田半兵衛作・画『好色訓蒙図彙』「屌《へき》論」西鶴学会編『好色物草子集』（古典文庫、一九六八年）所収本を使用。二二四〜二二七頁。

*18 もう一つ、稀少性を重視していた可能性がある。『色道禁秘抄』二七頁には、下腹部がふっくらとしている「饅頭」を「奇とするに足らず、未だ産まざる肥満家は皆然り」という文言が見える。ここからは、「饅頭」は珍奇であるが故に珍重されていた痕跡が窺われる。

*19 馬屋原成男監修、飯田吉郎訓読、石原明解説『醫心方巻廿八房内（宮内庁書陵部蔵本）』（至文堂、一九六七年）、馬伯英『中国醫学文化史』（上海人民出版社、一九九四年）および『素女妙論』に基づく。『素女妙論』については以下のものを参照した。van Gulik, Robert Hans. 2004. *Erotic Colour Prints of the Ming Period: With an Essay on Chinese Sex Life from the Han to the Ch'ing Dynasty, B.C.206-A.D.1644.* Reprinted Version. Boston: Brill. 2 Vols. Vol.2. pp.123-147.

*20 馬屋原ほか前掲書、二六四〜二六七頁。馬前掲書、六八五頁。

*21 前掲『素女妙論』。

*22 李零『中国方術概観——房中』（人民中国出版社、一九九三年）二六三〜二七四頁。

*23 丹波康頼撰『醫心方』巻二十八「房内」（朝倉屋版、影印本、人民衛生出版社、一九五五年）六三九〜六四〇頁。なお、『玄女経』をはじめ、以後引用する『玉房秘訣』『玄洞子』など隋・唐代の正史に記載される、唐末までに成立したと考えられる房中書の多くは、中国では散佚しており、一〇世紀末に丹波康頼が編んだ『醫心方』に断片的に引用されるのみである。近代、葉徳輝が再構築したが、本論ではすべて『醫心方』によることとする。

*24 同前、六三九〜六四〇頁に基づく。

*25 同前、六四二〜六四三頁。なお「七損八益」は馬王堆出土の『天下至道談』にも見えるが、性交体位とは関係づけられていない。

*26 同前、六四二〜六四三頁に基づく。

*27 西島実『江戸時代の性生活』（江戸書院、一九六九年）一〇七〜一一五頁。

*28 前掲『醫心方』巻二十八「房内」六四九頁。

*29 同前、六四九〜六五〇頁。

*30 中国の春宮画については中野前掲書および拙論「試論春宮圖與房中術之間関係」（王淑民・羅維前〈Vivienne Lo〉編『形象中醫——中醫歴史圖像研究』人民衛生出版社、二〇〇七年、所収）一九四〜二〇〇頁、参照。

*31 玩宮隠士校注、飯尾東川遺稿、恋々山人校合、婦多川好員画『男女狂訓華のあり香——一名千開万交』「陰茎陰門相考」（元治元〈一八六四〉年頃。太平書屋蔵本、太平書屋、一九九六年）七五〜八五頁。

*32 前掲『艶道日夜女宝記』「七表の相」十葉裏。「八裏の相」十一葉表。

*33 同前、十一葉表。

*34 同前、十葉裏。

*35 前掲『醫心方』巻二十八「房内」六三九〜六四〇頁。

*36 同前。

*37 実際には「外遊」という前戯を含むので二十六種類となる。

*38 前掲『醫心方』巻二十八「房内」六四一頁。

*39 宋代以後の転換については少なくとも語彙、閨房補助薬、思想の三点に変化がみえている。拙論「房中性愛技法の日中交流史――後期房中書は日本に伝わったのか」（田中文雄、テリー・F・クリーマン編『道教と共生思想――第三回日米道教研究会議論文集』大河書房、二〇〇九年、所収）八九〜一〇四頁。

*40 閨房補助薬の発達には、宋代以降急速に進歩した婦人科医学の影響もあると考えられる。宋代の婦人科医学の進歩については、Furth, Charlotte. 1999. *A Flourishing Yin: Gender in China's Medical History, 960-1665*. Berkley: University of California Press. pp.59-133 を参照。

*41 媚薬については拙論（二〇〇五年）および Umekawa, Sumiyo. 2010. "The Birth of《Aphrodisiacs》-The Value on Sexual Pleasure in the Art of the Bedchamber after the Song Dynasty." presented at XXII International Congress of History of Science を参照。

*42 渡辺信一郎『江戸の閨房術』（新潮選書、二〇〇五年）三九頁。

*43 『ぼんない書』は以下の版を参照している。花咲一男『咲くやこの花』（太平書屋、一九九九年）二九〜一一九頁。なお、花咲氏によれば「玉」に関する最古の記述は『恋の息うつし』（菱川師宣画、延宝六〈一六七八〉年、うろこがた屋版）ではないかという。だとすると『ぼんない書』以降、三玉説が巷間に流布するまでに十数年かかったことになる（一二六頁）。

*44 花咲前掲書、一〇五頁。

*45 菱川師宣画『業平戯草』（寛文三〈一六六三〉年。八木敬一編、近世風俗研究会、一九七六年）下巻「第二おんなの玉門よしあしの事」三葉裏〜四葉裏。

*46 同前、四葉裏〜五葉裏。

*47 花咲前掲書、五七頁。

*48 「三人五人かハりたりとも、かの九せん一しんをしらさる人の分にては少もよろこふ事有へからす。それほとの悪開也とも。此道しりたる人は一度ハせいをもらすへし」（『ぼんない書』「九かいのづの次第」花咲前掲書、所収）一一六頁。

*49 花咲前掲書、一〇六頁。

*50 前掲『業平戯草』下巻「第二おんなの玉門よしあしの事」三葉裏〜四葉裏。

*51 肉針堂花芯撰『百入一出拭紙箱』「玉門の弁」（安永年間〈一七七二〜八一年〉?）。ここでは林美一による復刻版を参照。二九葉裏〜三一葉表。

*52 三玉説と襞説の合体したものは『百入一出拭紙箱』にも部分的にみえるが、『春色しのぶが岡』に詳しいという。花咲前掲書（一二三〜一二四頁）に引用されたものを参照。

*53 渓斎英泉画『閨中紀聞枕文庫』第二編「陰器四十八皺の説」一七葉表〜一九葉表。

*54 花咲氏は俗に「いなのへそ」と呼ばれる子宮頸口がペニスに触れる感じを指すものだろうとしている。花咲前掲書、二一一頁。

オロフ・エリクソン・ウィルマンに、井上筑後守政重がときめいた日のこと

井上章一

男はよくて女はだめ

江戸期の鎖国をうたがう声が、このごろよく聞こえてくる。

幕府は、一六三九（寛永一六）年に、ポルトガル船の来航を禁止した。以後、オランダ、明、そして朝鮮以外との交易は、できなくなる。その窓口も長崎の平戸、のちには出島だけにしぼられた。そして、この状態はペリー来航の時（一八五三＝嘉永六年）まで、つづくことになる。

じゅうらいは、この二百十五年間を、鎖国の時代として、位置づけてきた。国をとざしていた時期だと、とらえてきたのである。だが、人や文物の往来じたいが、なくなったわけではない。ただ、幕府が

その交流を独占しようとしただけである。門戸は、ひらかれていた。そんな実態から、鎖国を否定する意見が最近は優勢になっている。

じっさい、江戸期のなかごろでも、日本にやってきた外国人は、おおぜいいる。出島だけではない。江戸をおとずれることがみとめられた者も、けっこういた。西洋人の場合でも、オランダ人だけが、それをゆるされたわけではない。オランダの使節にともなわれたドイツ人、スウェーデン人も江戸まで足をのばしている。

ただ、女性の来訪はうけいれられなかった。江戸参府が、はねつけられたというだけではない。出島へ上陸することも、幕府は禁じている。

一八一七（文化一四）年に、出島への上陸を女性

がこころみたこともあった。オランダの新任商館長であるブロンホフが、妻といっしょに入国しようとしたのである。自分は健康に自信がないので、妻に看護をしてもらいたいからと、幕府にはねがいでて。

だが、幕府はこの嘆願、数度にわたるそれをはねつけた。女はぜったいにだめだという規則を、ふりかざしつづけている。けっきょく、ブロンホフ夫人の入国はゆるされず、彼女は国外退去を余儀なくされた。

外国人の男は日本にはいってもかまわないが、女はいけない。こういうかたくなな姿勢をながめていると、ある感慨にとらわれる。幕府は、外国人の女におびえていたのかもしれない。あるいは日本という国じたいを、女人禁制の山、土俵のように見たてていたのかな、と。

出島や長崎唐人屋敷では、日本女性の訪問も禁じられていた。男がおとずれることは、長崎の奉行所が、しばしばうけいれている。だが、一般女性の場合は、ゆるされない。出島などをおとずれてもいい女性は、遊女にかぎられた。丸山遊廓の女郎だけが、出入りをみとめられたのである。

こういう幕府の姿勢が、鎖国論をしりぞけることにつながるとは思えない。女性のあつかいに関しては、やはり鎖国的であったと、みなさざるをえなくなる。

女性史の研究者にも、その点では声をあげてほしいところである。昨今の鎖国論を否定する学界潮流には、歯止めをかけるようたちあがるべきじゃあないか。まあ、おっさんの私が言うのは、よけいなおせっかいかもしれないが。

井上筑後守という人

外国人の男はきてもいいが、女はよくない。こういう幕府の姿勢が、どのようにしてかためられたのかは、不明である。平戸に西洋人の商館がおかれたころから、この規則はできていた。だが、そのくわしい成立過程はわからない。

幕府がポルトガル船の来航を禁じた直接の原因は、島原の乱（一六三七、三八＝寛永一四、一五年）にある。この騒動をきっかけとして、キリシタンへの弾圧は、いっそう強められた。

オランダ商館が、平戸から出島へうつされたのは、一六四一（寛永一八）年である。平戸の商館にきざまれたキリスト紀元の年号、つまり西暦がとがめられたせいであった。この移転もまた、禁教姿勢の強化とつうじあう処置のひとつであったということか。

長崎でこうした一連の手続きを指導したのは、井上筑後守政重である。出島へ外国人女性をよせつけない平戸以来のきまりも、彼がそのままたもたせた。まあ、そのことへ、どこまで主体的にかかわったのかは、つきとめきれないが。

最近、その井上筑後守について、おもしろい事実が明らかになった。だが、それはまだ日本の学界や読書人に、あまり知られていない。私が見つけたわけではないが、ここで紹介しておくことも、無意味ではないと考える。

一六五二（承応元）年のことであった。オランダ商館長アドリアーン・ファン・デン・ブルクが、二月に江戸へでむいている。恒例となっていた江戸参府のつとめを、はたすためである。なお、その一行にはスウェーデン人のオロフ・エリクソン・ウィルマンも加わっていた。

そのウィルマンには、旅日記の記録がある。これを、カタリーナ・ブロムバーグという研究者が見いだし、論文のなかで報告した（「偶像崇拝者《アイドレイター》と悪魔崇拝者《デビル・ワーシッパー》――オロフ・エリクソン・ウィルマンの日本旅行日記《トラベル・ダイアリー・フロム・ジャパン》一六五一―一六五二年、に見る信仰《レリジオン》」）。なお、この論文は、ベルナール・フランクへの献呈論文集に、おさめられている（『緑柱石《ベリル》の柱頭《ル・ヴァーズ》――ベルナール・フランクへささげる《オマージュ》、日本と中国に関する研究《エテューズ》』一九九七年）。

さて、ファン・デン・ブルクらは、江戸にある筑後守の屋敷へもたちよっていた。長崎担当の最高責任者にも、あいさつはかかさなかったのである。

この時、邸内にならんだ一行をながめて、筑後守は、ウィルマンをそばへよびよせた。そして、西洋の軍事技術や火薬について、いろいろたずねている。専門外の質問に、ウィルマンはうまくこたえられず、とまどった。そんなウィルマンをさらにそばへよびよせ、酒杯もすすめつつ、筑後守はきりだしている。お前が気に入った、と。

神をもおそれぬ筑後守のプロポーズを、ウィルマンは、かたくしりぞける。こう求愛者には、言葉をかえしながら。

「この一つの罪のため、ユダヤの国における四つの都市がほろびました。これらの都市には火や硫黄が天から降りかかり、今日まで燃えつづけています」

筑後守は、つれない男の返事を聞いて、しばらく考えこむ。そして、オランダ語の通詞《つうじ》を介して、つだが、筑後守はそういう処断に、およばない。ウィルマンのことは、そのまま見のがしている。想いをかけた男には、たとえことわられても、寛容の精神でのぞんだということか。

私の職場に、フレデリック・クレインスという日蘭交渉史の専門家がいる。そのクレインス氏に、ウィルマンが筑後守から言いよられた日付を、おしえられた。それは、一六五二年二月一四日であったらしい。同日のオランダ商館長日記には、こうしるされている。

「筑後守は通詞および私の召使(＝ウィルマン)を屋敷に来るように呼び出した。そこで彼は火薬や軍事についての質問を受けていた。殿は彼の答えにとても満足したため、彼を自分の側に座らせて、ワインや肴《さかな》を御馳走した。私はこのような名誉を受けたことがない」(クレインス氏訳)

商館長のファン・デン・ブルクは、自分の従者に少々嫉妬心もいだいていたようである。その点でも、部下のウィルマンは、精神的な負担を感じていたかもしれない。まさか、そのせいで筑後守の求愛をことわったわけでは、ないだろうが。

出島には、外国人の女をよせつけない。だが、男ぎのようにウィルマンへは、たずねかえした。

「ほんとうですか。それなら、日本中に火をつけねばならない」

江戸初期の武家社会を生きた筑後守にすれば、男色はあたりまえのふるまいである。罪深い行為ではありえない。日本中に、このいとなみはあふれている。いちいちとがめて、街に火をつけねばならないのなら、日本中が火の海になってしまう。そんなことはおこりえないだろうと、冗談口で、拒絶者にはかえしていた。

なかなか、機知にとんだ応答ぶりである。当意即妙の機転に、感心する。キリシタンの弾圧で知られる人だが、いたけだかなだけの権力者ではなさそうである。

鎖国を支えた(?)想い

ソドムの罪は、都市をも焼いてしまう。こうこたえたウィルマンには、キリスト教のけっこう根深い信仰があったことになる。その信心ぶりを、筑後守ならとがめることもできたろう。平戸商館を、西暦がしるされているからと、閉館においこんだ為政者なのだから。

ならえ江戸までむかえいれることもある。そうとりきめたのは、一七世紀前半の幕府官僚であった。そして、井上筑後守は、そんな官僚の中枢にいた人である。

その中心人物が、スウェーデンの男を江戸の自邸へまねき、愛をつげていた。男色の相手をつとめさせようとしている。

なかなか、あじわい深いできごとである。女の入国をはねつけつづけた。二百年以上たもたれたそういう外国人対策の根に、どんな想いがあったかを、しのばせる。まあ、それがすべてだとは、もちろん言わないが。

江戸期の武士たちがいとなんだ男社会というものを、国際的な観点からとらえなおす。そんな作業の一助になりうるかとも考え、今回は二人の話を披露《ひろう》した。

日本史学方面から、何か反応があればうれしく思う。

蘭方医と性用語

「勃起」と「包茎」をめぐって

磯田道史

日本の医学史は緻密に発達しているが、比較的研究が進んでいない分野がある。美容整形などの形成外科学史と生殖医療史である。[*1] とりわけ、生殖は人間が生命を得る原点である。生殖医学が発達するなかで、性用語がどのようにして造られ普及したのか、は歴史学の対象となりうる重要な課題であろう。

そこで蘭方医（蘭学医）による性用語の翻訳と今日の性用語の問題をとりあげたい。性の用語のなかには、西洋医学の概念の持ち込まれるなかで、江戸後期から、蘭方医が翻訳語として造語したり、既存の用語を転用したりして、その後、日常語として定着していったと思われるものがある。ここでは性用語としての「勃起」と「包茎」の誕生について論じることにする。

勃起とは、今日では、男性器の海綿体への血液の流入による拡張状態を主に指す。しかし、中国古代の歴史書『隋書』などの用例では、勃起は普通に「国（王朝）が勃興した」という意味で使われていた。すなわち、漢の劉邦（のちの初代皇帝・高祖）たちの故郷「豊沛《ほうはい》が勃起した」などの表現で使われている。これが、いつしか男性器の拡張状態を示す語となったのであり、その経緯は、歴史学的に分析するに足る題材である。

また、今日では、男性器の先端が包皮につつまれている状態を「包茎」と表現する。中国語にまで広がった日本語であるが、これも前近代には一般的な表現ではなかった。本稿では、江戸後期から明治初年にかけて、医書などの用語をたどり、勃起と包茎の語が、どのように展開してきたのかをさぐってみたい。

勃起の誕生

勃起の誕生をさぐるまえに、男性器の拡張状態を、元来、日本人は「やまとことば」で、どのように表現してきたのであろうか。その手がかりになるのが平安時代末期の『今昔物語集』の「虵《へび》見僧昼寝𨳯《まら》呑受婬死語第四十」にある次の記述である。

　虵の開《ひらき》たる口を見れは、婬《いん》、口に有て吐出《はきだ》したる。此《こ》れを見るに、早う、我か吉く寝入にける間、𨳯の発たりけるを、虵の見て寄て呑けるか

男性器の勃起を「発たり」と表現している。「おこりたり」と訓じられることが多く、おそらくそれが正しいだろうが、「たちたり」と読むことも不可能ではない。蛇が昼寝中の僧侶の男性器が「発たり」と拡張したのをみて、口に含み、口内射精をうけて死んだとする奇話である。古い時代には、勃起は「たつ」よりも「おこる」と表現されていたらしいことは、『庭訓往来捷注《ていきんおうらいしょうちゅう》』（寛政十二＝一八〇〇年版）に「鶉雲雀《うづらひばり》／鶉雲雀陰萎《いんなへ》て作《おこら》さるによし」と書かれていることでもうかがえる。鶉や雲雀の摂取は、男性器が萎えてたたなくなったのに効能がある、との記述である。この場合の「おこる」の漢字は「発」でなく「作」があてられている。

さて、男性器の拡張にはっきりと「勃起」の二文字があてられたのは、いつからであろうか。いまだ、これが最古の用例と断定はできないが、比較的古い用例は『解体新書』（安永三＝一七七四年刊）四巻であろう。男性器を「茎」とし、それを私奔牛私《スホンキウス》・亀頭・直筋・太筋の四つに分けて説明している。

ト其茎。管ヲ此ニ通ス也。是レ其ノ将ニ終ントスル之処ニ、精ト小水トヲ瀉《くだ》スコトヲ主《つかさど》ル。其ノ之ニ属スル者ヲ分テハ、則、
と私奔牛私《スホンキウス》状ノ者、二ツ有リ。是レ勃起ヲ佐《たす》ケ、且ツ精ヲ瀉ス。
ち亀頭。即チ陰器ノ尽ル処ロ
り直筋。是レ陰器ヲ実セシムルコトヲ主ル
ぬ太筋。是レ小水管ヲ太カラシムルコトヲ主ル

私奔牛私《スホンキウス》は海綿体にほかならない。ギリシャ語の

Σπόγγος（スポンゴス）、オランダ語の spons（スポンス）に由来する。注目すべきは、このスホンキウスの説明として「是レ勃起ヲ佐ケ、且ツ精ヲ瀉ス」とある箇所である。はっきりと男性器の拡張の意味で、勃起が使われている。この『解体新書』以前には容易に、勃起の医学的用例をみつけることができない。それゆえ、男性器拡張の意味での「勃起」は、『ターヘル・アナトミア』が『解体新書』として翻訳される際に誕生した翻訳造語の可能性が指摘できるのだが、現段階では、今後の研究を待ちたい。

ただ、ひとつ確実なのは『解体新書』が刊行され、勃起の語が蘭方医の目に広くふれるようになっても、しばらくは男性器の拡張状態の訳語がゆれており、医語としての勃起の地位が不安定であったということである。たとえば、宇田川玄随《げんずい》訳『西説内科撰要』（寛政五＝一七九三〜文化七＝一八一〇年刊）巻六をみてみよう。これは一七四四年に刊行されたオランダ人ゴルテル J. de Gorter の内科書を翻訳したものであるが、勃起を男性器が腫れあがる意味にも使用している。すなわち「淋疾」の症状を説くにあたり、「陰茎緊張挺彊《ていきょう》シテ攣痛《れんつう》スルヲ急弦淋《きゅうげんりん》ト名《なづ》ク」とし、「第二等ノ症ハ、小便通スルトキ、尿道焮熱《きんねつ》・刺痛、灼《やく》ガ如ク。陰頭包皮焮赤。陰茎腫脹《しゅちょう》勃起攣痛シ、夜分殊ニ甚シ」などと記述する。男性器の状態の表現として、勃起の語はたしかに用いられているのだが、明らかに陰茎が赤く腫れあがって痛みを生じている状態を指す文脈で使用されている。勃起は腫脹・緊張・挺強などと並列して用いられている点も注意しておきたい[*2]。

十八世紀末から十九世紀初頭にかけては、男性器の拡張状態に勃起の語があてられたものの、ほかにも多様な表現が存在していた。宇田川玄真による編訳『医範提綱《いはんていこう》』（文化二＝一八〇五年刊）をみても、それがうかがえる。

> 凡《およ》ソ人。情意。発動スレバ陰具ノ諸筋中ノ神経ニ霊液充満シ。其筋。力ヲ生ジ。陰茎強直ニナリ。其脈絡及ビ筋ノ中ニ血。充実シテ焮熱起脹ス。此ニ於テ交接シテ頻《しき》リニ此ヲ摩盪《まとう》スレバ神経大ニ感触シテ快美ヲ起シ。霊液 逾《いよいよ》 注キ来テ諸筋緊張シ勃起怒張《どちょう》ノ勢ヲ逞《たくまし》フス

ここでは勃起の語は用いられているが、陰茎が「強直」になり、「起脹」「緊張」すると多様な表現

をうけたうえで、「勃起怒張ノ勢ヲ逞フス」というように用いられている。宇田川玄真は「勃起」という二文字の熟語でなく、「勃起怒張」という四文字熟語でもって男性器の変化をなんとか表現しようと試みたことがうかがえる。この段階では、まだ勃起が一般語として定着していなかったためであろう。

それより、ここで着目したいのは、この江戸時代の書物が、性の情動が起きたとき、男性器（陰具）の筋中の「神経」のなかに「霊液＝血」が充満することで男性器の勃起が起きると、きちんと科学的に説明していることである。神経を海綿体と言い換え、はじめから霊液を血といっていれば、ほぼ完璧な説明になろう。性欲の情動が、いかに男性器の変形をもたらし、生殖が可能になるのか、その解剖学的な仕組みがほぼ正確に知られるようになったのは、日本の場合、十八世紀末から十九世紀初頭にかけてのことであり、『解体新書』や『医範提綱』などの翻訳書によるものであった。

勃起の定着と勃張との併用

この勃起の機構についての解剖学的知識は、当初、蘭方医に限られていたが、日本人にこれを普及させる有力な書物が十九世紀になって現われたと考えられる。平田篤胤《あつたね》『志《し》都《ず》能《の》石屋《いわや》講本《こうほん》』（医道大意）（文化八＝一八一一年刊）である。篤胤は後の平田国学の祖とされるが、人体知識について『解体新書』や『医範提綱』に学び、神官や国学を志す人々にわかりやすく講述した。その講義録『志都能石屋講本』が別名『医道大意』として国内に広く普及した。『解体新書』を実際にみた人は限られていたが、篤胤の著作にふれた人は多かった。蘭方医だけでなく、和漢方の医師や国学者、武士など、十九世紀初頭の読書人の知識に大きな影響をあたえたと考えられる。そこには性情動による男性器の変形について、このように述べられている。

> 一体、陰具ノ辺ハ神経ガ殊ニ多ク、充々《みちみち》テヲル故、スベテ人ガ情意発動イタス時ハ、神気霊液、血モマタ充実イタシテ、ソコデ陰具ガ焮熱勃起スル。コ、ニ於テ交接イタシ、洊《しき》リニ此ヲ摩蕩スレバ、神経大キニ夫ニ感ジ触テ、霊液イヨ〳〵注ギ来テ、ソノ己甚《はなはだし》キニ至リ、極ツテ堪忍《たえしの》バズ、其勢ヒ直《ただ》チニ精嚢《せいのう》ニオシ迫ツテ射出《いいだ》スコトデゴザル

篤胤は、勃起の語をはっきりと使っている。陰茎が熱を持ち変形する変化を「焮熱勃起スル」と言い表わし、交接して、性器をしきりに「摩蕩」、つまり、こすることによって、神経から性感が伝わり、射精が起きる仕組みを簡潔に説明している。勃起、交接、性感の伝達、射精にいたる人間生殖行為の全過程を、これほどまで端的に、あからさまに表現したものはそれまでなかった。科学的知識の普及の観点からすれば、この篤胤の口述文によって、日本人は正確な生殖の解剖学的知識を得ていったといってよく、その意味では「篤胤革命」とでもいうべき、性的知識の普及段階の刷新があったものと考えられる。以後、この篤胤の著作は明治期にいたるまで版を重ね、勃起の語を日本人に定着させる大きな力になったといえよう。

この後、日本医学、とくに西洋医学の展開に大きな影響をあたえた書物は、緒方洪庵《こうあん》『扶氏《ふし》経験遺《けいけんい》訓《くん》』（安政四＝一八五七年刊）であることは論をまたない。ベルリン大学教授フーフェランド C. W. Hufeland の内科書 *Enchiridion Medicum*（医学必携）第二版（一八三六年刊）のオランダ語版を重訳したものであるが、ここには注目すべきことに、「陽精無力『イムポテンチア』羅『マンネレイケオンフルモーゲン』蘭」の項目がある。洪庵は、インポテンツを漢方医風に「陰萎《いんい》」とせず、あえて「陽精無力」と訳し、西洋医学の病気として治療の対象にする。その叙述のなかで、勃起の文言も登場するのだが、「此病ヒ陰茎全ク勃起セサルアリ　陰萎」「陰具感動セス勃張スルコト能《あた》ハサルアリ」と訳述し、洪庵の場合には「勃起」と「勃張」で訳語がゆれていることが知られる。おそらく、洪庵の『扶氏経験遺訓』によって、勃起がさらに医学用語として定着にむかったことは想像にかたくないが、この幕末の段階にいたっても、なお、勃起の語は確固たる地位をしめるにはいたっておらず、「勃張」と併用されていたことがうかがえる。

それが証拠に、一八六七（慶応三）年に初版が刊行された有名なヘボン J. C. Hepburn の和英辞書『和英語林集成』には、勃起の語はない。近い発音で、「発起（ほっき）」が掲載されているのみである。ちなみに、この辞書には「HŌKIYŌ, ハウキヤウ、包茎、n. Phymosis」とある。ただ、ホウケイと発音せず「ホウキョウ」と発音されている。発音欄には、はっきり「HŌKIYŌ, ハウキヤウ」と書かれているからである。

明治期にはいって刊行された医学用語の辞書では、勃起はどのように扱われているのだろうか。奥山虎《とら》章《ふみ》『医語類聚』（明治五＝一八七二年刊）は米国人ダングリソン R. Dunglison の *Medical Lexicon*（一八三三年初版）の翻訳とされる。[*3] これには「Erectile tissue, 勃張組織（陰茎・挺孔ノ組織是ナリ）」と記述されている。勃起組織ではなく、「勃張組織」の語があてられている。明治五年の段階でも、勃起と勃張が併用されていたことを示す。ちなみに、この辞書でも、包茎は「Phimosis, 包茎」としっかり掲載されている。勃起が勃張を駆逐して、今日のように男性器の拡張状態を示す用語として完全に定着したのは、近代のことであったと考えられる。

包皮焮衝と包茎

包茎についても若干論じておきたい。前述のように、包茎は、幕末にはヘボンの和英辞書にのるほどの用語であった。西洋でいうハイモシスを、包茎の二文字におきかえるまでには、蘭方医の苦闘があったようである。イムポテンチア＝勃起不全（緒方洪庵のいうところの陽精無力）は陰萎として、古来、病気の一つであったが、包茎が日本で病症と考えられていたかといえば疑問で、十八世紀末の蘭方医の翻訳にも、包茎の文言は登場しない。

『西説内科撰要』巻六には、包茎の文言はなく、「包皮焮衝《きんしょう》」と表現している。すなわち、「包皮焮衝 此症ハ陰茎ノ包皮。焮熱腫痛シテ緊脹シ、或ハ陰頭ヲ包被シテ小便ノ通利ヲ妨ゲ」と病症を表現し、その治療法として「其陰頭ヲ緊被シテ小便閉ヲ為シ、或ハ、包皮ノ裏面、若クハ、陰頭潰爛《かいらん》シテ下疳《げかん》トナリ、或ハ、壊疽《かいそ》トナルベキ症ハ、鋏刀《はさみ》ヲ以テ縦ニ包皮ヲ断切シ、陰頭ヲ露《あら》ハシ療スベシ」などと書かれている。これなどは、日本人が西洋の包茎手術について知った最初期の医学情報であろう。緒方洪庵も包茎の語は用いていないようである。『扶氏経験遺訓』では「亀頭ノ包皮狭窄」との表現を採用している。洪庵が使っていないことなどを考慮すれば、包茎の語は、おそらく幕末にいたってヘボンの辞書などを通じて急速に広まり、勃起などとはちがって短期間に、明治にはいる前に日本人に定着していった可能性が高い。半井成質《なからいせいしつ》『外科拾要《げかしゅうよう》』（明治六＝一八七三年刊）は、英国人医師・拘刺児個（クラークW.F. Clarke）の一八六五年刊の著作を翻訳したものであるが、次のように、包茎を記述している（第四編巻之七）。

包茎〔ハイモシス〕ハ包皮游離縁ノ非常ニ収縮セル症ニシテ、或ハ稟賦《ひんぷ》ニ由リ、或ハ潰瘍《かいよう》、疳瘡《かんそう》ノ瘢痕《はんこん》ヨリナリ、其分泌物、包皮下ニ鬱積《うっせき》シテ、甚タ焮衝シ易ク動《やや》モスレハ包皮焮衝〔焮衝ニ排泄物ヲ兼ル者〕ヲ生シ常ニ陽茎癌ノ誘因トナル

この翻訳によっても、元来、日本で、「包皮焮衝」と表現していたものに、「包茎」の二文字をあてるようになったことが、容易に想像できる。おそらく日本において、元来、包茎ははっきり病気とは考えられていなかった。それが西洋医学との接触によって病気とされ、明治初年の『外科拾要』が「常ニ陽茎癌ノ誘因トナル」などと紹介しているように、包茎は悪であるとの思想が日本人に刷り込まれていったものと考えられる。

以上、勃起と包茎について、蘭方医の翻訳書を中心に分析してきた。勃起については『解体新書』の用例が古い。蘭方医の訳語として使用され、平田篤胤『志都能石屋講本（医道大意）』が勃起文言を採用したこともあって、江戸後期に生殖の解剖学的知識とともに日本人に定着していった。しかし、緒方洪庵の段階においても訳語としては安定しておらず、勃起は明治初期にいたるまで、勃張などほかの表現と併用されつづけ、男性器の拡張状態を示す用語として、日本人に完全に定着したのは近代以後のことではないかとの見通しが得られた。

その点、包茎＝ハイモシスは対照的であった。医学の翻訳語として登場したのは幕末のことで勃起よりも遅いが、明治初期までのあいだに急速に定着していることなどを指摘した。

地球規模での医学情報の伝播のなかで、生殖に関する言葉が医学者によって翻訳造語され、造られた言葉が一般人に普及すると、生殖・病気の意識にも変化が生じる。勃起や包茎といった医学用語の誕生と展開のなかにも、日本人が西洋の性・生殖思想とぶつかったときの、とまどいや意識の変化がこめられているといえる。元来、日本に陰萎という言葉はあっても勃起はなかった。勃起という言葉を持たない人々が、勃起の言葉をあたえられたとき、勃起しないことの悩みや勃起への希求もまた生じたにちが

いない。包茎の語を持たない人々が包茎の語を得れば、包茎が「やまい」であるとの認識が生じるであろう。このような言葉が生じたことによる民衆意識の変化までは分析の手を及ぼすことができなかった。今後の課題としたい。

●註

＊1 磯田道史「19世紀の武士社会と医学・歯学をめぐって——『武士の家計簿』からみた医薬消費」（『日本歯科医史学会会誌』三〇巻二号、二〇一三年四月）、九九〜一〇一頁において指摘したことがある。

＊2 蘭方医の江沢養樹（一七七四＝享保一九〜一八三八＝天保九年）が訳した『内科要略』にも「悪性」の「淋疾」を説明する際に、「尿ニ帯黄緑ノ膿血ヲ交ヘ、亀頭ニ潰瘍、便毒頭皮、焮腫・熱痛陰嚢ニ及ヒ、勃起茎皮緊迫」という表現があり、同じく「熱性」の「淋疾」の説明にも「熱性、張茎勃起焮痛通尿刺痛」とある。蘭方医の勃起の使い方には性情動による男性器の変形のみならず、疾病で男性器が腫れて固くなることを含んでいたと考えられる。

＊3 阿知波五郎「明治初期の日米医学交流について」（『日本医事新報』二二一七四、一九六五年一二月）四三〜四六頁。

群馬県達摩屋の営業と出歩く酌婦

眞杉侑里

達摩屋の分布

達摩屋《だるまや》、曖昧屋《あいまいや》、下等飲食店――これらは売春業者の異名である。ただし、この業者たちは明治初年以降に順次全国に広がった免許制の売春営業（公娼制度）[*1]の範疇《はんちゅう》にはない。つまり、明治以降の達摩屋らは、いわゆる違法営業にあたる。とはいえ、いくら公的な売春営業が登場したとしても、違法な売春営業を絶やすことは容易ではなかった。

合法・違法の売春の並存は多くの府県でみられるもので、解決は大正中期～昭和期頃まで先延ばしされた。しかし、その中にあって早くも明治期にこの問題に直面した県があった。それが、一八九四（明治二七）年に公娼制度を廃止し、売春を全面禁止にした群馬県である。

廃娼以降、もぐりで行われていた売春営業についても相当の興味がもたれていたようで、その様子は冒頭にあげた名前でたびたび新聞に登場する。実はそれら何通りもの名前は、一つの業態を指していた。それは酌婦（達摩〈白首《だるま》〉とも呼ばれる）を雇い、飲食店の体裁を保ちつつ売春をも提供する店である。新聞記事からは、こうした店が県下に広く分布していたことがわかっている。

中でも県下有数の「魔窟」を抱える都市として、たびたび高崎の名前があがる。高崎は中山道、日本鉄道の通過する交通の要衝で、町の中央には各種問屋が、烏川《からすがわ》に面した城跡には歩兵第一五連隊営所があった。商都・軍都の特徴を合わせもつ高崎で発達した売春営業は、その空間の中にどのように存在していたのだろうか（以下、売春営業者は達摩屋で統一している）。

ここでは、主な史料である『上毛新聞』[*2]が継続して残りはじめる一九〇四（明治三七）年から、売春規制に転換がおこる一九一二（大正元）年までに区

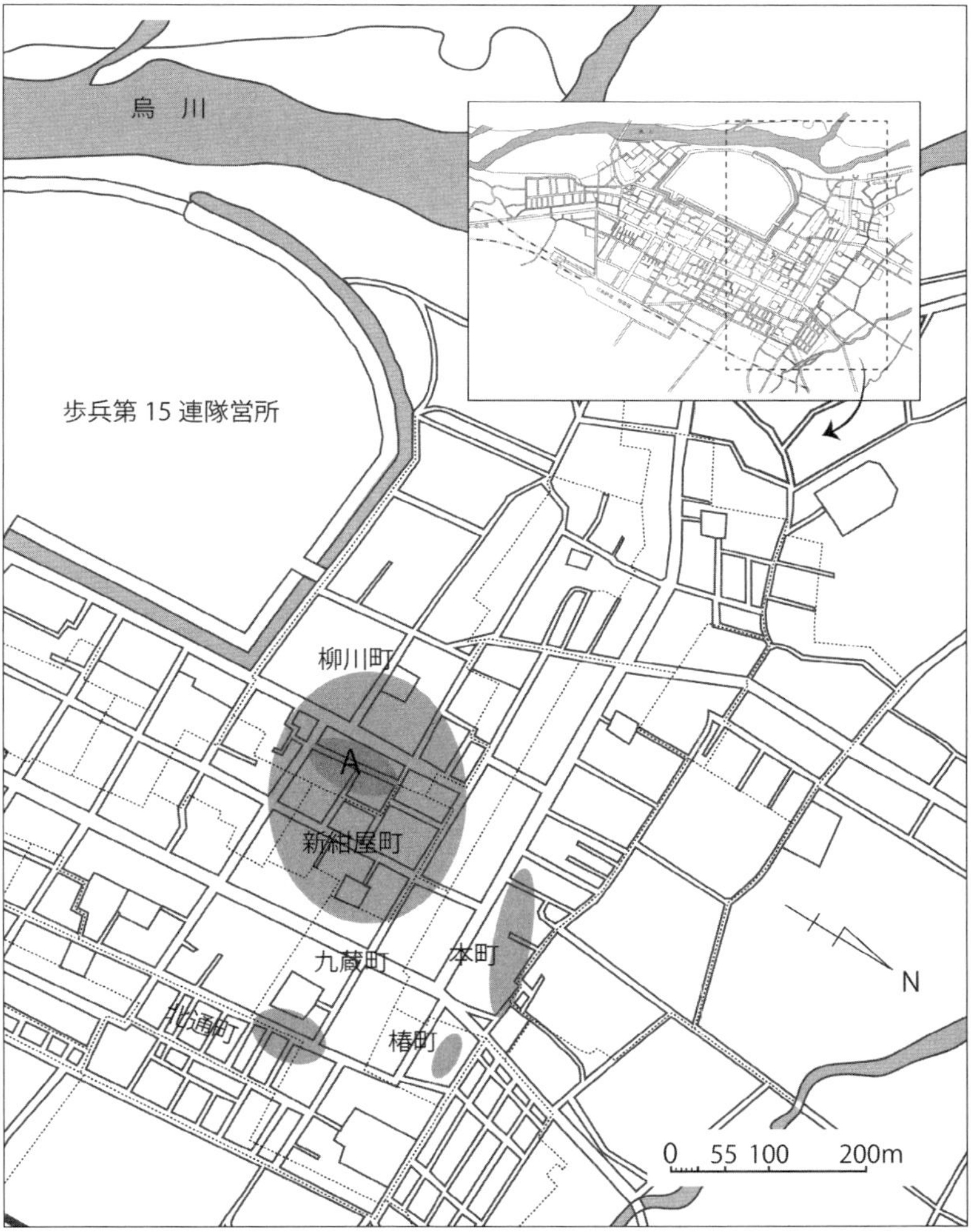

図１：高崎市の達摩屋の分布（1904～1912年）。

切ってみていく。その間の高崎市の人口は三万四七四六人から四万一八七三人[*3]とおおよそ三、四万人程度だった。

それに対して同市内には、確認できた範囲でのべ一一七軒の達摩屋が営業していた[*4]。それらを町名ごとに分けると、旭町《あさひちょう》一軒、砂賀町《すながちょう》一軒、通町《とおりまち》一軒、北通町三軒、九蔵町《くぞうまち》六軒、新紺屋町《しんこんやまち》一四軒、柳川町《やながわちょう》六九軒、椿町《つばきちょう》八軒、本町《もとまち》一〇軒、田町《たまち》一軒、真町《しんちょう》一軒、成田町《なりたちょう》一軒となっている。

このうち具体的な住所がわかるものを地図上におとすと、数か所に店が集まっている[*5]［図1］。その集合は、柳川・新紺屋・九蔵町にまたがる一群が最も大きく、その中でも取り分け柳川町の路地（A）に多くの店が分布する。このほかにも本町裏、椿町の路地、九蔵・北通町にも集合がみられる。また、九蔵・北通町を除いてはその立地が主要な道路から一本裏に入った場所にあることも特徴である。

店の規模と酌婦の役割

新聞紙上でたびたび名前のあがる「魔窟」に相当するのは、柳川町を中心とした集合で、その様子が以下の記事に書かれている。

元来柳川町へ這込《はいりこ》む客種は偶《たま》に羽織着たのもあらうが多くは袢天着《はんてんぎ》が九分通り宵《よい》の口から廓中を押し廻して素見《ひやか》し店先に並んで白首《だるま》の吸付煙子《すいつけたばこ》でも吸ふ内に五十銭でよし七十銭でよしの話が纏《まとま》る夫《そ》れも自分の気に入つたのと直接の談判が出来たもの[*6]

ここから酌婦が店先、場合によっては路地まで出て客を勧誘して、料金交渉まで行っていたことがわかる。この際に決まる金額は飲食物と酌婦料がくっついたもので[*7]、貧弱な飲食物に対して割高な料金となっていた。『高崎案内 附録』では、割に合わない料金を支払ってまでも客が集まるのは「或る一種の目的[*8]」のためであると指摘されている。

こうした期待をみてしまうと売春が直結するように思われてしまうが、そこに至るまでには酌婦との直接交渉が必要となっていた。そのため、「仝市嘉《か》多《た》町《まち》飲食店〔某〕に登楼し呑み且《か》つ唄ひ大騒ぎをなせし後酌婦が自己の意に応ぜざりしとて乱暴を働き戸障子皿小鉢等を破壊[*9]」する客もいた。店にあがって遊んでも酌婦に断られてしまえば目的を達することはできない。反対に交渉が成立すれば、新たに対価を支払い行為におよぶほか、酌婦と同伴して外出することもできた。

柳川町一帯の店では「五六の飲食店に在りては九人若《もし》くは十人の酌婦を抱え居り（中略）大規模の飲食店にあらざる家も尚ほ四五人の酌婦」[10]があった。これに対して設備は「現在の飲食店五十五戸、客室三百間」[11]、単純に計算すれば一軒あたりの客間は五・四間。最も店が密集するAの路地は一〇〇メートルほどの長さで、公図をみると西側が一七、東側が一八筆に分割されている[12]［図2］。

図２：いまも残る、細長く区切られた柳川町・新紺屋町の街並。

いくつかの店は住所が重複しているため、店ごとの正確な面積を出すことはできないが、一七〜一八軒で均等に割ったとすれば間口は六メートル弱。西側の店については裏が表通りの家と接していて、奥行きもさほど取れない状態だったと推測できる。一部の店には二階が認められるが、それにしてもこの規模の土地に客間が五間、四、五人〜一〇人の酌婦という構成はやや窮屈な印象を覚える。酌婦と客の同伴外出も、あるいは窮屈な設備で効率的に営業をする工夫だったのかもしれない。

店が小規模であったことは、従業員についても指摘できる。達摩屋には店主のほかに酌婦以外の従業員がみられない。そのため勧誘、接客を主な業務とする酌婦にも実務的な仕事が任されていた。その最たるものが客について行き、代金の不足分を回収する——附馬《つけうま》としての役割である。

ある日の記事には某紳士が「新紺屋町飲食店〔某〕方へ至り（中略）豪遊したる上一先《ま》づ切上げんと会計金三十五円余になりしを二十円内入れにし残金は下宿にて渡さんと同家の酌婦〔某〕を附馬*13」としたとある。附馬の役割は遊廓でもみられるが、そちらでは主に男性の仕事であった。遊廓にいる娼妓《しょうぎ》と同じく酌婦も前借金をしてなるもので、どちらも返済前に逃げられてしまえば店に損害がいく。それにもかかわらず店主の目の届かないところでの仕事が酌婦に分担されていることから、いかに最低限の人数で店が維持されていたのかがわかる。

出歩く酌婦

仕事上の外出が必須であったためか、酌婦は私生活の面でも比較的自由に出歩いている。

高崎市柳川町〔達摩屋〕方の酌婦〔某〕〔某〕〔某〕の三名は此の頃の暖さに浮かれて頼政公園に出懸けたるに狎《なじ》客なる某が舟に乗り居るより乗つて見度《た》くなり四人にて烏川の早瀬を下らんとして断崖に舟を突き当て真逆まに水中に落入りアハヤ溺死せんとしたる処を見物し居たる人々に救ひ上げられ最《も》うもう懲《こ》りこりだわ*14

こうした酌婦の行動を地図で確認すると図3となる。附馬の記事については続きがある。

本来は下宿のある「高崎市真町*15」へよるはずが、「両人は如何なる契約出来しものか鞘町《さやちょう》〔料理店〕へ押上りて夕餉《ゆうげ》を認《したた》めたる上腕車《わんしゃ》を駆つて前橋へ*16」行った。これを地図でみると、本来の予定では市内東部へ（破線①）、実際の行動は鞘町を経由して前橋へと移動した（実線①）ことになる。

酌婦三人が散歩に出た頼政公園は、歩兵第一五連隊営所の南に烏川に面してあった。市内北部に位置している柳川町からは営所を挟んで反対側まで移動したことになる（実線②）*17。この公園では深夜に北通町の酌婦が目撃されるなど、昼夜を問わず酌婦が出没していた。

これらのほかに、客との同伴外出で行先がわかっているものもあげてみたい。ある日には柳川町の達摩屋から「〔客〕は〔酌婦〕を連れ出して〔某〕鉱泉の二階に至り*18」という記事がある。ここに登場する鉱泉は、高崎市のはずれに位置する神武社周辺にあ

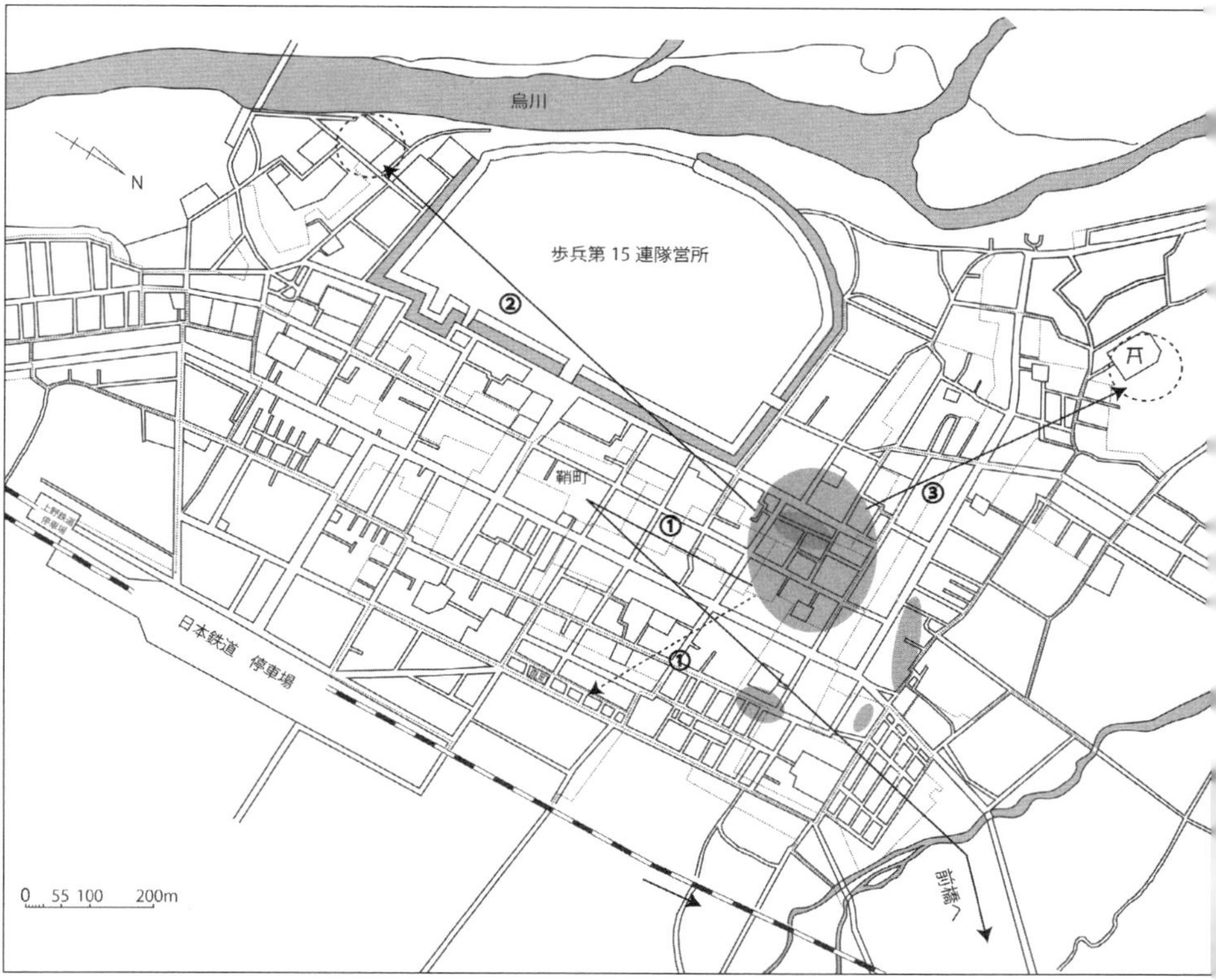

図３：公・私での酌婦の行動（②が1910年３月、溺れかけた酌婦）。

ったと推定される。ここから、酌婦の行動範囲は市内の北端までおよんでいたことがわかる（実線③）。ほかにも酌婦を伴って伊香保へ向かった事例[19]もあり、行動範囲は鉄道を通じてさらに広がっていた。

高崎北部にいくつかの密集地をつくる達摩屋は、路地で客を捕まえ、店にあがれば一応の飲食物を提供していた。店は最小限の規模、従業員で賄《まかな》われていたため、唯一の働き手である酌婦が外出（同伴、附馬など）することで店がまわる仕組みになっていた。そこから派生して私生活でも酌婦は自由に行動できた。極端な例では酌婦が客とほかの店を利用し、ほかの達摩屋店主を頼るような状況[20]もありえたのである。

こうした酌婦の行動の原因が

店の規模にある以上、店主が行動を極端に制限することはできない。結局はお互いの店がもちつもたれつして共存をはかっていくわけである。しかし、県当局にとって達磨屋の奔放なふるまいは頭痛のタネだった。

一九一二（大正元）年八月三〇日、ついに達磨屋に規制がはいる。これによって達磨屋は店内に限り売春を黙認されるかわりに、いくつかの制限を課された。その中には営業者の限定[*21]、酌婦の健康診断とともに、店外での問題行動を取り締まるという方針が掲げられている。

公認売春の不在を背景に浮かびあがった達磨屋。店から飛び出し、市内を歩き回り、さらには高崎市すらも飛び出していた酌婦たち。こうした売春業者たちもついには店の中に押し込められ、ここに達磨屋の自由時代は幕を閉じた。

●註

＊1　一八七三（明治六）年に東京府で施行されたものをモデルとして全国に広がる。その施行は各府県に任されており施行のタイミングが異なるほか、一部県では導入後廃止を選択することもあった。

＊2　マイクロフィルムの形式で保存されているのは一九一〇（明治四三）年九月下旬以降。それ以前については群馬県立文書館が収集・複製した個人宅所蔵の新聞を収集した。主な家文書（請求番号）は以下。前橋市立第六中学校所蔵文書（0-105-1〈1～6〉）、深沢厚吉家文書（0-134-1〈4〉）、住谷修家文書（23-8-2〈1〉）、森壽作家文書（2-1-1〈53〉）、坂本計三家文書（8-29-1〈15～24、29、30〉）、櫛渕達男家文書（74-1-1〈3～69、74、75〉）、堀口吉雄家文書（65-1-1〈5〉）、『上毛新聞』マイクロ（FD9005〈1～7〉）、いずれも群馬県立文書館蔵。

＊3　「高崎市制施行二十五ヶ年間戸口統計図表」（『高崎市報』第二号、一九二五年）。

＊4　同一名の店や同姓同名の店主がある店も含まれる。可能な限り店ごとの分別を行ったが、実数は前後すると考えられる。また、これには町名が不明の一軒も含まれる。

＊5　『明治大正日本都市地図集成』（柏書房、一九八六年）に収録されている「高崎」（一九〇五）をもとに作成した。後述の図3についても同じ。

＊6　「高崎魔窟の打撃」（『上毛新聞』一九〇九年六月二九日）三面。

＊7　こうした不明瞭な料金体系は一九一二年内規の施行に伴い、飲食物、酌婦料の個別料金に分けられ、明朗会計化される。「飲食店組合総会」（『上毛新聞』一九一二年九月一一日）三面。

＊8 早川愿次郎編『高崎案内 附録』（上野日々新聞社、一九一〇年）一〇頁。

＊9 「達摩屋で乱暴」（『上毛新聞』一九〇五年六月一七日）三面。なお、この記事の店については嘉多町に所在しているのか、嘉多町通沿いであるのか不明であるので、町別の数にはカウントせず。

＊10 「酌婦人員の制限 柳川町魔窟の大恐慌」（『上毛新聞』一九〇九年一二月二七日）三面。

＊11 前掲「酌婦人員の制限 柳川町魔窟の大恐慌」。

＊12 現在の柳川町（表通り）。図1のAはこの裏。現在でも間口の狭い建物が密集している。

＊13 「飛んだ家政学会員 酌婦と共に宿屋へ泊る」（『上毛新聞』一九〇八年一〇月五日）三面。

＊14 「酌婦三人川に落つ」（『上毛新聞』一九一〇年三月二〇日）三面。

＊15 前掲「飛んだ家政学会員 酌婦と共に宿屋へ泊る」。

＊16 前掲「飛んだ家政学会員 酌婦と共に宿屋へ泊る」。

＊17 「白衣の美人寒詣 月凍る夜の丑満つ頃」（『上毛新聞』一九一〇年二月四日）三面。

＊18 「青楼に情死を謀る 抱へ酌婦と紺屋職人」（『上毛新聞』一九一〇年四月二九日）三面。

＊19 「娘と酌婦を誘拐す 内縁の妻置去らる」（『上毛新聞』一九一一年六月八日）三面など。

＊20 「酌婦客を殴打す」（『上毛新聞』一九〇五年一一月一日）三面。他店の店主と共謀し登楼を拒む客を殴打する事例など。

＊21 それまで一緒くただった飲食系の店を、酌婦を置く乙種料理店、芸妓が出入りする甲種料理店、婦女が接客しない飲食店の三種に分けた。このうち乙種料理店での売春のみを黙認する。

〔付記〕本稿は、平成二五年～平成二六年度科学研究費助成金（特別研究員奨励費）による成果の一部である。

病から遊戯へ

——吾妻新の新しいサディズム論

河原梓水

ＳＭといえば、かつては到底理解できない「異常な」行為とみなされ、その愛好者もまた「異常者」として白眼視されるのが常であった、らしい。しかし近年ではドＳ・ドＭといった言葉が普及して性格診断に用いられるようになるなど、「異常」というイメージはいくらか薄らいできた。今ではＳＭといえば誰にでも多少は存在する欲望であり、カップルが合意の上で楽しむ性の遊戯と捉えられるようになってきている。

しかし、ＳＭの語源であるサディズム・マゾヒズムは、もともと精神医学の用語であり、特にサディズムは本来、強姦や猟奇殺人などの、残虐な犯罪行為を犯す心理を示す概念であった。[*1] 現在通用しつつあるＳＭイメージとは正反対なのである。いつ、どのようにして、このようなイメージの転換が起こったのだろうか。

本稿では、一九五〇年代前半、ＳＭ専門のアブノーマル雑誌『奇譚クラブ』[*2]で活躍した作家・吾《あ》妻《づま》新《しん》のサディズム論を分析することで、この転換の第一の画期を明らかにし、現在、種々に楽しまれているＳＭのルーツをたどってみたい。[*3]

サドは「真のサディスト」ではない

吾妻新は、『奇譚クラブ』に寄稿した本名・経歴不詳の書き手であり、一九五三年三月号に「サデイズムの精髄——古川裕子氏の『囚衣』をよんで」を初掲載、以後、およそ三年にわたりサディストの立場から活発に誌上に小説・評論を発表した。これらを通じて彼は、同時代に主流であったサディズム理解と全く異なる自説を展開した。

サディズムと言えば、誰しもまずはサディズムの語源となった人物、十八世紀フランスに生きたサド侯爵を想起する。ところが吾妻は、「サードは稀代のサディストといえますが、だから彼のサデイズムが比類ないとか完全だとか云うのは誤り」[*4]だとして、サドのサディズムを近代以前の粗野な古い型だとして批判する。

吾妻いわく、「単純な残酷さを生命とする」サドのサディズムは「古代からあり、現代にもどこにでもある極めてありふれた抑圧衝動の変型」であり、これらはいわば「飢餓をみたすための衝動」に過ぎないという。[*5]「乱歩の小説にしても、すぐにメスで切り刻んだり、手足をバラ〳〵にしたりするが、この種の惨酷さはどんなに手を代え品を代えても単純極まるもので」、「真のサデイストにとつては少しも満足しないのです」[*6]。

吾妻が『奇譚クラブ』に寄稿し始めた一九五〇年代は、サドのサディズムを最も重度なサディズム、「正常な」人々のなかにも存在するささやかな加虐嗜好を軽度なサディズムとして、両者を連続的に捉える見方が強かった。サディズムの「異常性」はその程度で判断された。吾妻が誌上に登場する約半年前、一九五二年九月号に掲載された以下の投稿はその典型である。

> 問題はサドにしろ、マゾにしろその程度です。ノーマルなのか、アブノーマルなのかを計るバロメーターがこの程度なのです。（中略）最近では夫の死体をバラ〳〵にして遺棄した富美子も、とんでもない行き過ぎで精神錯乱の甚だしい例です。
>
> （天野一郎「サディストの悲哀」一九五二年九月号）

同時期はまた、エロ・グロを特徴とする雑誌が大量に流通し、ポルノグラフィーに加えて猟奇殺人・犯罪などを扱った記事が巷《ちまた》にあふれかえっていた時期でもある。サディズムもまた、残虐行為を装飾する格好の素材としてしばしば取り上げられた。児童虐待から性犯罪、連続殺人、歴史上の刑罰・殺戮《さつりく》に至るまで、すべての残虐行為がともすればサディズムに結び付けられ、あたかも「残虐行為のごみ捨て場」の様を呈していたという。[*7]サディズムの名のもとに、ささやかな加虐嗜好から、鞭打ち、逆さ吊りなどの苦痛の激しい加虐嗜好、そして虐待・猟奇殺人までが一直線に接続された。

吾妻はサドのサディズムへの批判を通じて、この接続を批判していく。

吾妻は、「本誌の読者投稿欄にもみられる『軽微な』『穏和な』『かるい』サディズムという言葉からもわかるように本格的なサディズムはまるでどこかに厳然とした御神体を持ち、狂暴無比な純粋性を誇っているかのよう」であると述べる。[*8] 真のサディズムとは、「拷問ではなくて折檻《せっかん》」「惨酷ではなくて凌《りょう》辱《じょく》」、つまりは肉体的苦痛より心理的汚辱《おじょく》に焦点をあてるものであり、そしてそれは、「刹那《せつな》的《てき》衝動的でなく、日常生活のなかに採り入れて永続させる」必要があるという。[*9]

この点に古いサデイズムと新らしいサデイズムの根本的相違があるので、サードはただ苦しめればよかつたのでしょうが、私たちは縛つたり吊すこと自体に苦痛を与えぬよう細心の注意を払います。つまり凌辱するためにやるのです。

（「風流責各態」一九五三年五月号、二九頁）

われわれの好むのは拷問でなく折檻であり、（中略）犠牲者に傷を与えることもほとんどありません。また、こうした行為によつて狂暴な線に発展してゆくおそれもありません。この快楽は極めて持続的です。

（同、三三頁）

吾妻の主張する新しいサディズムとは、肉体的苦痛よりも精神的苦痛をより重視し、合意の上で快楽を持続的に営むものである。さらに彼は、犯罪的な単なる残虐行為をサディズムの領域から切り離そうとする。

サディスムはほんらい性心理の分野の言葉ですが、私はそれを狭義の性生活に限定しています。（中略）それはもともと性衝動なのだから単純な暴力とはちがうのだが、狭義の性生活では手段としての暴力すら疑似的なものとならざるをえません。なぜなら、暴力は共同生活を破壊するか、少くとも不幸にするからです。

（「古川裕子への手紙」一九六一年五月号、七九頁）

このように吾妻は「残虐行為のごみ捨て場」であ

ったサディズムから、性衝動に由来する行為のみを取り出し、さらに「サディズムという言葉から、不合理な残虐や犯罪的な観念を追い出」そうとしたと言うことができる。[*10] 彼は理念を提示するのみならず、これをフィクションに落とし込み、新しいサディズムの実践を具体的に示そうとする。

「感情教育」——進歩的な奴隷の妻

吾妻が最初に『奇譚クラブ』に連載した小説「感情教育」は、吾妻とその妻をモデルとした章三郎、由紀という男女が、日常生活にいかにサディズムを取り込み、持続的かつ幸福に実践していったかを描いたものである（一九五三年一一月号～一九五四年九月号連載、全一一回）。サディズム小説と銘打たれたこの作品の特徴は、作中のヒロインである由紀が、マゾヒストではない「正常」な女性であるにもかかわらず、夫である章三郎のサディズムを素直に受け入れ続けることである。これを吾妻は「『感情教育』はいかにして正常な女をマゾヒストに仕上げたかの物語ではなく、正常な女のままで、なぜ章三郎のサディズムがみたされたかの歴史」と評する。[*11]

「感情教育」のヒロイン由紀。章三郎（吾妻）はいつも妻の由紀にズボンをはかせ、進歩的な女性たるように教育した。昔ながらの和装・もんぺの人々と、ズボン姿のすらりとした由紀の姿が好対照をなしており、吾妻が理想とした女性像がよく伝わってくる（『奇譚クラブ』1954年7月号より）。

サディズムを寝室に限定することで、同じ嗜好《しこう》を持たないパートナーと快楽を分かち合う。しかもこれをなすために吾妻が提示したのは、まずお互い、特に女性の側に完全な平等な関係の意識を構築し、その上での信頼関係・愛情関係を築くという方法であった。このような試みがかつて行われたことはない。作中において章三郎は、結婚当初、従順で古風な受動性を備えていた妻を、あえて進歩的な女性に「教育」するのである。

私は長年にわたつて夫から、平等の観念を植え付けられてきました。いまではそれが私たちの幸福のいちばん大切な前提だつたということを悟つています。（中略）私は（中略）男からみれば極めて便利な、無知と古風さをたぶんに持つていたと思います。それを章三郎は利用しませんでした。むしろ私の心からふるいギセイ心や因習道徳をたきだすために、どれほど努力したかもしれません。

（「感情教育（七）結城由紀の告白」一九五四年五月号、五三〜五四頁）

真に対等な状態での信頼関係、愛情関係を築くことができれば、愛する者との行為が苦痛や嫌悪を生むはずがない。サディズムが存在できるのはこのような場合のみであると吾妻は小説、論考を通じて何度も主張していく。サドのようなサディズムは「原始的本能」として存在を認めるものの、この本能は性生活に限定し、性の遊戯とする――これを吾妻は「サディズムを馴致《じゅんち》する」と呼んだ――ことが必要であると説いたのである。

吾妻の主張は多くの賛同者を獲得した。以後雑誌の読者投稿欄には賛意を示す投稿が相次ぎ、精神的苦痛の重視、愛情行為としてのＳＭという考え方が理念として定着していく。

吾妻新氏の〈サデイズムの精髄〉なる一文はまことに立派な論文であり明解にして堂々たる主張で（中略）特に近代のサデイズムの本質は女性を肉体的に苦めるよりも、より多く精神的な苦痛を与えることなりという点は全然同感です。

（「読者通信」一九五三年四月号、六四頁）

そして異性を愛したい心（サディズム）となり愛されたい心（マゾヒズム）となるので、行為は要はどのようにして愛するか、その方法によるのだと思うのです。

（水上流太郎「私は訴える　アブ放譚」一九五六年四月号、七一頁）

「夜光島」――サドマゾヒストのユートピア

吾妻が当初想定していたのは、このようにノーマルなパートナーとの営みであった。しかしその後、吾妻はノーマルな女性ではなく、マゾヒスト女性との性生活を実験的に小説化する。それが吾妻の二作目にして最後の連載小説「夜光島」（一九五四年一〇月号～一九五五年四月号連載、全七回）である。

「夜光島」は、サディスト男性と「ノーマル」女性のカップリングを描いた「感情教育」から一歩進み、サディスト男性と「生粋《きっすい》のマゾヒスト」女性のカップリングを描いたものである。外界とは隔絶された孤島で、サディストとマゾヒストの夫婦が自由にＳＭ的生活を営む、という筋書きである。この小説の意図を吾妻は以下のように述べる。

　サディストとマゾヒストは多くべつべつに描かれている。もしくは一方的に重点をおいて描かれている。それを一つの場所におき、同等の立場で、一応外界との接触を切り離した状態で、どのように進展するかを想像してみたかった。

（「孤独の広場――古川裕子さんへ」一九五五年五月号、二八七～二八八頁）

「古い」サディズムにおいては、サディストが苛《さいな》む相手は単なる被害者であり、マゾヒストであることは稀だった。加害者と被害者という関係である以上、両者の間にそれ以上の関係性など想定すべくもなかった。しかし、寝室に限定され、馴致されたサディズムにおいては、ＳＭ行為は愛情行為のバリエーションとなる。したがって二人の生活は、幾分か非現実的な、サディストとマゾヒストのためのユートピアとして展開する。『奇譚クラブ』の読者はこれに熱狂した。

　吾妻の提唱した「新しいサディズム」がＳＭ専門誌を飛び出し一般に広まるのはまだまだ先であり、同時期の『奇譚クラブ』誌上においても、サド的なサディズムを愛する者が完全にいなくなったわけではない。しかし彼のサディズム論によって、サディズムと単純な残虐行為が切り離され、サディズムの実践に新たに精神的苦痛という尺度が生まれたことの意義は大きい。今日では全く無名の吾妻であるが、彼のサディズム論こそが、性の遊戯としての現在のＳＭの基礎を築いたと評価できよう。

　彼が「夜光島」において、愛情ある夫婦の間でのＳＭの実践をユートピア的に示したことは、ＳＭ的行為において愛情の有無がことさらに重視されるようになる現代の状況を先取るものでもある。

ところで、「夜光島」のヒロイン、登枝にはモデルとなった人物がいた。吾妻と同時期に『奇譚クラブ』に告白文を多数投稿していたマゾヒスト・古川裕子である。[*12] 古川は吾妻が同誌に寄稿を始めたきっかけとなった人物であり、その後も誌上でやりとりを重ねるなど濃密な関係にあった。吾妻は古川に向けたエッセイにおいて「僕は唐沢登枝を愛しはじめた」と間接的な愛の告白をするまでになっている。[*13] 古川もまた、「古川裕子はあなたを愛していたのです。吾妻様が章三郎氏に身をかしたように、裕子は、あなたの登枝に入りこんで、本当に登枝になりたかった」[*14]と、それに応じている。

このように親密であった二人だが、実は彼らはサディズム・マゾヒズムに対する思いまで同じくしていたわけではなかった。古川は自身を「異常性欲者」と称し、その悲哀、孤独を吐露《とろ》する告白文を誌上に発表した人物であり、それはしばしば吾妻の見解と対立するものだった。

奇譚クラブの誌上で、多くのかたがたが明るい異常性欲の存在を主張なさった。いいえ、そう申すより、異常性欲の暗さを嫌って、これを明るい健康的なものに近づける努力を強調なさった。又異常性欲の悖徳性についても、入念な反証をあげて、ともすると罪の意識に落ちこみ、暗く沈みがちな人々を救おうと努力された。その主張される限りに於て、その強調される趣旨に於て、私も賛成です。

でも、それだけで、この根強い暗さや罪悪感が、拭い去られ、春の水が四沢をうるおすような、まどかな満足感が充足されようとは、私にはどうしても思えない。(中略)異常性欲の地獄にうごめく人々を救いあげるには、それは余りに弱く細すぎるのです。

(古川裕子「孤独」一九五五年四月号、一三七〜一三八頁)

吾妻の提唱した新しいサディズム論が多くの人々を魅了したことは疑いない。しかし、この新しいサディズムが様々な人々、それこそサドのような嗜好を持つ人々を排除して成り立っていることは忘れるべきではない。

また、吾妻がこともなげに想像した、サディストとマゾヒストの出会いは、それほど簡単なことではない。吾妻が結局古川の孤独を癒《いや》すことができなかったこともまた、忘れるべきではないだろう。

●**註**

*1 近年、いわゆるサディズムやマゾヒズムだけでなく、フェティシズムやその他様々な性的嗜好を包括してBDSMと称することが増えている。その場合Sはサディズムだけでなく Submission の意としても用いられる。しかし、これらは新しい概念であり、一九五〇年代にS＝Submission とする用例はないことから、ここではSMをサディズム・マゾヒズムの略として考えることとする。

*2 大阪、曙《あけぼの》書房より一九四七年一〇月に創刊されたカストリ雑誌。一九五二年頃よりSM的色彩を強め、その後はSM専門雑誌として不動の人気を誇った。沼正三「家畜人ヤプー」、団鬼六「花と蛇」が連載されていたことで知られる。

*3 以下、引用資料はすべて『奇譚クラブ』（東京・風俗資料館所蔵の資料を参照した）であるため、出典を省略し発行年月のみを示すこととする。また、原文の誤字・脱字・衍字は改めた。

*4 吾妻新「サデイズムの精髄」（『奇譚クラブ』一九五三年三月号、二〇頁）。

*5 前掲*4、吾妻新「サデイズムの精髄」二〇頁。

*6 前掲*4、吾妻新「サデイズムの精髄」二一頁。

*7 吾妻新「私は訴える――サデイズム審判の一被告として」（『奇譚クラブ』一九五四年九月号、五一頁）。

*8 吾妻新「古川裕子への手紙」（一九六一年五月号、七九頁）。

*9 前掲*4、吾妻新「サデイズムの精髄」二一頁。

*10 吾妻新「風流責各態」（一九五三年五月号、三三頁）。

*11 吾妻新「感情教育（六）」（一九五四年四月号、一六四頁）

*12 本名・経歴不詳。吾妻と同時期に『奇譚クラブ』に寄稿し、同誌の編集者と親しかった濡木痴夢男《ぬれきちむお》は自身の回想録において、（『奇譚クラブ』初期に）「登場していた女名前の画家はすべて男で、そして女名前で書いていた寄稿家もほとんど男だった」と述べている（濡木痴夢男『「奇譚クラブ」の絵師たち』河出文庫、二〇〇四年、二〇二頁）。古川も女性名であるがおそらく男性であろう。

*13 吾妻新「孤独の広場――古川裕子さんへ」（一九五五年五月号、二八八頁）。吾妻は「私はまた偶然の事情であなたの『美しい五月に』の肉筆原稿を持っている」（前掲*8、「古川裕子への手紙」七七頁）とも記しており、筆跡から古川の性別を知ったうえでの発言と推測される。

*14 古川裕子「告別」（一九五五年一一月号、二一一頁）。

自瀆、道徳改良、性病商売

——『オナニア』（一七一六）の諸源泉とその歴史的文脈に関する考察（下）

ミュンヘン工科大学における医学史セミナーで

ミハエル・ストールベルク
Michael Stolberg
斎藤　光　訳

■「自瀆、道徳改良、性病商売（上）」の内容と、著者について

『性欲の研究――エロティック・アジア』（井上章一編、平凡社、二〇一三年）に掲載した翻訳「自瀆、道徳改良、性病商売――『オナニア』（一七一六）の諸源泉とその歴史的文脈に関する考察（上）」の内容について、「（下）」を読んでいただく際の参考として、少しまとめておきたいと思う。

論文の著者、ミハエル・ストールベルクは、本論考前半部「（上）」で、『オナニア（*Onania*）』についての位置づけをまず提示している。それによれば、マスターベーションが広範囲の恐るべき症候群の原因となっているという考え方（マスターベーション起因病〈post-masturbatory disease〉という概念）の、通俗的出発点が、『オナニア』であった。ただ、その考え方や図式自体は『オナニア』にオリジナルなものではない。本論考後半部「（下）」で詳しく論じられるように、ジョン・マーテゥン John Marten の著作『性病論（*Treatise of Venereal Diseases*）』の第六版（一七〇八～〇九）と第七版（一七一一）に起源する。とはいえ、『オナニア』の出版物としての大成功は、心身における重篤な諸疾病の原因としてのマスターベーション、あるいは、マスターベーションを因果的出発点とする広範囲の恐るべき心身の症候群、という概念を、一八世紀の欧米文化・社会に広めるうえ

で、大きな力となった。その影響力は、一九世紀まで、または、二〇世紀の前半まで、及んだのである。

　このようなに影響力のあったパンフレットについて、それが実際どのようなものでどのように出版されたのか、また、そのパンフレットや内容にかかわる同時代とその前後の歴史的文脈はどのようであるのか、の実証的解析と整理が本論考の主題である。なお、前半部での主要な論点は以下のようにまとめることができる。

①『オナニア』の初版は、一七一六年一〇月に、ピエール・ヴァレンヌによって出版された。第二版は、一七一七年初め、第三版は、一七一七年終わりか一八年初め、そして第四版は一七一八年終わりの出版である。一七三〇年出版の第一五版までは、追加などがテキストに加えられたが、それ以降そうした変更や修正はない。

②マスターベーションを道徳的宗教的にネガティヴに位置づけ論じるというキリスト教的伝統は、『オナニア』以前からみられた。これは、「不浄／不潔（uncleanness）」の議論の枠内のものである。そうした流れの中、一六七六年にイングランドで『二人の敬愛に値する牧師から若き紳士に向けての、良心の重荷となる事例についての、助言書簡集（*Letters of Advice from Two Reverend Divines to a Young Gentleman, about a Weighty Case of Conscience*）』が出版された。これは、この議論の枠内（不浄／不潔）で、マスターベーションの危険を焦点化したものであった。これが『オナニア』への道を用意する一つの要素となった。

③『助言書簡集』（一六七六）から『オナニア』（一七一六）に至る反マスターベーションキャンペーンの背後には、より大きな道徳改革運動があったことも見逃すことはできない。清教徒などの一定の政治的立場の人々が、一七世紀末から、イングランドの社会状況を道徳的に問題があるものとみなし、道徳的改良を目指すキリスト教的運動を展開した。『オナニア』をその運動の直接的産物とみなすことはできないが、目的は類似している。こうした文脈も、『オナニア』を理解し位置づけるとき重要である。

　以上の三点を踏まえて、本論考後半部では、『オナニア』にかかわる医学的理論的文脈と、性病（venereal disease）の治療にかかわる「性病商売」という社会的文脈が、『オナニア』の著者が誰であるかという問題とともに、実証的に考察検討される。

なお今回も、できる限り本文に忠実に翻訳したが、意味を重視して意訳した部分もある。また、当時の病気概念をどのような訳語で示すかという点については、判断が難しいところも少なからずあった。ご意見やご批判をいただければ幸いである。

■論文の著者について

ミハエル・ストールベルク Michael Stolberg は一九五七年、ドイツ・ミュンヘン生まれ。初め医学を学び、その後、医学史医学哲学研究を志す。ドイツやイタリア、イングランドで、医学史に関する研究員や助手をつとめたのち、二〇〇四年から、ドイツ・バイエルン州のヴュルツブルク大学で医学史の講座を担当。ヴュルツブルク大学医学史研究所教授。専門分野と研究領域は、近代初期の医学の研究、患者史・身体史研究、病気の歴史人類学、医倫理の歴史。

著書には、『西欧近代初期における病気という経験と病める身体（*Homo Patiens: Krankheits- und Körpererfahrung in der Frühen Neuzeit*）』（二〇〇三年ドイツ語版出版、二〇一一年英訳出版、邦訳なし）や『尿観察の文化史（*Die Harnschau: Eine Kultur- und Alltaggsgeschichte*）』（二〇〇九年ドイツ語版出版、二〇一三年英訳出版、邦訳なし）などがある。

マスターベーション問題に関係する論考は、今回の翻訳以外にも、以下のものがある。

"An unmanly vice: Self-pollution, anxiety, and the body in the eighteenth century." *Social history of medicine 13* (2000), pp.1-21.

"The crime of Onan and the laws of Nature. Religious and medical discourses on masturbation in the late 17th and early 18th centuries." *Paedagogica historica* (2003), pp.701-717.

また、次のURLに、より詳しい業績の情報がある。

http://uni-wuerzburg.academia.edu/MichaelStolberg

http://www.medizingeschichte.uni-wuerzburg.de/publikationen/stolberg.pdf

（斎藤光・記）

医学的な諸起源

マスターベーションを道徳的な観点と宗教的な観点から非難するという『オナニア(*Onania*)』の立場が、オリジナルなものではない、という理解は、研究者たちによって共有されるようになってきた。しかし、その小冊子が扱っているマスターベーションが重大な結果を肉体的にもたらすという主張は、その出版時点では大方新しい見解であった、という理解は、一般的に支持されてきた。ヤン・ステンジャー Jean Stengers とアンヌ・ファン・ネック Anne van Neck は、(『オナニア』に:引用者)先行する医学文献の徹底的な調査で、マスターベーションがもたらす結果についての言及をミハエル・エトゥミューラー Michael Etmüller とエドワード・バイナード Edward Baynard による短い一節の二つの事例でしか発見できなかった。いずれも『オナニア』でははっきりと引用されている。[*56] 他の研究者たちも、マスターベーションがごく簡単に触れられているこれ以外の二、三の医学文献を指摘した。しかし、現時点でも、マスターベーション起因病(post-masturbatory disease)の概念の創出と精緻化という面で、『オナニア』が決定的な転機を画している、と広く考えられている。だが、その見解は、実質的に変更・修正される必要がある。

一六世紀と一七世紀には、マスターベーションは、医学文献における主要な主題ではなかった。しかし、「masturbatio」[*57] についての医学的関心は、一七世紀を通じて増加していったようにみえる。この主題は、生殖器病、特に淋病(gonorrhea=ガヌリーア)、という文脈で、通例扱われていた。ここでの淋病(gonorrhea)は、当時の同時代的意味では、不随意で快楽を欠いた精液の流出を指している。例えば、ハンブルグで開業していた生粋《きっすい》のポルトガル人ロデリゴ・ダ・カストロ Roderigo da Castro(一五四六〜一六二七頃)によればこうなる。[*58]「マスターベーター(自慰者たち)」は、保持機能の衰弱化や精液導管(輪精管)の軟弱化に起因する淋病(gonorrhea)に苦しめられる傾向の人々の間にみられる。ライプニッツの教授ミハエル・エトゥミューラー(一六四四〜八四)は、マスターベーションによって、精液導管がいかなる状態になるかを、より微細に記述した。[*59]「精液導管は過度の弛緩《しかん》性と軟弱性を得、尿道へのその開口部は、閉まりづらく簡単に開くようになる」。その結末は明白であった。つまり「それが適切にせき止められなければ、精液は容易に流れ出す」。バルタッサー・ティモス・ウォン・グュルデンクリー Baldassar Timaeus von Güldenklee（一六七六没）は、より以前に、「頻繁《ひんぱん》なマスターベーション（mastvpratione＝マストゥプラシオン）に由来する淋病（gonorrhoea ex freqventi mastvpratione）」を発症した法学生の事例で、すでに、同じ病因論を表明していた。彼はさらに次のように踏み込んでいた。精液の過剰流出は、「内部熱を消散し、体質的粗雑さの蓄積をもたらし、神経を傷つけ、精神を鈍化させ、肉体全体を弱体化する」[*60]。一六六六年に、フロレンティウス・シュイル Florentius Schuyl（一六一九〜六七）は、自身の臨床経験からの一つの症例を示した。マスターベーションに起因する慢性淋病（gonorrhea）に苦しめられている一人の男のものである。患者は、その結果として、肉体的力／働きを多量に喪失する経験をしていた[*61]。イングランドの著述家の中では、リチャード・ワイズマン Richard Wiseman（一六七六没）が、「（若い男が、思春期に到達したとき）彼らの間でみられる擦り合わせとマスターベーションを」淋病（gonorrhea）を伴う生殖器導管のゆるみの主要な原因と診断した[*62]。また、一七〇二年、エドワード・バイナードは、「マスターベーションという呪われた学校の邪悪行為[*63]」によって引き起こされた不能と勃起喪失への万能薬として冷水を推薦した。

その初期からマスターベーションに関する道徳的宗教的著作は、そうした医学的議論を、マスターベーションが、神の法とともに自然法に反するとする主張を支持するのに利用した。リチャード・キャペル Richard Capel は、一六三〇年代に、警告していた。こうした「自己による冒瀆」は、「神の呪詛《じゅそ》」により、肉体に「衰退と虚弱」をもたらし、また、肉体を「結婚へ不適格」なものにする[*64]。一六七六年出版の『助言書簡集（*Letters of Advice from Two Reverend Divines to a Young Gentleman, about a Weighty Case of Conscience*）』は、さらに議論を詳細に進めた。「精液の不断の流出」と「男根／ペニスを拡張する筋肉」のゆるみは、「そのために男根／ペニスの勃起が喪失する」のだが、マスターベーションの結果である、と論じられた[*65]。ハドゥリアン・ベヴェーランド Hadriaan Beverland とヨハネス・ブランディウス

Johannes Brandius も同じ警告を口にしていた。[*66]

マスターベーションの肉体にもたらす結果／影響についての詳しい説明という点で、『オナニア』は先行する著作を凌駕していた。しかし、その説明は、オリジナルなものではなかった。ほとんどすべての説明は、マスターベーションの医学的結果／影響に関する最も広範囲にわたる記述とされるものから、引かれていた。その記述は、『オナニア』が初めて登場する数年前に書かれ出版されたものであった。著者は、ジョン・マーテゥン John Marten（一六七〇～一七三七頃）、ロンドンの著名な医療事業者で、性病（venereal diseases）と痛風（gout）の治療の専門家だった。その彼が自著の『性病論（*Treatise of Venereal Diseases*）』[*67]の第六版（一七〇八～〇九）と第七版（一七一二）で、マスターベーションというトピックに数十頁を費やしたのであった。彼が記載した多くのマスターベーションの結果／影響の中には次のようなものがあった。包茎や嵌頓《かんとん》包茎、あるいは、尿道膿排出／後淋や淋病、睾丸発酵素の破壊とその結果としての「希薄な、水っぽい、粗雑な」精液、あるいは、「結婚交接の儀式の全面的不可能性」、またはそうでないとしても「そこでの大きな困難」[*68]。長期的結果／影響については、特に激烈な言葉で描かれていた。すなわち「自然のままであれば、最も強健で生命力あふれるそのときに、痩せこけた下あごと青白い顔色をして、多くは疥癬《かいせん》や発疹を伴い、彼らの憎むべき悪徳の忌まわしい遺物は、貧相な膝裏とふくらはぎを欠く脚、成長の時期における薄弱さを示す、また、足萎《な》えした子供として、虚弱で消耗《しょうもう》的である。彼らは、充分熟《う》れる以前に腐ってしまい、病院にとどめられるという以外のいかなることにも、その青春の時期において、かかわることができなくなるのである」[*69]

この言葉／語りは、もちろん、よく知られたもののように響く。マーテゥンは、実際に、『オナニア』が引用しそして要約した文章の「ある著者」その人であった。彼はまた、三人の患者の手紙が差し出された「内科医の著者」とも同一であり、それらの手紙は『オナニア』で公表され、おそらく、『オナニア』の最初の二つの版では、それらだけが患者からの手紙であった。[*70]マーテゥンの『性病論』には、一六七六年の『助言書簡集』からの抄録が含まれている。[*71]さらに、『オナニア』において、引用であると明確に提示されていない医学的記述の諸節は、同じくほとんど全面的にマーテゥンの著述に基づいているのである。要約するならば、『オナニア』の初期の諸版は、直前にマーテゥンによって出版された諸著作に見いだされることのない医学的情報をほとんど含んでいない、ということなのだ。

道徳的諸問題の議論においてだけではなく、より影響力を持った、マスターベーションの肉体的結果／影響についての記述においても、『オナニア』は編集物以上のものではないことが、かくて明らかになった。『オナニア』の歴史的重要性が、マスターベーション起因病(post-masturbatory disease)の概念の創出にあるのではないことは明白である。むしろこの(起因病という)概念の種をまき、普及したことこそが、その出版物によって決定的に促進された事柄であった。この『オナニア』は、マスターベーションについての議論だけに焦点をあてそれのみを専門に扱った初めての著作であった。そこでは、多方面にわたる肉体的結果／影響の詳細な説明がなされ、その結果／影響が個人の症例とともに描像され、その描像・記載と同じと確認された人々への医学的救済法が提供されていた。これに対してマーテゥンのより詳細にわたる説明は、彼の長い議論の最後に置かれている、尿道膿排出／後淋についての一つの章の中にほぼ隠されていた。彼の書物の第七版は、約九〇〇頁のものでもある。このように『オナニア』は、この(起因病という)概念を一般化／通俗化するのに成功し、はるかに多くの人々の知識の一部とすることにも成功した。インパクトはほぼ即座にあらわれた。新しい版がすぐに度重ねて出たということだけではなく、『オナニア』が引き起こした批判と『オナニア』を剽窃《ひょうせつ》する試みがその証拠となるであろう。[*72] マスターベーションの肉体に及ぼす結果／影響についての新しい心配が生み出されており、その心配は、非常に長い間、舞台を占領することになるであろう。

著者は誰かという問題

『オナニア』という著作の著者が誰であるかというしばしば議論されてきた問題は、現時点では、ほぼ解決不可能である。ただ、以前著者が誰かということに帰せられていた重要性のある部分は意味を失った。マスターベーション起因病(post-masturbatory disease)の概念は、

『オナニア』出版以前に、十分に確立され入念につくられていたからである。『オナニア』は、特別な医学的なわざをどこにも漏らしてはいなかった。また、『聖書』の善き知識や、宗教的議論に参与する才能は、一八世紀初期のイングランドでは、かなりありふれたものだった。つまり、ほとんどのいくぶん教養がある同時代人たちは、保守的な道徳主義者の「不浄／不潔」に反対する書き物の中の議論を、マスターベーションの肉体的結果／影響に対するマーテゥンの説明と、混ぜ合わせることができたのである。例えば、グラブ街[*73]の出版商人たちに奉公している貧乏文士といったものの一人も、それを行うことができたはずなのだ。

著者が誰であるかという問題だけでなく、著者の出版意図もまた推測の域を出ていない。一七二三年頃、多数の手紙や症例記録が挿入されるようになり、読者も個人的な診断／助言を受けるようになった。その頃以降、『オナニア』は、急激に医学的あるいは事業家的性格を強く持つようになったが、そのことで『オナニア』が諸版を通じて第一に狙いを定めていた道徳的改良の側面が非常に不明瞭になっていった。とりあえず、これには二つの可能な説明があるであろう。(1) 一七二〇年代の初めにその著作出版目的が変化した。初めに持っていた道徳的な勢いを見失った著者は、特効薬販売や個人の診断からの経済的報酬に焦点をあてるようになった。あるいは、(2) この出版物は、スタートの時点から商業的事業とされていた。もし『オナニア』が単に金づくりの投機的試みであったとしたら、著者という部分で著しい形で偽装がなされることを意味するであろう。いままでみてきたように、道徳的―宗教的諸考察は、初めの諸版では、明白に最前線に配置されていた。よく知られている医学的事業家たちの諸著作とは全く反対に、著者は自身の医学的経験や成績証明を自慢することはない。彼は、彼の特効薬を自分の発明ではなく、高名な内科医のものとしている。さらに彼は、読者に向かって外科医か内科医に相談するように公然とアドバイスしていた。しかし、ある種の偽装があるという可能性は残っているといえよう。

全く別方向からであるが、ピーター・ワグナー Peter Wagner は次のように論じている。すなわち、この有名な著作は、変格的なポルノグラフィーの一種として書か著者が誰かについて具体名があがっている場合について考えよう。多くの学者は、『オナニア』は「ベッカース博士（Dr. Bekkers）」と呼ばれる人物によって書かれたとするサミュエル・オーギュスト・ティソー Samuel Auguste Tissot の主張に信頼を置いてきた。[*76] しかし、この主張には深刻な疑問が提起されている。なぜ著者は、単純に、医学的論考を書かなかったのか？　なぜ彼は、自分の名前を隠すだけではなく、彼の著作が内科医の論考というよりはむしろ聖職者のそれとみなされるようであるのに、自分の専門職が何であるかも覆い隠したのか？　なぜ、同時代のイングランドで、「ベッカース」という名の内科医も医師も一人もみつけることができないのか？[*77] なぜその著作（『オナニア』）のオランダ語への翻訳者が、「I・M」というイニシャルで、個人的に翻訳を提案してきた著者に言及しているのか？[*78] 本当の著者が誰であるか確認されない限り、私たちは、「ベッカース博士」が著者である可能性を決定的には排除できない。しかし、「ベッカース博士」著者説を確証支持する事柄は、ほぼ全く存在していない。

いくぶんであるが、より可能性が高い候補者は、ジョ

れ、読まれた可能性がある。[*74] 現代の読者のほとんどにとって、『オナニア』を性的刺激の源とみなすのは困難なことであろうが、当時の読者たちは異なる反応を示したかもしれない、と想像できまいか。しかしながら、ワグナーの議論がもっぱら根拠としている、自ら犠牲者であると告白した人々から寄せられた手紙や症例記録は、初期の諸版では事実上存在していなかった。それにもかかわらず、売り上げが大変良かったことは明確である。後期の諸版においても、性病や解剖学や産婆術に関する同時代の書物にみられる非常に描写的である書き物とみあってはいないし、『アリストテレスの傑作（*Aristotle's Masterpuiece*）』やニコラス・ヴェネット Nicolas Venette の『交接愛（*Conjugal Love*）』のような通俗的「性案内書」に言及もしていない。また、それらの諸著作は、読者に対し、『オナニア』に特徴的である冗長な道徳教化的文章を与えていなかった。[*75]『オナニア』の性刺激的、ポルノグラフィー的特質が、後期諸版の販売を促進したかもしれないが、そうした諸特質を、このパンフレットのもともとの主要な目的とみなしたり、その直接的成功の中心となる理由であるとみなすのは難しい。

ン・マーテゥンその人である。[*79] 彼の諸著作は、『オナニア』を出版したのと同じ出版者たちによって販売されていた。のちに、ピエール・ヴァレンヌ Pierre Varenne によって、ジョン・イステッド John Isted とナタニエル Nathaniel およびトマス・クローチ Thomas Crouch によってである。実際、薬行商業ヴァレンヌによって販売された他の書籍についての系統的調査の過程で、私はマーテゥンの足跡に最初に出会ったのである。[*80] 彼の名前は、オランダ語翻訳が原著者の名前を短縮して表現したときのイニシャル「I・M」とも一致する。大文字の「I」と「J」は、翻訳版では交換可能な形で使われていた。また、『(オナニアへの) 補遺』には驚くべき一節が存在している。その(『オナニア』『オナニアへの補遺』)著者は、彼が書くところでは一七〇四年に出版された、『医術戦争 (*Bellum medicinale*)』という表題を持つパンフレットへの追伸で彼が出会った事例に、一人称で書いているのだが、言及していた。[*81] その同じ一節は、これまた一人称で書かれているのだが、すでにマーテゥンの著作の中に出現していたのである。[*82]

他方、『オナニア』の道徳主義者的な立ち位置は、マーテゥンの諸著作のスタイルとは全く異なるものであり、また、マーテゥンは決して自分の名前を隠そうとはしていないのであった。正反対なのだ。マーテゥンの書き物は、上流階級の性病専門家としての彼の地位を高めることを明確に目標と定めていた。彼はまた、金儲けできる性病商売での商売敵との進行中の論戦に深くかかわっていた。[*83] そこでの主題の「慎みのなさ」や「恥知らずさ」も、そうした隠し立てを大変説明しづらいものである。マーテゥンは、自分の性病についての論考で、非常にあからさまな言葉を使っていた。義務的な厳しい道徳的非難を伴っているが、女性のマスターベーションでは、指を使うことや道具を使うことが書かれているし、同性性欲者/同性愛者の間でのフェラチオや肛門性交もはっきりと記述されていた。そうしたことが描かれている彼の書き物は、『オナニア』の相対的に控え目な言葉よりもはるかに多くの読者にショックを与えたと思われる。[*84] 私たちは、マーテゥンが賢くなっていくと考えることができるかもしれない。一七〇九年、彼は、『新ゴノソロギウム (*Gonosologium Novum*)』を出版した。これは、ニコラス・ヴェネットの大変成功したセックス・子づくりマニュアルの『交接愛』の方針に沿って書かれた、イングランド人著者による初めての試みであった。おそらくマーテゥンの競争相手から吹き込まれたためだろうが、彼は、「猥褻《わいせつ》で、不道徳で、非倫理的で、恥ずべき、悪魔的な誹《ひ》毀文書を、陛下の臣民を明白に堕落させ破壊させるように」[*85]出版したかどで告発された。

しかし、同じ理由で、マーテゥンを『オナニア』の主要な医学的源であると示すことに躊躇《ちゅうちょ》してきた著者たちもいる。『医術戦争』についての一節は、『オナニア』の編集的性質を示しているのだ、と受け取られる可能性もある。つまり、どうしてマーテゥンが再び全く同じ文章をわざわざ使わなければならないのか、ということだ。[*86]また、J・Mというイニシャルは、イングランドではきわめてありふれたものだ。[*87]名前に関してでは、ジョン、ジェームズ、ジョセフ、ジョシアなどがある。とりわけ、マーテゥンが神学的な著作類を出版した形跡はない。オランダ語への翻訳者が、『オナニア』の著者についてそう断言しているのだが。[*88]マーテゥンが著者であるという証拠の方が、ベッカースがそうであるという証拠よりも強い。しかしながら、その証拠は、結論を導くには全くの力不足であるといえよう。

『オナニア』の文書でのジョン・マーテゥンの役割は、このように、議論は未解決のままである。しかし、彼が、彼に先行する内科医たちのバラバラな諸観察や所見から、マスターベーション起因病（post-masturbatory disease）の概念を精緻化するうえで、鍵となる役割を演じたことは疑う余地はない。

新しいパラダイム

歴史家の間では、マスターベーション起因病（post-masturbatory disease）についての議論とそれが引き起こした大がかりな宣伝活動は、憤慨とまではいかないが、いつも当惑をもたらしてきた。また、その出来事を記述するとき、いろいろな用語で特徴があげられてきた。「非合理的」なもの、「偽医学的」なもの、「大衆的ノイローゼ」をもたらしたもの、はては「反ユダヤ人主義と同様に病理的」な現象、あるいは、「サドマゾ関係」の表出、といった具合である。[*89]このような非難は、反マスターベーション運動によって、特に若い人々の間にもたらされた深刻な苦痛や不幸をみるならば、理解可能なものである。しかし、歴史的分析に基づくならば、それらの記述は、不十分であり時代錯誤である。近現代の読者のほとんど（おそらくすべてではないと思うが）にとって、マスターベーション起因病（post-masturbatory disease）の概念は、常識に反したものであり、時間的連鎖性を因果性と混同しているものだ。しかしながら、同時代の医学の枠組みや科学的な標準の基準内で、その概念は、「非合理的」でも、受け入れられていた医学知識と不調和でもなかった。むしろその概念は、科学的事実に必要な性質をすべて備えていたのであり、当時現代的とされた最新のいくつかの考え方と結びついてさえいたのであった。このことを理解しておくことが重要である。もしそうでなかったならば、特にそしてとりわけ教養がある人々の間や医学専門家の中においての、『オナニア』の成功とそれが刺激した運動は、不可解なものにとどまるであろう。

初期啓蒙時代の医学世界では、医学言説と革新的概念は、科学的に正しいと認められるためには、二つの基礎となる条件を満たす必要性があった。そうした言説と革新的概念は、信頼でき、当てにできる権威者による経験的観察に基づく必要があり、また、身体と病気についての当時の理解に関する既存の枠組み内で有意性を持つ必要があった。マスターベーション起因病（post-masturbatory disease）の概念はどちらの条件も満足させていた。たしかに、大学で学んだ内科医の視点に立つと、マーテゥンの『性病論』や『オナニア』は、アカデミックな資格証明という必要条件を欠いていた。しかし、マスターベーションに起因する淋病、尿道膿排出／後淋、白帯下《はくたいげ》、インポテンス（勃起不能）、不妊・不毛という概念は、ヨーロッパ（大陸）の何人かの主要な内科医たちによる研究を通して、一七世紀にはすでにしっかりと確立していた。さらに、彼ら以外の立派な著作家たちも、マーテゥンの『性病論』や『オナニア』を引用することなしにそうした諸概念を確認している。おそらく引用していないのは、『性病論』や『オナニア』の存在を知らなかったからであろう。内科医たちにとっては、マスターベーション起因病（post-masturbatory disease）は、最も使いでのある概念ということが明らかであった。その概念は、幅広い諸疾病症例の解釈に対する便利な参照枠を提供した。また、このような形で意味が見いだされた個々の症例が、その概念をさらに有効化したのである。経験的にこの概念の誤りを立証することは、逆にほとんど不可能であった。もしも「マスターベーター（自慰者）」が、見た目のうえで健康で影響を受けてないままであっても、このことは、彼らが特に強健な体質であったという事実によって、簡単に説明できた。

ダ・カストロやティモスやエトゥミューラーによって発展がはかられ、マーテゥンが精緻化した、このパラダイムをたどると、マスターベーションは、初め局所的な生殖器の病理兆候と結びつけられていた。クリスチャン・フランツ・パウリニ Christian Franz Paullini は、かくて、一七〇六年に彼の『諸観察（*Observationes medico-physicae rarae selectae et curiosae*）』で、ペニスが歪曲変形したフリーシア出身の若い「マスターベーター（自慰者）」の症例を記述した。[*90] 一七一五年、ティモスと同じように、クリストフ・ノイバウアー Christoph Neubaur は、マスターベーションを淋病の原因と記述した。[*91] 一七二〇年、マーティン・シュリッヒ Martin Schurig は、『精液論（*Spermatologia historico-medica*）』の短い章を、淋病、脊髄癆《せきずいろう》（tabes dorsalis）、全般的衰弱（general weakness）の主な原因としてのマスターベーションにあてた。[*92] 一七二四年、ゲオルク・エルンスト・シュタール Georg Ernst Stahl の婦人科学の仕事を編集し翻訳した人物は、好色な女性が用いた「罪深い工夫」を公然と非難している。[*93] その人物によれば、彼女たちは自らの肉的欲望をその「工夫」で満たすのだが、それは白帯下《はくたいげ》を引き起こす。さらに栄養物質の不断の消失の結果として、浮腫や心気症や進行性衰弱（cachexia）といった長期的な破壊的結果をもたらすと警告した。

イングランドでも、評価の確立した内科医たちが、その概念〈マスターベーション起因病〈post-masturbatory-disease〉という概念〉を支持し、経験的に有効性を認めた。ダニエル・ターナー Daniel Turner は、王立内科医師会の会員であるが、「怠慢な若い人々」の間によくみられる腺的分泌と精液流失を記載した。「その若い人々では、その行為の繰り返しにより、自身の生殖種子・精液を著しく衰弱させるため、ほんの少しの勃起ごとに、また時として少しの勃起もなしに、無自覚に精液が流れ出すのである」。[*94] ジョセフ・カム医学博士 Joseph Cam M.D. は、自分自身の治療例で同じ諸症例に出会った。彼は、マスターベーション性疲労の機構・メカニズムについての特に精巧な説明を提示した。「この体液を向こうにもたらすことで、また、高頻度で排出することで、流れの経路は非常に広がり、貧弱になった血液は、非常に薄い精液を供給するようになる」。すべてのよく知られた諸症状がこれに続いて起きる。「頭部、頸部、関節部、筋肉部に痛みが生じて、そこをふつうに曲げることが困難になる。便通時や排尿時に、あるいは夢をみるみないにかかわらず睡眠時に、多量で薄い精液が漏れ出る。肉体は疲《ひ》弊《へい》し、呼吸は短くなり、頭は重くなる。ついには、食欲がなくなり、脚が腫《は》れ上がり、失明が引き続き起きる」。若い人々は特に傷つきやすかった。なぜなら「彼らの血液は非常に早生でバルサン性物質に恵まれていないので、肉質部や骨部の繊維が軟弱で曲がりやすく、筋肉は、弾力を欠いているからだ[*95]」

医学博士であり王立内科医師会の会員、ニコラス・ロビンソン Nicholas Robinson も、自分の経験に基づいて、腺状弛緩に起因する生殖液流出を主要な原因とする、脊髄癆（tabes dorsalis）の文脈内でマスターベーションを論じた。彼が主張するところによると、犠牲者たち自身が、この致死的弛緩が何に原因しているか最も良く知っているのだ。長期的結果／影響は、身の毛のよだつものであった。痛み、無自覚な精液消失、心気症、憂鬱症（melancholy）、自殺傾向は、この状態の多くの症状のいくつかにすぎない。そして最終的に、犠牲者を「生きた骸骨、あるいは、忍び寄る幽霊」のように見せてしまうような、消耗症（consumption）と進行性衰弱（marasmus）に終わる、ただ咳がないのが特徴的だが[*96]。

この概念に関する経験的確証が増えていく一方で、概念自体も、既存の生理学的病理学的な諸アイディアの枠組み内で意味を獲得していった。マスターベーションに起因する淋病、過度な夢精、尿道膿排出／後淋、白帯下が、過剰な行為と、生殖器繊維、腺、開口部における結果としての軟弱化に原因するという説明は、同時代医学内での固体部と繊維部の役割についての積み重ねられてきた正しい理解を反映していた。また、それは、解剖学的研究における当時の発展についての最新知識を飾り立てる歓迎すべき機会を提供さえした。すなわちその解剖学における進展とは、精液導管（輸精管）、前立腺、尿道間の局部解剖学的関係と通路についてのものであった。

過剰な精液消失、より広い意味では、芳香性体液物質喪失の危険性は、生殖液流失であろうが性行為時における ものであろうが、科学的な事実として数世紀にわたって受け入れられてきた。しかし、身体の概念の変容と、精液の本性と役割に関しての新しい諸見解は、起因病というアイディアをより魅力的なものに変えていた。伝統的には、精液の過剰な消失だけではなく、精液の分泌閉止、蓄積、その結果としての腐敗も、病気の強力な原因として恐れられてきた。[*97] ところがこの考えは、一七〇〇年前後に、異議を唱えられ始めたのである。ダニエル・トヴリイ Daniel Tauvry とL・サロモン・シュミーダー L. Salomon Schmieder は、身体への精液の蓄積は、無害であるばかりではなく、大変健康に良いものでさえある、と論じた。睾丸での精液の精製とそれ以前には持っていなかった諸力を付与されたあとで、排泄されなかった精液は、血液循環へ戻ってゆく。精液を生産できない場合、男らしくない身体を持つ宦官《かんがん》が、この過程が男性的身体の典型的諸特徴の発展と扶養にとっていかに決定的であるかを示すために取り上げられた。[*98] この観察は、マスターベーションがある場合には健康を保つ妥当な手段であると主張する人々に対する主要な反論となった。すでに述べたように、『オナニア』はシュミーダーの小論考を再録しているし、ティソーの説明では、身体における精液の生産的な循環の観念が、基盤的役割を果たしていた。[*99] こうして、マスターベーション起因病 (post-masturbatory disease) の概念は、自制的で、引き締まっている、男らしい身体の新しい理想像を表現し奨励する役目を果たしたのである。そのときその身体は、境界線内だけではなくそれを超えて、諸体液の不断の流動によって基本的に特徴づけられるというのではもはやなく、その固体性と液体の経済的使用と排出によって特質づけられるようになったのである。[*100]

マスターベーションが、他の性的過剰現象に比べてはるかに危険なものである、という議論は、完全に説得力があるものにはなっていなかったと思われる。ここでの議論に対するティソーの最も独創的な貢献は、事実、マスターベーションにより高められる危険とされる多くの推定的事例のリストである。そのリストは、付随的に弱められる直立姿勢、彼はこれを多くの「マスターベーターたち（自慰者たち）」がその行為により獲得すると信じていたが、この猫背から、自責の念の身体に対する結果／影響までを含んでいた。[*101] とはいえ、マスターベーションは主要には若い人々の悪徳として記述された。彼らの場合は、差異は明白であった。若い人々にとってマスターベーション以外の性行為よりも、むしろ、全面的性的禁欲が、マスターベーションの代わりの選択だった。彼らはまだ成長過程にある。それゆえ、精液排出、尿道膿排出／後淋、白帯下による貴重で栄養に富んだ物質の喪失に過敏に反応するに違いないのだ。また、彼らの生殖器繊維は、特に脆《もろ》く、ダメージを維持し続ける傾向があるのは確実であった。加えて、成人におけると同様に若い人々においても、マスターベーションは、習慣性のものと理解された。性交とは違って、マスターベーションのタイミングと頻度は、身体の自然な欲求によってではなく、人為的な性的くすぐりや過剰興奮によって、支配されている。また、同意したパートナーが不要であるので、外的拘束が存在しないのだ。最後に、パウリニの観察したペニスのマスターベーション起因性変形が示すように、同時代の医者たちは次のように感じていたように思われる。つまり、その身体諸部分の非自然的な、かつ、特殊的に強力な操作は、生殖器繊維、腺、開口部に「正常な」性交よりはるかに大きな機械的損傷を与えるらしかったのだ。

これまでのことは、マスターベーションの結果生じる病気という観念の発達が、「外的」影響を免れている、ということではない。逆に、この観念の発達は、青少年の性問題、結婚の重要性、出産奨励主義者の思想などなどについての同時代の関心と緊密に結びついていたのは明らかである。近年の歴史学的、社会学的、人類学的研究の積み重ねられてきた蓄積が示すように、すべての医学的概念は、多少とも、社会的、文化的に構築されたものであり、社会的、文化的に埋め込まれている。マスターベーション起因病（post-masturbatory disease）の概念の科学的妥当性は、例えば、多血症（plethora）、水腫症（dropsy）、萎黄病《いおうびょう》（chlorosis）、あるいはヒステリーといった、一七〜一八世紀医学の他の多くのしっかりと確立していた概念の妥当性と基本的に異なるところはなかったのだ。

マスターベーション起因病（post-masturbatory disease）の概念が発展していった初期の文脈をみると、反マスターベーション運動における道徳化を促し性的に抑圧的である側面に、もっぱら焦点をあてる研究方法は、あまりにも狭窄《きょうさく》である可能性を示す際立った証拠が見いだされる。一八世紀初めのイングランドでは、性病商売に関係した開業治療家たちが、主に、マスターベーション起因病（post-masturbatory disease）について議論していた。マーテゥンを初め、これまで論じてきたイングランドの内科医たち、すなわち、ターナー、カム、ロビンソンらは皆この領域で活躍していた。[102] 彼らは、その主題が彼らの専門的領域にごく当然のようにおさまるという感じを持っていたに違いない。しかし、また、その問題を自らの治療技能と治療法／治療薬の市場を広げるチャンスともみなしていたのは明白だ。

　より「品性」の下がる他の人々も、すぐに参入してきた。マーテゥンの『性病論』にすぐ続いて、一七〇九年初めに、ジョン・シンテラー John Sintelaer は、尿道膿排出／後淋を扱った章で、マスターベーションも取り上げた。次のような記述がみられる。「手その他で陰茎を摩擦する」ことによっていかに「柔らかな精液導管が拡張され、軟弱化され、虚弱化されるのか」。このことは、「生殖液体」の断続的流失をもたらす。それは、遅れずに治癒されなければ、「過度の虚弱化や障害をもたらし、ついには治療不可能な脊髄癆（tabes dorsalis）や消耗症（consumption）を発症する」。[103] しかし、最も目立った人物は、「アノダイン・ネックレス（鎮痛首飾り）氏（Mr. Anodyne Necklace）」であり、彼はどうみても一八世紀初期のロンドンでの最も著名な医療事業者その人のことであった。[104]『オナニア』出版の直後に、彼は「自瀆（self-abuses）」の節を、自著の『秘密の病気と身体制破壊に対する実践治療大綱（*Practical Scheme of the Secret Disease and Broken Constitutions*）』新版に付け加えた。[105] のちの一七二三年と二四年に、彼は、『オナニア』の経済的成功にあやかることを隠しきれない試みとして、マスターベーションをもっぱら論じる三つの論説を出版した。『オナンの罪……あるいは自瀆の憎むべき悪徳（*The Crime of Onan*〔...〕*or the Hainous Vice of Self-Defilement with All Its Dismal Consequences*）』[106]『エロナニア、エルとオナンによる結婚の床の誤用について（*Eronania: On the Misusing of the Marriage Bed by Er and Onan* 二部からなる）』および『エロナニア、二人の兄弟エルとオナンの罪について（*Eronania: On the Crimes of Those Two Unhappy Brothers Er and Onan*）』[107]の三点である。それらは、マスターベーションの全てを網羅《もうら》するより包括的な著作の部分であると公表されていたのだが、それ以外の部分は出版されることはなかったようだ。[108]『オナニア』の著者と同じく「アノダイン・ネックレス（鎮痛首飾り）氏（Mr. Anodyne Necklace）」は、道徳的そして宗教的問題を長々と論じ、『助言書簡集』を再び印刷しただけではなく、多種の身体的結果／影響について警告していた。「それらの行為は全く反自然的（unnatural）なので」、と彼は書いている、「その結果は、自然・本性に反する非常に多くの暴力、有害事、ひずんだ出来事となる」[109]。尿道膿排出／後淋、淋病、「あるいは、ある種のこれと似た体液排出性の虚弱化」は、特に、マスターベーションのとびぬけて最大に危険な結果／影響であり、それが引き起こす他の身体性の軽い慢性症をひっくるめたものよりもはるかに悪性である。[110]彼は、マーテゥンや『オナニア』に比べてもはるかに貴重な物質の常時の消失が全身に与える悪い結果／悪影響を強調した。彼によれば、こうしたことは、体液排出による被害者を、彼の「身体制破壊」に対抗する特殊な治療薬にとっての理想的な適応者にしている。

　肉が落ち、青く、蒼白な顔つき、くぼんだ目、弱々しい関節部（を持ち）、痛風性の不活発な手足かふくらはぎのない弱い脚で、杖をついて足を引きずったりびっこを引きながら歩き、脊柱《せきちゅう》部の弱さと痛みを絶えず訴えている。そして、青春全盛期に、そうした自瀆によってすり減り消耗している。青春期以降彼らの身体制は破壊される。だんだんと痩せ消耗状態に陥る。精神状態も落ち込み、身体は衰え、力も低下する。それでも、空気を変えようと所をいろいろ移し、キリスト教国内の全浴場を試み、いつも、あの内科医から別の内科医へと相談する。しかし、季節のほんの少しの厳しさや、他の小さな事故に出会うと、腐敗した息を止めてしまう危険に陥るのだ。[111]

「アノダイン・ネックレス（鎮痛首飾り）氏（Mr. Anodyne Necklace）」は、マスターベーション起因病（post-masturbatory disease）の概念をより広い層の人々に普及させるのに実質的に貢献したといってよいのではないだろうか。『実践治療大綱』は、歯が生えた子供に向けた彼特製の治療薬と「鎮痛首飾り」を売り込むことを目論んでいたのは明白だ。*112 しかし『大綱』は無料で配布されており、また、今日、多くの版の、また、大部の冊数の『大綱』が現存している、ということは、広く流通していたことを示唆する。

　こうしてある意味皮肉な結論が導かれる。マスターベーション起因病（post-masturbatory disease）の概念は、いろいろな形で、道徳的な偏見の単なる生理学的な正当化として機能してきたといってよいかもしれない。そして、『オナニア』の著者が誰であるかという問題が、著者のそもそもの意図を理解する助けになるであろうゆえに、とりわけ重要なこととして残されている。ただ、マスターベーション起因病（post-masturbatory disease）の概念の起源とその後の大規模なキャンペーンで鍵となる人物たちは、一八世紀ロンドンの性病商売にかかわる人々であった。深く嘆かれていた道徳のスタンダードの堕落への関心からほど遠いところで、彼らは、その結果／影響から、自分の生活の資をつくりあげた。そして、公然と猥褻で起訴されたかなり素性の怪しい医療事業家が、マスターベーション起因病（post-masturbatory disease）の概念の精緻化という面で主要な役割を演じた。意図と効果のつながりは、言説とそれが増進する可能性がある利益の独占的分析が、一見して提示するところのものほどは、すっきりとしたものであるとは限らないのである。

（完）

●註

*56 Jean Stengers and Anne Van Neck, *Histoire d'une grande peur la masturbation*, 44.（ジャン・スタンジェ／アンヌ・ファン・ネック、稲松三千野訳『自慰――抑圧と恐怖の精神史』（原書房、二〇〇一）；また、『オナニア』も見ること。『オナニア』第八版、一八。

*57 同時代の著作中で「masturbatio」以外にみられる別綴りのマスターベーションにあたる単語には、以下のようなものがある。「mastupratio」「manstupratio」「manustupratio」「mastrupatio」

*58 Roderigo da Castro, *Universa mulierum medicina*, Part 2, Praxis (Hamburg, 1662), 971［原本は1603］.

*59 Micheal Ettmüller, *Opera omnia theoretica et practica*, part 2 (Lyon, 1685), 422.

*60 Baldassar Timaeus von Güldenklee, *Responsa medica, et diaeteticon opus posthumum* (Leipzig, 1668), 191–3.

*61 Florentius Schuyl, *De Gonorrhoea. Exponit: Hermannus Grube* (Leiden, 1666), unpaginated（頁数記載なし）.

*62 Richard Wiseman, *Eight Chirurgical Treatises*, 4th ed. (London, 1705), 509.

*63 Edward Baynard, "A Letter to Sir John Floyer, Kt., in Litchfield, Concerning Cold Immersion," in John Floyer, *The Ancient Psychrologeia Revived: or, An Essay to Prove Cold Bathing Both Safe and Useful* (London, 1702), 278.

*64 *Capel, Tentations* (1655 ed.), 210.

*65 *Letters of Advice*, 16.

*66 Beverland, *De fornication*, 8, 12-14; Brandius, "*Querela*," 95-101.

*67 John Marten, *Treatise of Venereal Diseases*, 6th ed. (London, 1708), 352-429; 7th ed. (London, 1711), 106-95.（以下、『性病論』と表記する）。この二つの版は大きく異なっている。マーテゥンによれば、一七〇四年に、この本の初版が出版された。*A True and Succinct Account of the Venereal Disease* (London, 1706）というタイトルである第四版では、ほんの少ししかマスターベーションについて論究されていない（二三六）。マーテゥンの *Gonosologium Novum: or, A New System of All the Secret Infirm and Diseases* (London, 1709）でも、同様に論究は少ない（八九、九二）。

*68 マーテゥン『性病論』第六版、三九三。

*69 マーテゥン『性病論』第七版、一三九（皮膚上の発疹は、ふつう、物質の混合不足による不純物が原因であると考えられていた。そのうえで、射精に伴う自然熱の消失は、この発疹を防ぐのに必要不可欠とみなされていた）。

*70 マーテゥン『性病論』第六版、四〇五。『オナニア』の著者に向けて（第二版出版後に）書かれた手紙が一通『オナニア』の第三版には入っている。

*71 マーテゥン『性病論』第七版、一二五〜三二一。

*72 *Onanism Display'd, Being,I: An Enquiry into the True Nature of Onan's Sin, 2d ed.* (London, 1719); *The Crime of Onan* [...] *or the Hainous Vice of Self-Defilement with All Its Dismal Consequences* (London, 1723); *Eronania: On the Misusing of the Marriage Bed; Eronania: On the Crimes of Those Two Unhappy Brothers Er and Onan* (London, 1724); Philo-Castitatis, "*Onania*" *Examined*.

*73 以下の書籍を参照のこと。Philip Pinkus, *Grub St. Stripped Bare* (London, 1968).

*74 Peter Wagner, "The Veil of Medicine and Morality: Some Pornographic Aspects of the 'Onania,'" *British Journal for Eighteenth-Century Studies*6 (1983), 179-84.

*75 匿名著者による以下のテキストに示された、同様にずけずけとした物言いの著作物についての長いリストを参照のこと。*Apology for a Latin Verse in Commendation of Mr. Marten's "Gonosologium novum" By a physician in the country* (London, 1709).

*76 Tissot, L'onanisme, 25. また以下も参照のこと。Jos. Van Ussel, *Sexualunterdrückung. Geschichte der Sexualfeindschaft* (Hamburg, 1970), 37; Ludger Lütkehaus, "*O Wollust, o Hölle*"*: Die Onanie. Stationen einer Inquisition* (Frankfurt, 1992); Hitchcock, English Sexualities, 54.

ティソーは、その著作から判断して、それが内科医によって書かれたとは考えられないと注記している。

＊77 もしベッカースが外国人であったならば特にそうであるが、このことはまた、十分な記録がないということにもよっている。しかし、P. J. and R. V. Wallis, *Eighteenth-Century Medics: Subscriptions, Licenses, Apprenticeships* (Newcastle, 1988) という書物にまとめられた一八世紀の医者に関する資料の包括的な収集もベッカースを特定する手がかりを何ら与えない。同様に、欧州（大陸）やオランダの内科医についての伝記的事典でも手がかりは見当たらない。

＊78 *De groote zonden*「献辞」。

＊79 私が、マーテゥンの著作と『オナニア』をロンドンのウエルカム医学史研究所の図書館で比較する作業を試みていたとき、学芸員の H. Symons 氏が親切にも次のように教えてくれた。彼は、それより数年前に、マーテゥンが著者と疑われるという結論に達していた。彼はこの問題について報告等を特に公表してはいないが、H. Symons and H. R. Denham, *Catalogue of Printed Books in the Wellcome Historical Medical Library*, vol.4 (London, 1995) は、『オナニア』は、マーテゥンによって書かれた、あるいは、少なくともマーテゥンが、自分の治療薬を宣伝販売するために『オナニア』を発行したと実際に主張している。

＊80 マーテゥンについては、彼の市場開拓技能と自らを流行させるやり方に関する次のロイ・ポーター Roy Porter の論文を参照のこと。

“Laying Aside Any Private Advantage’: John Marten and Venereal Disease,” in Linda E. Merians, ed., *The Secret Malady: Venereal Disease in Eighteenth-century Britain and France Disease* (Lexington, 1996), 51-67.

ポーターは、マーテゥンと『オナニア』のつながりについては何も語っていない。ポーターの以下の論文も参照のこと。

“Forbidden Pleasures,” 75-98. in Bennett and Rosario, eds., *Solitary Pleasures*, 75-98.

より手短で表層的なマーテゥンの生涯と業績についてのスケッチが以下の論文にあるが、こちらも同じく『オナニア』との関係について言及はない。

Michael Davies, “John Marten: The Life and Works of a Medical Entrepreneur” (B. Sc. thesis, London, 1993).

マーテゥンが生きていた当時に、彼はロンドンでは、よく知られていたに違いないにもかかわらず、彼の生涯はほとんどわかっていない。彼の書いた本は、ロンドンの多くの新聞で、ふつうによく宣伝されていた。われわれは、そこにある多くの保証書の確実性については疑わざるを得ないとしても、少なくとも、刷り版がすごい数にのぼることは、かなりの規模で成功を収めたことを示しているとみるべきだろう。彼は自分を外科医としており、自分が「卓越した学習をなんら持たないことを誇りとしている」と謙遜して認めていた（John Marten, *A Treatise of the Gout*, 4th ed.〔London, 1738〕「はしがき」）。彼は、ジョセフ・グリーン Joseph Green の弟子だったと主張しており、アイルランドでしばらく働いたという。のちに彼自身徒弟をとり教えた。彼に好意的な同時代の記述では、マーテゥンはしばしばコーヒーハウスに顔を出し、ぜいたくに暮らしていた。「壮麗に自分自身の馬車に乗り、特に性病の治療を大々的に行っていた」（Apology,46）。マーテゥン自身は、自分の富を強調することを好み、自分の馬車を自慢としていた。一七一八年には、彼は、I・F・ニコルソン **I. F. Nicholson** といっしょにハドソン・ガーデンで治療を行っていた。ニコルソンは、オックスフォードとグラスゴウで、自分は医学を学んだと主張している（Nicholson, *Modern Syphilis*「はしがき」）。事実上、マーテゥンの後半生の活動については、一つの例外を除いて、何も知られていない。例外的事項は、一七三七年までに、彼は、「グレート・セント・アンドリュース通りの故トーマス・ヘウェッツ卿（Sir Thomas Hewetts）」の家に引っ越していた、ということである（Marten, *Gout*「はしがき」）。彼の名義による新しい書物は一切出版されず、彼の以前の書物ののちの版にも、『オナニア』についてほのめかすということは一切発見できていない。

*81 『オナニアへの補遺』一五〇。以下も参照のこと。
Bellum medicinale: or, The Present State of Doctors and Apothecaries in London (London, 1701), 60.

*82 マーテゥン『性病論』第七版、一一一。

*83 マーテゥンの著作は、いずれも、多かれ少なかれ、彼の競争者を無知な偽医者と告発する冗長な非難を含んでいる。マーテゥンを最も激しく酷評した人は、ジョン・スピンク John Spinke である。以下を参照のこと。
Quackery Unmask'd (London, 1709) および *A Short Discourse, Preliminary to the Second Edition of Quackery Unmask'd. Containing Some Useful Observations and Remarks on the Seventh Edition of Mr. Martin's "Treatise of the Venereal Disease"* (London, 1711).

*84 マーテゥン『性病論』第六版、六八。

*85 『ロンドン・ガジェット（*London Gazette*）』一七〇九年七月二八～三〇日号、また、*Apology* も見ること。マーテゥンは、有罪を宣告されはしなかったが、このスキャンダルは、彼の経歴を脅かすには十分なものだった。以下も参照のこと。
David Foxon, *Libertine Literature in England, 1600-1745* (n.p., 1963), 13.

*86 この著作の一七〇四年版（再版）を、私はまだみつけてはいない。出版されなかった可能性もある。

*87 ロンドンの内科医師かつ聖職者のジョン・マプレトフトゥ John Mapletoft も、心に浮かんだそうした一人である。彼は、道徳改良運動で、指導的役割を果たした。しかし、彼は大変気配りの利いた言葉遣いをすることから考えて、候補者にはなりにくい。以下を参照のこと。
John Mapletoft, *The Principles and Duties of the Christian Religion* (London, 1710).

*88 De groote zonden「献辞」。

*89 MacDonald, "Frightful Consequences", Ussel, *Sexualunterdrückung*, 143, 146.

*90 Christian Franz Paullini, *Observationes medico-physicae rarae selectae et curiosae* (Leipzig, 1706), 12.

*91 Joh. Christoph Neubaur, *De gonorrhoaea benigna, Praes. Joannis Philippus Eyselius* (Frankfurt, 1720), 244.

*92 Martin Schurig, *Spermatologia historico-medica, h. e. seminis humani consideratio physico-medico-legalis* (Frankfurt, 1720), 244.

*93 G. L., "Vom weißen Fluß," in Georg Ernst Stahl, *Ausführliche*

Abhandlung von den Zufällen und Krankheiten des Frauenzimmers (Leipzig, 1724).

*94 Daniel Turner, *A Discourse Concerning Gleets, Their Cause and Cure* (London, 1729), 5; また同著者の以下も参照のこと。*Syphilis: A Practical Dissertation on the Venereal Disease* (London, 1717).

*95 Joseph Cam, *A Practical Treatise: or, Second Thoughts on the Consequences of the Venereal Disease*, 3d ed. (London, 1729), 7.

*96 Nicholas Robinson, *A New Method of Treating Consumptions* (London, 1727), 97.「邪悪な」また「不道徳な」常習行為に加えて、ロビンソンは、生殖液流失の疑われる原因として他の過労や打撲もあげている。

*97 Democritus Junior〔Robert Burtonの筆名〕, *The Anatomy of Melancholy* (Oxford, 1651), 79. 多数の引用あり。

*98 Daniel Tauvry, *Nouvelle anatomie raisonnée, ou les usages de la structure du corps de l'homme* (Paris, 1690), 156; L. Salomon Schmieder, "Observatio de seminis regress ad massam sanguineam," in *Actorum eruditorum quae Lipsiae publicantur supplementa* (Leipzig, 1713), 408-14. シュミーダーは、より初期のもう一つ別な説明を単に無視した。その説明によると、これらの有益な男性化効果は、血液流に加わる精気あるいは精液原子によってもたらされる。以下も参照。Schuyl, De Gonorrhoea「序文」。

*99 『オナニア』第八版、六六〜七五。

*100 以下の論文を参照のこと。Simon Richter, "Wet-Nursing, Onanism, and the Breast in Eighteenth-Century Germany," *Journal of History of the Sexuality*7 (1996), 1-22. 背景一般を知るためには次の書籍を参照のこと。Barbara Duden, *The Woman Beneath the Skin: A Doctor's Patients in Eighteenth-Century Germany* (Cambridge, MA, 1991).（バーバラ・ドゥーデン、井上茂子訳『女の皮膚の下——十八世紀のある医師とその患者たち』〈藤原書店、一九九四〉。翻訳の原著はドイツ語版）。Michael Stolberg, "Der gesunde und saubere Körper," in Richard van Dülmen ed., *Erfindung des Menschen. Schöpfungsträume und Körperbilder, 1500-2000* (Vienna, 1998), 305-17.

*101 Tissot, *L'onanisme*, 84-103.

*102 ロビンソンのマスターベーションについての所見は、性病についての書籍よりもむしろ消耗症についての書籍に見いだされるのではあるが、ターナーやカムと関心を共有していた。以下を参照のこと。Nicholas Robinson, *A New Treatise of the Venereal Disease* (London, 1736).

*103 John Sintelaer, *The Scourge of Venus and Mercury, Represented in a Treatise of the Venereal Disease* (London, 1709), 139.

*104 おそらく彼はタナー（Tanner）という名前で通っていた内科医であろう。以下を参照のこと。Anodyne Tanner, *Life of the Late Celebrated Mrs. Elizabeth Wisebourn* (London, n.d.). この風刺文学では、「P_c_l Sch_e」の著者がある医学博士で

あると主張されている。同じように、大英図書館所蔵の *Pharmacopoeia venerea: or, A Compleat Venereal Dispensatory* (London, 1724) の冊子には、同時代者が手書きで by Anodyne Necklace Tanner と記している。Anodyne Tanner に加えて P. J. and R. V. Wallis, Eighteenth-Century Medics は、フランシス・タナー医学博士（Francis Tanner, M. D.）を目録にあげている。このタナーの記録されている活動年は、「アノダイン・ネックレス（鎮痛首飾り）氏（Mr. Anodyne Necklace）」の活動年と重なっている。

＊105 *Practical Scheme of the Secret Disease and Broken Constitutions,*（以下、『実践治療大綱』と表記する）24th ed. (London, 1719), 26-8.

＊106 (London, 1723); この本の表題紙は、この本を「第1巻」と認定している。

＊107 両者とも (London, 1724);『実践治療大綱』と同様に、これらの著作は匿名で出版された。しかし、『実践治療大綱』からの文章がほぼ文字通りそのまま繰り返されており、推薦された薬も書籍販売者も全く同じであり、その治療薬が「鎮痛首飾り」と同じ場所で購入できることになっていた。

＊108 *The Crime of Onan*, pp.v–xiii の予定された目次の表を見ること。

＊109 『実践治療大綱』第二四版、二八。

＊110 *Eronania: On the Misusing of the Marriage Bed*, part2, 8.

＊111 『実践治療大綱』第二四版、二七。

＊112 「アノダイン・ネックレス（鎮痛首飾り）氏（Mr. Anodyne Necklace）」による以下の二つの文献も参照のこと。*Pharmacopoeia venerea* (London, 1724). *The Secret Patient's Diary. Also the Gout and Weakness Diaries* (London, 1725).

First published as the article "Self-pollution, Moral Reform, and the Venereal Trade: Notes on the Sources and Historical Context of *Onania*(1716)", in Journal of the History of Sexuality Volume 9, Issue 1-2, pp.37-61.

むすび

ここに『性欲の研究　東京のエロ地理編』をお届けする。

『性の用語集』(講談社現代新書、二〇〇四年)、『性欲の文化史1・2』(講談社選書メチエ、二〇〇八年)、『性的なことば』(講談社現代新書、二〇一〇年)、そして前著『性欲の研究――エロティック・アジア』(平凡社、二〇一三年)に続く、私たちの研究会にとって六冊目の論集である。学術出版には厳しいこのご時世、一五人ほどのメンバーで、一二年間で六冊だから、悪いペースではないだろう。

私たちの研究会とは、井上章一(国際日本文化研究センター教授)を中心とする私的な研究会で、(一応)「関西性欲研究会」と称している。

その立ち上げの経緯は、前著の川井ゆう「『あの研究会』」を参照していただきたいが、当初はパンツとか巨乳とか、「性的なことばをどうどうと言いたい」という動機で始まった名前のない研究会だったらしい。第一回の研究報告会は一九九二年八月なので、この夏には二三周年ということになる。現在では、性欲(セクシュアリティ)と文化・社会とのかかわりを、歴史学、性科学、社会学、文学など多角的な視点から研究する会になっている。

さて、二冊目となる『性欲の研究』では、

メンバーに地理学者がいないにもかかわらず「東京のエロ地理」をメインテーマにした。理由は、セクシュアリティの文化・社会論において地理的視点を取り入れた考察が重要と考えた、からではなく、単に研究報告のときに、やたらと地図を添付する報告者が多かったからだ。早い話、なぜかメンバーに地理好き、地図好きが多いのだ。それが誰かは本書を読んでいただければわかると思うが……。

特集の設定動機はかなりいい加減なのだが、内容的にはそれではまずい。ということで、対談には、まず鉄道を思索の原点とする日本近代政治思想史家の原武史さんを迎えて「エロ地理三題噺――皇居前広場、電車の痴漢、団地妻」と題して、編者の井上章一と語っていただいた。

つぎに、正真正銘の人文地理学者で、セクシュアリティの地理学では第一人者である加藤政洋さんにお願いして、三橋順子がお相手して「『性なる』場所の戦中戦後」というテーマで、多岐にわたる論点をお話しいただいた。

それに続いて、論文三本、コラム一本を掲載した。

古川誠「田村泰次郎の新宿――戦前と戦後、ふたつの新宿をめぐって」は、これまでほとんど顧みられることのなかった田村の「新宿小説」群から昭和戦前期の新宿の多彩なセクシュアリティの有り様を浮かび上がらせる。

三橋順子「東京・新宿の『青線』について――戦後における『盛り場』の再編と関連して」は、「青線」についての初の歴史地理学的考察で、新宿の「赤線」「青線」の成立・解体と「盛り場」の盛衰を関連づける。

石田仁「いわゆる淫乱旅館について」は、男性同性愛者が性愛の場として利用する「旅館」を丁寧に追跡し、ゲイ地理社会学ともいうべき分野を切り開いた意欲的な論考。

古川誠「原と坂――明治の東京、美少年のための安全地図」は、明治の東京が「美少年」たちにとって、いつ襲われてレイプされるかわからない危険な街だったことを地形学的な視点を踏まえて明らかにする。

ところで、関西性欲研究会では二〇一三年九月に、初の海外合宿を韓国で行った。ソウル大学で研修中だった澁谷知美の縁でソウル大学の一室をお借りして、日本支配下の公娼制度研究を専門にする朴貞愛《パクジョンエ》さんと、日本と韓国の戦後期のセクシュアリティを研究しているヘンリー・トッドさんをコメンテーターに招いて、研究報告会を行うことができた。

その成果をまとめたのが、第二特集「朝鮮半島の『性』」である。

朴貞愛「朝鮮社会への公娼制導入過程――朝鮮社会における性売買取締り」（澁谷知美訳）は、朴さんの博士論文の一部で、邦訳・掲載を許していただいたことに、この場を借りて感謝申し上げる。

三橋順子「『男寺党』について――朝鮮半島における性的マイノリティの伝統文化として」は、前近代朝鮮における放浪芸能集団「男寺党」の男色習俗をまとめ、朝鮮における性的少数者の存在形態を考察した。

光石亜由美「梶山季之『京城《ソウル》昭和十一年』――京城の歓楽街を歩く」は、小説家梶山季之が少年時代に見た昭和一一年（一九三六）の京城（現在のソウル）のセクシュアリティ空間を再現する。

さらに、三橋順子「カバー写真解説・『原色の街』の原色の女」を挟んで特集以外の論文二本、コラム四本、文献紹介一本が並ぶ。

永井良和「風営法とダンス」は、飲食店における「ダンス規制」裁判で、弁護側証人として提出した意見書の記録とそれについての考察。この問題に関心がある方にとっては必読の文献。

梅川純代「日中おまた事情――性器から読み解く理想像 女性器編」は、前著の「男性器編」に続き、中国で発達し日本に継承された「房中術」（性愛技巧）における理想の女性器像を探る。

井上章一「オロフ・エリクソン・ウィルマンに、井上筑後守政重がときめいた日のこと」は、「鎖国」・切支丹禁制期の「衆道」好みの幕閣要人とスウェーデン人美青年の出会いを紹介する。

磯田道史「蘭方医と性用語――『勃起』と『包茎』をめぐって」は、研究会メンバー外の方の特別寄稿で、江戸時代の蘭方医たちが「勃起」「包茎」などの性用語を西洋語から日本語へ置き換えていった過程を明らかにする。

眞杉侑里「群馬県達摩屋の営業と出歩く酌婦」は、娼家もなく娼婦もいないことになっている「廃娼県」群馬の実態を明らかにする。建前として娼妓でないことを逆手にとって出歩く「酌婦」のたくましい生態がうかがえる。

河原梓水「病から遊戯へ――吾妻新の新しいサディズム論」は、精神医学の概念だったサディズムがプレイとしてのSMに移行する過程を抽出する。今まで学術的研究が皆無だった日本のSM史に初めて切り込んだ論考。

ミハエル・ストールベルク「自瀆、道徳改良、性病商売――『オナニア』(一七一六)の諸源泉とその歴史的文脈に関する考察(下)」(斎藤光訳)は、前著に続き、ドイツの研究者のオナニー論についての医学史的論考を紹介する。

以上、本書の内容を簡単に紹介してみたが、これからわかるように私たちの関心は性欲をめぐる文化史、社会論にある。

前著を手に取ってくださった方の中には、もっと直接的で本能的な性欲(性衝動)について論じた本だと思った方(ほとんどが男性)もいたようだ。そういう方の期待には、お応えできず申しわけなかったが、実は、人間、とりわけ男性の性欲は、生殖とかかわらない性行動の比重がかなり高い。それは、子孫を残すという天然自然の摂理としての動物的な性欲ではなく、男性が脳の中に抱く性幻想に基づく性欲であり、社会的・文化的に構築された（刷り込まれた）性欲だからである。そこに人間のセクシュアリティの特質があり、豊かさ、おもしろさがあると考える。

しかしながら、本書の冒頭で井上章一が触れているように、そうした性欲をめぐる文化・社会的な研究を、日本の権威ある学界、アカデミックな研究者たちは長らく忌避《きひ》してきた。なんともったいないことだろう。こんなおもしろいネタがたくさん手つかずに転がっているのに。お陰で私たちは新鮮な材料を思いのままに料理できるわけで、まさに研究者冥利《みょうり》につきる思いである。

そんな私たちの研究成果の一端を、お楽しみいただければ幸いに思う。

二〇一五年二月

三橋順子

執筆者一覧

原　武史（はら・たけし）

1962年生まれ。明治学院大学国際学部教授。日本政治思想史。著書に『「民都」大阪対「帝都」東京』（講談社選書メチエ、サントリー学芸賞）、『大正天皇』（朝日選書、毎日出版文化賞）、『昭和天皇』（岩波新書、司馬遼太郎賞）、『思索の源泉としての鉄道』（講談社現代新書）など多数。

加藤政洋（かとう・まさひろ）

1972年生まれ。立命館大学文学部准教授。社会・歴史地理学。著書に『大阪のスラムと盛り場』（創元社）、『京の花街ものがたり』（角川選書）、『神戸の花街・盛り場考――モダン都市のにぎわい』（神戸新聞総合出版センター）、『那覇 戦後の都市復興と歓楽街』（フォレスト）など。

古川　誠（ふるかわ・まこと）

1963年生まれ。関西大学社会学部准教授。セクシュアリティの社会学、社会病理学。編著書に『変身の社会学』（共著、世界思想社）、『セクシュアリティの社会学』（共著、『岩波講座現代社会学10』）、『近代日本のセクシュアリティ――同性愛言説・性教育から見るセクシュアリティ』（編、第6回配本全6巻、ゆまに書房）など。

石田　仁（いしだ・ひとし）

1975年生まれ。日工組社会安全財団研究員、成蹊大学非常勤講師。社会学。著書に『性同一性障害――ジェンダー・医療・特例法』（編著、御茶の水書房）、『セクシュアリティの戦後史』（共著、京都大学学術出版会）、*Boys Love Manga and Beyond: History, Culture, and Community in Japan*（共著 The University Press of Mississippi）。

朴 貞 愛（Park Jung Ae）

1973年生まれ。東国大学対外交流研究院専任研究員。論文に「挺対協運動史の現在を反映させる――戦争と女性の人権博物館」（『歴史批評』第106号、韓国語）、「情熱と冷静のあいだ――日本人女性が日本軍「慰安婦」問題に出合う方法」（『女性文学研究』第33号、韓国語）など。

澁谷知美（しぶや・ともみ）

1972年生まれ。東京経済大学准教授。男性のセクシュアリティ研究。著書に『日本の童貞』（文春新書）、『平成オトコ塾――悩める男子のための全6章』（筑摩書房双書Zero）、『立身出世と下半身――男子学生の性的身体の管理の歴史』（洛北出版）など。

光石亜由美（みついし・あゆみ）

1970年生まれ。奈良大学文学部准教授。自然主義文学を中心とした近代日本文学。論文に「園田てる子評伝――戦後の恋愛風俗を描いた女性作家」（『奈良大学紀要』第42号）、「中島敦『プウルの傍で』における――朝鮮人遊廓の表象と〈越境〉への欲望」（『日本言語文化』第29集、韓国日本言語文化学会）など。

永井良和（ながい・よしかず）

1960年生まれ。関西大学社会学部教授。都市社会学、大衆文化論。著書に『スパイ・爆撃・監視カメラ――人が人を信じないということ』（河出書房新社）、『南沙織がいたころ』（朝日新書）、『占領期生活世相誌資料Ⅰ　敗戦と暮らし』（編、山本武利監修、新曜社）など。

梅川純代（うめかわ・すみよ）

1973年生まれ。日本大学専任講師ほか。中国宗教・医学史。共著書に『「気」の思想から見る道教の房中術――いまに生きる古代中国の性愛長寿法』（五曜書房）など。

磯田道史（いそだ・みちふみ）

1970年生まれ。静岡文化芸術大学文化政策学部教授。日本史、社会経済史。著書に『武士の家計簿――「加賀藩御算用者」の幕末維新』（新潮新書）、『近世大名家臣団の社会構造』（東京大学出版会）、『天災から日本史を読みなおす――先人に学ぶ防災』（中公新書）など多数。

眞杉侑里（ますぎ・ゆり）

1985年生まれ。立命館大学大学院博士後期課程。歴史学。論文に「明治末期群馬県における私的売春営業の構造」（『次世代人文社会研究』第9号、日韓次世代学術FORUM）、「明治末期『上毛新聞』にみる私的売春イメージ」（『立命館大学人文科学研究所紀要』第103号）など。

河原梓水（かわはら・あずみ）

1983年生まれ。立命館大学非常勤講師。歴史学。

斎藤　光（さいとう・ひかる）

1956年生まれ。京都精華大学ポピュラーカルチャー学部教授。科学史・科学論、近現代文化誌。著書に『幻想の性 衰弱する身体――性医学の呪縛を超えるには』（洋泉社）、『性的なことば』（共編、講談社現代新書）など。

編者

井上章一（いのうえ・しょういち）

1955年生まれ。風俗史家。国際日本文化研究センター教授。著書に『つくられた桂離宮神話』（弘文堂、サントリー学芸賞／講談社学術文庫）、『南蛮幻想――ユリシーズ伝説と安土城』（文藝春秋、芸術選奨文部大臣賞）、『パンツが見える。――羞恥心の現代史』（朝日選書）など多数。

三橋順子（みつはし・じゅんこ）

1955年生まれ。性社会・文化史研究者。明治大学・都留文科大学・東京経済大学非常勤講師。主な専門分野はトランスジェンダー（性別越境）、買売春（戦後）の歴史的分析。著書に『女装と日本人』（講談社現代新書、橋本峰雄賞）、論文に「性と愛のはざま――近代的ジェンダー・セクシュアリティ観を疑う」（『岩波講座日本の思想5　身と心』岩波書店、所収）など。

性欲の研究　東京のエロ地理編

2015年3月20日　初版第1刷発行

編者――井上章一・三橋順子
発行者――西田裕一
発行所――株式会社平凡社
〒101-0051
東京都千代田区神田神保町3-29
電話03-3230-6593（編集）
03-3230-6572（営業）
振替00180-0-29639
http://www.heibonsha.co.jp/

ブックデザイン――荒瀬光治（あむ）
印刷――株式会社東京印書館
製本――大口製本印刷株式会社

NDC分類番号384.7　A5判（21.0cm）　総ページ304
ISBN978-4-582-42717-2